介護医療の施策と財源

横山純一 [著]
Yokoyama Junichi

自治体からの
再構築

同文舘出版

はしがき

　1994年に高齢化社会から高齢社会（高齢者比率が14％以上）に移行した日本は，その後高齢化のテンポを速め，現在，おおよそ国民の4人に1人が65歳以上の高齢者，国民の8人に1人が75歳以上の高齢者となっている。そして，75歳以上の高齢者数が，65〜74歳の高齢者数を上回るのは時間の問題となっている。とりわけ，団塊の世代（1947年，1948年，1949年生まれ）が75歳に達している2025年には，75歳以上の高齢者数は2,179万人になると見込まれているのである。このような状況のもとで，今よりも医療費，介護費は大きく増加するものと予測されている。

　さらに，1人暮らしの高齢者や高齢者だけの世帯の増加，子どもとの同居率の低下と低い接触頻度，認知症の高齢者の増加などがある。そこで，効果的なサービス提供を模索しながら介護・医療の充実化を図る必要があるし，そのためのしっかりとした財源の確保が重要である。また，現在，高齢者介護に従事する者の賃金・労働条件が良好ではないために短期間で退職する者が多いし，福祉系の大学・短大を出ても介護の仕事に就く人はあまり多くない。介護従事者の賃金・労働条件の改善と介護・医療サービスの充実の問題が密接に連関しているという視点のうえで，介護・医療の施策展開が果たされなければならないのである。

　介護・医療の施策の展開にあたっては，地方自治体の役割が重要になるであろう。今後，例えば地域包括ケアに示されるように，ますますサービスの多様化が進むであろうし，サービス提供主体もさまざまになるであろう。このような多様なサービス提供を行う事業者や住民団体などを有機的に結びつけ，コーデイネイトするのに最も重要な役割を果たすのは市町村であると思うし，とりわけ市町村直営の地域包括支援センターと市町村保健師の役割が大きい。今後，これまで以上に，自治体内で自治体立病院と地域包括支援センター，保健師の連携が必要になってくるだろう。地域実情を踏まえ，地域の人材を最大限活用しながら，自治体の創意を活かした介護・医療の政策形

成が行われていく必要があると考えるのである。

さらに，現在問われているのは，少子・高齢化が進む中で，財源問題と結びつけながら，どのように社会保障の将来の全体像を描き，社会保障の抜本的な改革を行っていくのかである。その一方で大変厳しい国の財政状況があるので，財政再建もまた避けて通れない。そこで，消費税増税と軽減税率の導入は，社会保障の施策の展開・充実化のためにも，国の財政再建のためにも重要になっている。同時に，所得税を含めた税制改革をどのように展望するのかの視点も大切である。

今日，市場原理主義が過度に強調されすぎているように思われる。これでは，地域の格差や貧富の格差は拡大することになるだろうし，実際，そうなってきてもいる。国民の間には閉そく感や将来への不安感が漂っている。そこで，将来の社会保障の展望を示し，国民の「安心・安全」が高まる方策が重要なのである。

本書の構成と内容は次のとおりである。

まず，第1章と第2章では，北欧型福祉国家の1つであるフィンランドについて，高齢者介護などの社会保障を中心に，経済，財政，税制改革，産業構造など幅広く論じた。グローバル化の進行の中でフィンランドの福祉国家は変容しつつあるが，苦悩しながら福祉国家の維持に向けた努力が行われているのである。

第1章では，フィンランドにおいて，1991年不況以後，政策基調が変化し，社会保障支出の削減や福祉の民営化の進行が進んだことを明らかにした。あわせて，自治体向けの国庫支出金の削減傾向，市町村合併と自治体連合制度の動向，国の税制改革の内容などについて述べた。

第2章では，フィンランドの地域格差の拡大を取り上げた。人口の都市への移動と過疎化の進行，産業構造の変化，農家戸数の大幅減少，課税所得や失業率からみた地域格差の拡大等について明らかにした。

第3章から第7章までは，日本の介護・医療について論じた。

第3章では，日本の自治体立病院が医師・看護師不足，厳しい財政状況などにおかれている中で，青森県の西北五地域（五所川原市を中心とする地域）で，広域連合による病院運営が模索されていることを述べた。これまで5つ

あった市町村立病院のうち，2つの病院を無床診療所にし，2つの病院の入院ベッド数を削減する一方で，五所川原市にあった2次医療圏の中心病院を新たに建て直すとともに，診療科目を充実し，2つの病院と2つの診療所との連携を強化しようとするものであった。あわせて，広域連合による運営に伴う課題についても明らかにした。

第4章では，65歳以上の者が支払う介護保険料の高額化と，2006年から始まった介護保険料負担段階の多段階化について論じた。その際に，東京都内の区市，大阪府内の市，道府県庁所在市の担当者にアンケートを行い，担当者（保険者）が多段階の保険料負担段階の設定についてどのような考え方をしているのか，将来的な介護財源についてどのようなものが望ましいと考えているのかなどについて問い，その回答結果についても明らかにした。

第5章では，2015年度からの第6期介護保険における改正点について論じた。改正は多岐にわたっているが，とくに，予防給付サービスのうち訪問介護サービスと通所介護サービスの市町村事業への移行，特別養護老人ホームの入所要件の厳格化（原則要介護3以上の者を入所要件），一定以上所得のある高齢者の利用者負担の引き上げ，1号被保険者の介護保険料負担段階の多段階設定のいっそうの推進と低所得高齢者の保険料軽減の拡大について詳しく述べ，その影響について論じた。

第6章では，2018年度から市町村国保の都道府県移管がなされるが，市町村国保の現状について検討したうえで，国保の都道府県移管に向けた課題について論じた。国保の都道府県移管は，共同事業（保険財政共同安定化事業と高額医療費共同事業）と密接に関連しているため，共同事業についても，できるだけ詳しく論じた。

第7章では，いわゆる「平成の大合併」で市町村合併を行った，函館市と新ひだか町における合併後の状況を，福祉を中心に論じた。また，この2つの自治体における行政改革や財政状況についても明らかにした。あわせて合併前の旧自治体への配慮がどのようになされているのかについても考察した。

第8章と第9章は，直接的に介護・医療を論じたものではないが，今回，筆者の強い思いから章を設けることになった。

第8章では，1993年の北海道南西沖地震により甚大な地震被害と津波被害

を受けた奥尻町の復旧・復興過程とその特徴を明らかにした。じん速な復興の中身や，莫大な義援金収入にもとづいて行われた多様で充実した施策展開について論じるとともに，現在の奥尻町の状況や，奥尻町の復旧・復興過程から東日本大震災の被害を受けた自治体が学ぶ点があるとすれば，それは何なのかについて言及した。筆者は，東日本大震災の後，大学・大学院時代を過ごした宮城県（石巻市や名取市閖上地区，岩沼市）に何回となく足を運んだ。高く積まれたがれきの山や，高速道路の近くまで流れてきた漁船を見て，被災地の復旧・復興が少しでも早くなされることを願ってきたし，石巻市の復旧・復興については，論文を発表するとともに，自治体関係者が集まった研究集会でも発表してきた。東日本大震災の被災自治体が奥尻町の復旧・復興過程から学ぶ点があるのではないかと考え，第8章を設定したのである。

　第9章は，集落自治の展開においてすぐれた特徴のあった福島県飯舘村について，筆者は，2006年にあらわした拙著（横山純一『現代地方自治の焦点』，同文舘出版）の中で論じたが，その時の文章の一部を再掲したものである。飯舘村は東京電力の原子力発電所事故で最も放射能被害が大きかった自治体の1つであり，住民は村外移転を余儀なくされている。そこで，すぐれた集落自治についてあらためて確認したいという筆者の思いで再掲をすることにした。

　本書は，これまでに学会誌や大学の紀要，雑誌（月刊誌）などに発表してきた拙稿に大幅に加筆・修正を施したものである。本書出版に際し，同文舘出版の青柳裕之さん，大関温子さんに限りなくお世話になった。厚く御礼申し上げたい。

2015年7月11日

横山純一

各章の初出の掲載誌と論文名は次のとおりである。

第1章と第2章　「フィンランドの財政再建と経済・財政（1990—2011）—フィンランドにおける財政支出削減と税制改革，経済の変化と地域格差の拡大を中心に—」『開発論集』91号，2013年3月，北海学園大学開発研究所。

第3章　「病院事業の広域連合制度の成立と広域連合並びに各病院の経営と財政の課題—青森県西北五地域の事例—」『自治総研』2012年9月号，2012年9月，地方自治総合研究所。

第4章　「高齢者介護と地方自治体の課題—介護保険料問題と地域包括ケアに焦点を当てて」『参加・分権とガバナンス』（日本地方自治学会編），2013年11月，敬文堂。

第5章　「2015年度介護保険制度の改正と第6期介護保険の課題—地域包括ケア，給付の抑制，利用者負担引き上げ，保険料問題，補足給付の見直しを中心に—」『開発論集』94号，2014年9月，北海学園大学開発研究所。

第6章　「市町村国保財政の現状と国保の都道府県移管の課題」『開発論集』95号，2015年3月，北海学園大学開発研究所。

第7章　「『平成の大合併』の中間総括と今後の地方分権の課題—函館市と新ひだか町の事例を通して—」『学園論集』160号，2014年6月，北海学園大学学術研究会。

第8章　「奥尻町における北海道南西沖地震からの復旧・復興と財政」『開発論集』93号，2014年3月，北海学園大学開発研究所。

第9章　「近隣政府と住民自治」『生活経済政策』2004年12月号，2004年11月，生活経済政策研究所。

目　次

第1章　フィンランドにおける財政支出削減と税制改革（1990—2011）
—社会保障支出の削減と今後のフィンランドの福祉の課題・展望—

はじめに ………………………………………………………………………… 1

1　フィンランドの総債務残高とその対GDP比率 ……………………… 2

2　1980年代後半の高成長とバブル崩壊による1990年代前半の大不況—財政赤字と総債務残高の大幅な増大— …………………………… 3
　（1）1980年代後半の高成長と1990年代前半（1991—1993）の大不況　3
　（2）大不況からの回復　5

3　1990年後半から2011年までの総債務残高の縮小と財政支出削減を中心とした財政再建 …………………………………………… 6
　（1）国の出先機関の廃止　7
　（2）地方自治体向けの国庫支出金のカット　7
　（3）福祉施設建設のための国庫支出金の廃止　10
　（4）自治体間の税収格差に着目した財政調整は水平的財政調整にシフト　12
　（5）社会保障支出の縮減と福祉民営化の進行　14
　（6）自治体連合など自治体間連携・協力　19
　（7）自治体合併　20
　（8）国と地方の役割分担・事務事業配分が明確，公共事業の抑制　21

4　財政再建と税制 ……………………………………………………… 22
　（1）1990年代前半の税制改革　22
　（2）国税—所得税（勤労所得税，資本所得税，法人所得税），富裕税—　23
　（3）国税—付加価値税　27
　（4）地方税—地方所得税　27
　（5）1993年，1994年の税制改革後の国税収入の動向と1993年度から2010年度までの個人所得課税の動向　28

むすびにかえて ……………………………………………………………… 31

第2章 フィンランドにおける地域経済の動向と地域間格差の拡大

1 人口の都市への移動と過疎化の進行 ････････････････････････････････ 37
2 農業の衰退 ･･ 39
3 産業構造の変化 ･･ 42
4 課税所得からみた地域格差 ･･ 46
5 低所得者層の増大と地域差が大きい失業率 ･･････････････････････････ 48
  むすびにかえて ･･ 50

第3章 病院事業の広域連合制度の成立と今後の広域連合立病院・診療所の経営と財政の課題
―青森県西北五地域の事例―

はじめに ･･ 53
1 西北五地域保健医療圏域における自治体病院
  再編とつがる西北五広域連合 ･･････････････････････････････････････ 54
　（1）自治体病院の機能再編成の経緯とつがる西北五広域連合の役割・内容　54
　（2）つがる西北五地域保健医療圏域の概要と特徴　55
　（3）つがる西北五地域保健医療圏域の医療提供体制と自治体病院の現状　56
　（4）自治体病院再編の目的と再編内容　57
2 西北五地域保健医療圏域の医療スタッフと患者の動向 ････････････････ 60
　（1）西北五地域保健医療圏域の医療スタッフの状況　60
　（2）西北五地域保健医療圏域の患者の動向　61
3 西北五地域保健医療圏域の自治体病院の財政状況 ････････････････････ 64
4 自治体病院機能再編成の具体化と今後の展開 ････････････････････････ 67
　（1）自治体病院機能再編成の具体化　67
　（2）自治体病院機能再編成にかかわる中核病院の建設事業費　71
5 中核病院（つがる総合病院）の収支見通し ･･････････････････････････ 73

（1）病院・診療所事業会計全体　73
　（2）つがる総合病院　74
　（3）つがる総合病院の収支予測の修正　75

6　広域連合移行後の賃金・手当について ……………………………… 75

7　つがる西北五広域連合の課題と展望（1） …………………………… 77

8　つがる西北五広域連合の課題と展望（2） …………………………… 79

　むすびにかえて ………………………………………………………………… 82

第4章　65歳以上の高齢者の介護保険料の高額化と介護保険料負担段階の多段階化の問題点

　はじめに ………………………………………………………………………… 85

1　介護保険料（1号保険料）の大幅上昇と保険料負担問題 ………… 85

2　1号保険料上昇抑制のための厚生労働省の対策（1）
　　──財政安定化基金の取り崩しと介護給付費準備基金の取り崩し …… 89
　（1）財政安定化基金の取り崩しによる保険料上昇抑制　89
　（2）介護給付費準備基金の取り崩しによる保険料上昇抑制　89

3　1号保険料上昇抑制のための厚生労働省の対策（2）
　　──負担能力に応じた保険料負担段階の設定（保険料負担段階の多段階設定） ……… 90
　（1）第5段階以上の多段階設定　90
　（2）第3段階の細分化　90
　（3）特例第4段階の継続について　90

4　財政安定化基金の取り崩しと介護給付費準備基金の取り崩しによる保険料上昇抑制策の効果 ……………………………………………… 91

5　1号保険料の多段階の保険料負担段階の設定と効果 ……………… 93

6　保険料に関する都市自治体へのアンケート調査の実施 …………… 96

7　保険料に関する都市自治体へのアンケートの集計結果(1) ……… 101

8　保険料に関する都市自治体へのアンケートの集計結果(2) ……… 106

9 保険料負担段階の多段階設定,将来の介護財源のありかた,将来の利用者負担と介護サービスの関係 ·················110

むすびにかえて ·················112

第5章 2015年度介護保険制度の改正と第6期介護保険の課題
―地域包括ケア,給付の抑制,利用者負担引き上げ,保険料問題,補足給付の見直しを中心に―

はじめに ·················115

1 2015年度介護保険制度改正の特徴と主な内容 ·················116

2 高齢者のおかれている状況と高齢者介護の現状 ·················118

3 今回の介護保険制度改正の内容の検討と分析 ·················124

(1) 予防給付によるサービス(訪問介護サービス,通所介護サービス)の市町村事業への移行　124

(2) 小規模通所介護の地域密着型サービスへの移行　130

(3) 特別養護老人ホームの入所要件を厳格化し,原則,要介護3以上の者を入所要件とする　131

(4) 一定以上の所得のある高齢者の自己負担の引き上げ　135

(5) 第1号被保険者の介護保険料段階の多段階設定のいっそうの推進と低所得高齢者の保険料軽減の拡大　137

(6) 低所得の施設利用者の食費・居住費の補助対象の縮小のため,補足給付の中に資産要件を追加する　143

(7) 居宅介護支援事業所の指定権限を市町村に移す　146

(8) 高齢者用サービス付き住宅に居住地特例を入れる　147

4 地域包括ケアシステムの構築について ·················147

5 2014年秋の消費税増税延期と低所得高齢者の介護保険料軽減策の大幅な縮小 ·················151

6 今後の高齢者介護の展望 ·················152

第 6 章 市町村国保財政の現状と国保の都道府県移管の課題

1 問題の所在 ……………………………………………………… 157

2 市町村国保の構造と特徴 ……………………………………… 159
　（1）日本の公的医療保険の現状　159
　（2）市町村国保の構造と特徴　161

3 市町村国保の加入者と保険料（税）等の分析 ……………… 162
　（1）加入者　162
　（2）保険料（税）等　165

4 市町村国保財政の状況 ………………………………………… 167
　（1）医療費の動向と将来推計　167
　（2）市町村国保の財政状況　168
　（3）北海道の国保財政の状況　172

5 国民健康保険改革（2012年4月の国民健康保険法の改正）と市町村国保の構造的な問題への対応枠組み ……………… 173
　（1）財政基盤強化策　173
　（2）財政運営の都道府県単位化の推進（事業の広域化の推進）　173
　（3）都道府県の財政調整機能の強化　174

6 保険財政共同安定化事業と高額医療費共同事業の分析 …… 174
　（1）保険財政共同安定化事業の分析　174
　（2）高額医療費共同事業の分析　177
　（3）保険財政共同安定化事業における対象医療費拡大のもたらす影響と財源問題　178

7 都道府県調整交付金の分析 …………………………………… 179

8 国保基盤強化協議会「中間整理」での国民健康保険運営における都道府県・市町村の財源面での役割分担の方向性 …… 185

9 北海道の市町村の対応──国保基盤強化協議会の「中間整理」についての道内市町村アンケート結果から ………………… 188

　むすびにかえて ………………………………………………… 191

第7章 「平成の大合併」と合併市町村の保健・医療・福祉
―函館市と新ひだか町の事例をとおして―

1 問題の所在 …………………………………………………………………… 197
2 「平成の大合併」の経過と現状 …………………………………………… 198
3 合併特例債と地方交付税の算定替 ……………………………………… 200
4 「平成の大合併」の地域における展開状況 ……………………………… 204
5 「平成の大合併」で浮き彫りになった課題 ……………………………… 206
6 函館市と新ひだか町の事例研究 ………………………………………… 207
7 函館市の事例 ………………………………………………………………… 208
 （1）函館市の人口，面積，産業など　208
 （2）合併特例債，普通建設事業　209
 （3）合併に伴う教育サービスの状況　210
 （4）合併に伴う福祉サービスの状況　212
 （5）施設の統廃合（公立病院，保育所，学校給食共同調理場，消防，出張所など）　214
 （6）国民健康保険料（税），水道料金　214
 （7）行財政改革の進行　216
 （8）函館市の合併が比較的順調にいっている理由　219
 （9）函館市の展望　220
8 新ひだか町の事例 ………………………………………………………… 221
 （1）面積，人口　221
 （2）新ひだか町誕生に至る経緯　222
 （3）合併協議　222
 （4）厳しい行財政改革の作業と行財政改革の進行，町民参加の行財政改革の取り組み　223
 （5）役場職員の意識改革と徐々に変化してきた住民の意識　225
 （6）行財政改革の具体的な取り組み内容と実施結果　226
 （7）必要な事務事業や施設，サービスの維持　226
 （8）旧三石町への配慮　227
 （9）町立病院等の人事交流が進んだ　230
 （10）新冠町との広域連合は存続　230
 （11）新ひだか町と合併特例債　231

（12）新ひだか町と地方交付税の算定替　232
（13）新ひだか町の合併前と合併後の各種指標の比較　232
（14）新ひだか町の展望　235

むすびにかえて ……………………………………………………………… 236

第8章 奥尻町における北海道南西沖地震からの復旧・復興と財政
―東日本大震災からの復興に奥尻町の教訓は活かせるのか―

はじめに …………………………………………………………………… 239

1 激甚災害法の適用と奥尻町の災害復興計画 ………………………… 239

2 奥尻町の復旧・復興事業の特徴と内容 ……………………………… 240
　（1）奥尻町の復旧・復興事業の特徴　240
　（2）奥尻町の復旧・復興事業の内容　241

3 奥尻町の復旧・復興事業と財政の状況(1)
　――1993年度から1995年度まで ……………………………………… 247
　（1）北海道南西沖地震で様変わりした財政規模と財政内容　247
　（2）目的別歳出の動向　249
　（3）性質別歳出の状況　252
　（4）歳入の状況　254

4 奥尻町の復旧・復興事業と財政の状況(2)
　――1996年度から2000年度まで ……………………………………… 257
　（1）性質別歳出の状況　257
　（2）歳入の状況　259

5 義援金の活用と奥尻町の復興 ………………………………………… 261

6 奥尻町の復旧・復興事業の小括と奥尻町の現況 …………………… 265

むすびにかえて …………………………………………………………… 268

第9章 福島県飯舘村にみる狭域自治と自治体内分権
──飯舘村と市町村合併とを関連させて

  はじめに──飯舘村を取り上げた理由 ·················· 271
 1 飯舘村の位置，人口，産業，財政 ·················· 272
 2 飯舘村と市町村合併 ·················· 273
 3 飯舘村と集落自治・狭域政策 ·················· 275

第1章 フィンランドにおける財政支出削減と税制改革（1990—2011）
― 社会保障支出の削減と今後のフィンランドの福祉の課題・展望 ―

はじめに

　日本の財政赤字が膨大なものになっている。2014年度一般会計当初予算の総額は 95.9兆円であったが，国債費が23兆2,702億円（うち利払い費が10兆1,319億円），公債金収入が41兆2,500億円（うち赤字補てん国債が35兆2,480億円，建設国債が 6 兆20億円）であった。1998年度以降，連続して公債金収入が国債費を上回り，とくに2009年度以降は国債発行額が一般会計税収を上回る年度が多くなっている。2013年度と2014年度は，当初予算ベースでみて税収が国債発行額を上回った。2014年度末において普通国債残高は780兆円，「国および地方の長期債務残高」は1,010兆円と見込まれている[1]。さらに，世界共通の基準にもとづいて中央政府，地方政府，社会保障基金の債務残高を集計した一般政府債務残高の対GDP比は217％にのぼっている（2012年度末実績）。2014年秋に自民党安倍政権のもとで消費税率の 8 ％から10％へのアップが延期されたが，依然として財政再建の必要性が大変高い状況にあることは明らかである。今後，政府が財政再建と経済成長の両立という課題にどのように立ち向かうのか，少子・高齢化が進む中で財源問題を踏まえながらどのように社会保障の将来像を描いていくのかが注目されるのである。

　このような日本に対し，フィンランドの財政は健全性を示している。本章では，1990年から2011年までのフィンランドの財政再建の内容と財政の状況を，財政支出削減，税制改革と主要税の動向に的をしぼって検証する。その際に関連する範囲でフィンランドの経済についても言及したい。さらに，大きな変化がみられる社会保障の動向についても考察したい。

　まず，この時期のフィンランドの総債務残高とその対GDP比率に着目し，

その財政の健全性を検討する。次に，経済が大きく落ち込んだ1991年から1993年にかけての深刻な不況（以下，大不況と略す）からの脱出過程について考察する。さらに，財政の健全性を維持することと密接不可分の関係にある財政支出の削減の内容を明らかにする。また，社会保障の動向について考察する。これに加えて，1993年，1994年に行われた税制改革の内容を検討する。そして，主要な国税である所得税と付加価値税，地方税である地方所得税の近年の動向を分析する。

フィンランドの総債務残高とその対GDP比率

1990年以降，今日までのフィンランドの総債務残高の状況とその対GDP比率をみていくと，次の4段階に分けられる（**図表1－1**）。

①1991年から1993年にかけて，大不況により経済が大幅なマイナス成長となった。同期間には財政赤字が拡大して総債務残高が大幅に増大するとともに，総債務残高の対GDP比率が上昇した。

②1994年には経済が回復基調に転じ，以後は，1990年代後半を通じて順調に推移した。これに伴い，1990年代後半には総債務残高が横ばいで推移した。総債務残高の対GDP比率については，1997年以降は減少基調で推移している。

③2000年以降は，経済成長が鈍化した時期もあったが，総債務残高の対GDP比率は1990年代後半よりも低下した。1994年から2007年までフィンランド経済はほぼ安定的な成長を成し遂げている。そして，総債務残高の対GDP比率は，2005年から2008年にかけて30％台に低下している。総債務残高も大きく伸びることはなく，むしろ2005年，2007年と2008年には対前年比で減少している。

④2009年にはリーマンショックの影響を受け，経済がマイナス成長に転じた。さらに，ユーロ危機が現出した。2009年には，総債務残高とその対GDP比率が大きく増大した。2010年代前半は景気が持ち直してきてはいるものの厳しい状況が続いている。とくに2012年以降はGDPの伸びが鈍化し，総債務残高とその対GDP比率が上昇している。

図表1－1　フィンランドの一般政府総債務残高

(10億ユーロ，％)

	1980	1981	1982	1983	1984	1985	1986	1987	1988	1989
総債務残高	3.600	4.315	5.821	7.212	7.969	9.058	10.123	11.733	12.453	12.032
総債務残高の対GDP比	10.430	11.061	13.261	14.753	14.576	15.230	15.820	16.984	15.915	13.757
GDP	34.519	39.013	43.898	48.885	54.670	59.474	63.986	69.087	78.250	87.457
	1990	1991	1992	1993	1994	1995	1996	1997	1998	1999
総債務残高	12.367	18.669	32.685	45.527	49.983	53.332	55.246	56.765	55.543	55.857
総債務残高の対GDP比	13.337	21.106	37.934	52.259	54.482	53.505	53.702	50.938	45.892	44.009
GDP	92.725	88.454	86.162	87.118	91.741	99.678	102.875	111.440	121.031	126.923
	2000	2001	2002	2003	2004	2005	2006	2007	2008	2009
総債務残高	57.892	59.142	59.567	64.778	67.587	65.652	65.696	63.225	63.015	75.214
総債務残高の対GDP比	42.486	40.947	40.170	42.738	42.648	39.937	38.059	33.886	32.530	41.548
GDP	136.261	144.437	148.289	151.569	158.477	164.387	172.614	186.584	193.711	181.029
	2010	2011	2012	2013	2014					
総債務残高	87.141	93.113	103.170	110.158	118.149					
総債務残高の対GDP比	46.575	47.297	51.826	54.712	57.925					
GDP	187.100	196.869	199.069	201.341	203.969					

(注)　一般政府とは中央政府（国），地方政府（地方自治体），社会保障基金を集計したものである。
〔出所〕　"World Economic Outlook Database October 2014", 2014.

2　1980年代後半の高成長とバブル崩壊による1990年代前半の大不況
―財政赤字と総債務残高の大幅な増大―

(1) 1980年代後半の高成長と1990年代前半（1991―1993）の大不況

　1980年代後半（とくに1988年，1989年）にフィンランドの経済は高成長を遂げたが，1991年に深刻な不況に陥った。このため失業率は1990年の3.2％から1993年には16.3％，1994年には16.6％と大きく増大した（**図表1－2**）。

　このような高成長と深刻な不況の過程をみるとき，その要因として1980年代の金融の自由化と金融市場の規制緩和の実施の影響が大きかったことがあげられる[2]。それが銀行の貸し出しブームを招来するとともに，海外からの資本流入を促進した。Helsinki（ヘルシンキ）市郊外には高額な邸宅が多数出現した。不動産などの資産価格が上昇し，いわゆる「資産効果」が景気上昇を進めた。旺盛な消費と投資により，実体経済も好調となった。しかし，この旺盛な消費と投資のブームは景気の過熱を招き，フィンランド経済の高成長は1990年に終焉を迎えた。バブルの崩壊である。

図表1－2　失業率の推移（Maakunta別，1990年～2011年）

(％)

	全国	Uusimaa	Itä-Uusimaa	Varsinais-Suomi	Sata-kunta	Kanta-Häme	Pirkan-maa	Päijät-Häme	Kymen-laakso	Etelä-Karjala	Etelä-Savo
1990	3.2	1.6	1.0	2.6	3.7	2.0	3.5	3.1	3.9	3.8	3.8
1991	6.6	4.3	3.3	5.0	7.8	5.8	7.4	7.8	7.5	7.9	7.8
1992	11.7	9.0	7.9	10.6	13.9	10.6	13.4	15.2	11.9	12.3	12.7
1993	16.3	13.2	13.1	15.5	17.2	15.9	18.0	20.6	17.1	16.4	17.8
1994	16.6	13.9	13.0	15.6	17.4	16.4	17.2	20.0	18.1	17.0	17.1
1995	15.4	12.0	11.7	13.9	17.0	14.5	16.6	18.3	15.7	15.9	16.5
1996	14.6	11.1	12.2	12.0	15.7	14.8	16.5	17.8	15.6	14.2	16.0
1997	12.7	9.6	8.2	10.8	13.4	13.1	12.9	13.8	11.7	13.3	13.8
1998	11.4	7.7	5.9	9.9	12.6	10.8	11.5	13.4	12.9	13.7	13.3
1999	10.2	6.5	5.2	8.5	12.2	9.3	10.2	12.1	12.5	12.5	13.6
2000	9.8	6.3	5.8	8.0	10.9	8.5	10.4	11.9	12.2	10.3	13.8
2001	9.1	5.4	6.7	8.4	10.3	10.0	9.3	9.8	9.5	9.3	12.5
2002	9.1	5.8	5.7	7.7	9.4	7.6	9.6	10.0	10.1	11.4	11.3
2003	9.0	6.5	5.8	8.4	9.1	7.9	10.1	9.3	10.0	9.3	9.4
2004	8.8	6.6	5.0	8.3	10.0	7.8	8.8	8.7	9.1	9.4	10.8
2005	8.4	6.2	5.1	7.0	9.0	8.5	8.9	8.8	8.7	9.6	10.1
2006	7.7	5.5	3.6	6.5	7.3	7.1	7.9	8.8	9.1	9.3	11.5
2007	6.9	5.2	3.0	6.2	6.6	6.4	6.2	6.6	7.0	8.7	8.7
2008	6.4	4.9	3.3	5.7	6.0	5.8	7.0	6.2	7.7	6.6	7.9
2009	8.2	6.2		7.5	7.5	7.2	10.0	8.7	7.9	10.7	9.6
2010	8.4	6.4		8.1	8.8	9.1	9.7	8.9	11.0	10.1	7.9
2011	7.8	5.8		7.9	6.1	6.4	9.6	9.1	10.6	9.7	7.7

	Pohjois-Savo	Pohjois-Karjala	Keski-Suomi	Etelä-Pohjanmaa	Pohjan-maa	Keski-Pohjanmaa	Pohjois-Pohjanmaa	Kainuu	Lappi	Ahvenan-maa
1990	4.3	6.1	4.5	3.2	3.2	3.0	4.3	6.0	4.9	1.0
1991	7.5	9.5	9.1	7.6	6.1	7.7	8.4	10.4	9.0	1.7
1992	12.2	14.6	13.5	11.4	9.0	13.1	13.5	17.1	15.9	1.4
1993	18.4	20.6	17.6	16.6	12.2	14.8	19.0	20.3	21.4	3.2
1994	17.6	19.7	19.5	16.8	13.3	16.4	18.5	20.7	22.0	4.1
1995	17.9	20.0	19.0	15.1	12.9	16.0	17.1	22.4	21.2	5.3
1996	17.5	17.5	18.9	14.8	11.3	14.6	15.8	22.7	21.1	5.2
1997	15.6	17.4	16.2	14.6	8.1	9.0	15.5	23.5	20.4	3.1
1998	14.7	15.1	15.2	11.5	7.7	11.1	15.0	18.1	19.8	1.4
1999	12.6	15.1	13.5	11.1	8.8	10.8	13.6	15.9	16.3	1.0
2000	11.8	15.1	12.0	10.4	8.0	11.6	11.7	19.4	17.6	0.8
2001	13.1	14.8	11.7	9.1	7.1	9.2	12.0	17.7	16.3	1.6
2002	12.0	15.5	11.9	8.9	6.4	8.0	13.0	16.5	16.2	2.9
2003	10.7	15.1	11.5	7.8	6.6	8.3	11.5	17.0	15.6	2.6

4

2004	10.7	14.5	12.1	7.7	6.9	9.8	10.5	17.5	12.9	3.3
2005	10.0	13.1	11.8	6.5	6.1	8.4	10.3	16.6	14.0	3.6
2006	9.8	10.4	10.3	7.3	5.4	8.8	9.8	17.1	12.4	3.4
2007	9.8	12.5	8.9	6.1	4.2	7.6	8.2	15.7	10.9	2.9
2008	7.8	10.7	8.1	5.4	4.7	6.0	8.3	11.2	9.9	2.2
2009	10.8	13.0	11.2	7.9	5.9	6.4	10.0	9.3	11.6	5.4
2010	10.0	12.5	9.9	8.2	6.6	6.8	10.2	9.0	11.3	3.1
2011	10.3	12.3	9.6	7.4	6.3	5.6	8.7	8.3	10.2	2.7

(注) 2009年以降のUusimaaについては，Itä-Uusimaa分を含む。
〔出所〕 Tilastokeskus "Suomen tilastollinen vuosikirja 2012", 2012, S.418.

　今度はこれまでとはうってかわり，資本の流出，実質金利の上昇，消費と投資の大幅な落ち込み，資産価格の暴落，不良債権の増加が現出した。さらに，1980年代後半にフィンランドの最大の輸出国であったソビエト連邦が崩壊したことによって，フィンランドの輸出産業は大きな打撃をこうむった。1987年にはフィンランドの輸出額の約16％を占めていたソ連貿易は，1991年には一挙に4％に落ち込んだのである[3]。フィンランド経済はマイナス成長に陥った。企業の業績が悪化し，失業率が上昇した。このようななか，財政収支は大幅な赤字となり，総債務残高が大きくなったのである。

（2）大不況からの回復

　フィンランドでは銀行の破綻に対して公的資金が導入されるとともに，1991年には通貨切り下げ（フィンランドマルカの切り下げ）が行われた。さらに，通貨切り下げを実のあるものにするために，1992年秋に固定相場制を放棄し，変動相場制に移行した。フィンランドマルカの減価は輸出の回復につながった。商品の輸出額は1997年には2,128億フィンランドマルカとなり，1991年（928億フィンランドマルカ）に比べてほぼ2.3倍に増加したのである[4]。

　さらに，フィンランド経済の回復は，産業構造の転換を伴いながら行われたことに特徴があった。つまり，これまでのリーディング産業であった紙・パルプ産業に代わって，電気光学機械産業が大きく伸長したのである。1997年には，電気光学機械産業の輸出額は金属加工産業全体の半分を占め，フィンランドの携帯電話など電信・電話関係の商品に対する需要の強さが世界的

に示されていたのである[5]。また、電気光学機械産業の工業生産額は、1995年を100としたとき、2006年に420と大きく伸びたのに対し、紙・パルプ産業は110にとどまったのである[6]。ただし、この時期に、電気光学機械産業の生産供給能力に限度が見え始め、熟練労働力も不足してきたため、次第に海外に生産がシフトされる可能性があることが、当時、政策当局者によって予測されていたことは注目されるだろう[7]。

　以上から、フィンランドにおいて財政赤字からの脱却や総債務残高の引き下げに成功したのは、後に述べるような財政支出の削減の果たした役割はあったものの、それ以上にフィンランドマルカの減価による輸出産業の業績回復、官民あげての戦略産業の育成と電気光学機械産業を中心にした経済成長が大きかった。1990年代前半に大幅なマイナス成長に突入したフィンランドでは、財政支出削減だけでの財政再建では不十分であったし、それでは経済をいっそう落ち込ませることにつながる可能性があった。増大した総債務残高や財政赤字から脱却するには、経済成長が不可欠であったのである。財政支出の削減が効果をあらわすのは経済がある程度回復して以降のことであった。

3　1990年後半から2011年までの総債務残高の縮小と財政支出削減を中心とした財政再建

　次に、経済が順調に回復し成長が続いた1990年代後半から、2011年までのフィンランドの財政再建について検討しよう。一般に、財政再建には、財政支出の削減と並んで増税が大きな役割を果たすと思われるが、フィンランドでは財政支出の削減が優先され、多岐にわたる財政縮減策が講じられている。後にも述べるが、フィンランドの政策当局は、高い税率を維持することによって公的部門の財政問題を解決するのは適切でないとし、歳出の削減こそが公的部門の財政を改善する本質的な手段であると認識していたのである[8]。そこで、本章では、財政再建において最も効果をあげた財政支出の削減に的をしぼってみていくことにしよう。

　では、この時期の財政支出の削減はどのように行われたのであろうか。歳出の削減においては、社会保障支出の削減と地方自治体への国庫支出金のカ

ットが大きかった。地方自治体向けの国庫支出金の多くは，社会保健省の福祉・保健・医療関係の国庫支出金と教育省の教育・文化関係の国庫支出金であったから，国の社会保障支出の抑制は，地方自治体向けの国庫支出金にストレートに影響を及ぼした。1991年度と1997年度の国決算を比較してみると，歳出合計額は1991年度の1,679億5,900万フィンランドマルカから1997年度の1,873億7,800万フィンランドマルカに増加したのに対し，社会保障をとりあつかう社会保健省の経費支出額は1991年度（519億1,800万フィンランドマルカ）から1994年度（536億3,900万フィンランドマルカ）までは若干上昇したものの，1995年度には490億2,700万フィンランドマルカに落ち込み，1997年度には452億100万フィンランドマルカに減少したのである[9]。

さらに，このような形での財政支出削減のほかに，国の出先機関の整理統合や廃止が積極的に行われた。では，財政支出削減を中心とした財政再建の内容について詳しくみてみよう。

（1）国の出先機関の廃止

国の出先機関である県が12存在していたが，6つに削減された後，2009年12月31日には，すべて廃止された。

（2）地方自治体向けの国庫支出金のカット

地方自治体と自治体連合向けの国庫支出金は，1993年度以降1998年度まで継続して削減されている。1991年度に422億500万フィンランドマルカであったものが，1997年度にはその約4分の1が削減され，307億8,700万フィンランドマルカになったのである[10]。とくに，国庫支出金の中で比重が大きい社会保障関係の国庫支出金の削減が大きかったので，以下，社会保障関係の国庫支出金に的をしぼってみていこう。

フィンランドでは1982年9月17日に成立した「社会福祉保健医療計画と国庫支出金に関する法律（Laki sosiaali-ja terveydenhuollon suunnittelusta ja valtionosuudeste）が1984年1月1日に施行された。この社会保障関係の国庫支出金は使途が厳しく限定され，支出ベースで自治体に交付されたが，社会保障関連の施設建設費（老人ホームなど）だけではなく，ホームヘルパ

ーや老人ホーム職員などの人件費を中軸とする経常経費に対する国の補助という性格をもっていた[11]。図表1－3は同法16条に示されている同法成立時の国庫負担率である。財政力の弱い自治体への配慮がなされており，しかも，1980年代後半の順調な経済成長と良好な財政に支えられて，ほとんどすべての自治体が，この法律にもとづいて高齢者福祉（とくに在宅福祉）や児童福祉，障がい者（児）福祉に力をいれることができた。

そして，多数のホームヘルパーが自治体で採用されるとともに，デイサービスセンターや保育所が次々とつくられていった。ホームヘルパー数は，1985年が1万548人であったのに対し，1991年には1万3,251人となって6年間で25％増加し，保育所数も1,812（1985年）から2,305（1991年）と実に27％増加したのである[12]。これには，使途が厳しく限定された社会保障関係の国庫支出金の役割が大きかったのである。1980年代後半の高成長を背景に，このような自治体向けの社会保障関係の国庫支出金が拡充され，各自治体は社会福祉の充実を図り，この時期に「社会福祉のナショナルミニマムが達成され，フィンランドは，名実ともに普遍主義を標榜する北欧型福祉国家の一員となったのである」[13]。

図表1－3　自治体の財政力区分と国庫負担率

財政力区分	1等級	2	3	4	5	6	7	8	9	10
自治体数	約180	約120								
国庫負担率	65％	61％	57％	53％	50％	47％	44％	41％	38％	32％

（注1）　1982年9月17日法律成立時の国庫負担率である。
（注2）　1等級，2等級の自治体についてのみ自治体数を掲げた。
〔出所〕　Laki sosiaali-ja terveydenhuollon suunnittelusta ja valtionosuudeste.

1993年には大きな財政改革が行われ，社会保障関係の国庫支出金は，使途が緩やかな福祉・保健・医療包括補助金に転換した。これにより，自治体の支出の自由裁量権が拡大し，自治体は，福祉・保健・医療であれば，どんな支出にも包括補助金を充てることができるようになった[14]。包括補助金の目的は自治体の支出の自由裁量権の拡大にあり，したがって，1993年の財政改革を地方分権的な財政改革と位置づけることができると思われる。

しかし，この改革は，バブル崩壊後の経済の落ち込みと総債務残高の増大

図表1-4　福祉・保健・医療包括補助金の交付メカニズム（1994年度）
　　　　　―ソダンキュラ（Sodankylä）自治体を例として―

〔社会福祉分〕
（1）年齢構成別人口
　　　0～6歳　　7,409マルカ　×　1,028人　＝　7,616,452マルカ
　　　7～64歳　　　355マルカ　×　8,578人　＝　3,045,190マルカ
　　　65～74歳　3,257マルカ　×　　718人　＝　2,338,526マルカ
　　　75歳以上　3,008マルカ　×　　400人　＝　1,203,200マルカ
　　　　　　　　　　　　　　　10,724人　＝　14,203,368マルカ
　　　　　　　　　　　　　（ソダンキュラ自治体総人口）

（2）失業率
　　　$1+1.4(定数) \times \dfrac{22.5(ソダンキュラ自治体の失業率)-14.6(国平均失業率)}{100} = 1.111$
　　　14,203,368マルカ×1.111＝15,779,941マルカ

（3）財政力
　　　ソダンキュラ自治体の場合1.5
　　　15,779,941マルカ×1.5＝23,669,910マルカ
　　　　　　　　　　　　　　　　　　　　　　　　　社会福祉分　23,669,910マルカ―①

〔保健・医療分〕
（1）年齢構成別人口
　　　0～6歳　　　984マルカ　×　1,028人　＝　1,011,552マルカ
　　　7～64歳　　　928マルカ　×　8,578人　＝　7,960,384マルカ
　　　65～74歳　2,318マルカ　×　　718人　＝　1,664,324マルカ
　　　75歳以上　3,719マルカ　×　　400人　＝　1,487,600マルカ
　　　　　　　　　　　　　　　10,724人　＝　12,123,860マルカ
　　　　　　　　　　　　　（ソダンキュラ自治体の総人口）

（2）死亡率
　　　385マルカ（死亡率でわり出される1人当たり額）×10,724人（ソダンキュラ自治体の総人口）
　　　　　　　　　　　　　×1.0703（国で定めた係数）＝　4,418,990マルカ
　　　　　　　12,123,860マルカ＋4,418,990マルカ＝　16,542,850マルカ―②

（3）人口密度
　　　ソダンキュラ自治体の場合0.1238
　　　16,542,850マルカ×0.1238　＝　2,048,004マルカ―③

（4）面積
　　　ソダンキュラ自治体の場合0.3774
　　　16,542,850マルカ×0.3774　＝　6,243,272マルカ―④

　　　②＋③＋④
　　　16,542,850マルカ＋2,048,004マルカ＋6,243,272マルカ　＝　24,834,126マルカ

（5）財政力
　　　ソダンキュラ自治体の場合1.5
　　　24,834,126マルカ×1.5　＝　37,251,190マルカ
　　　　　　　　　　　　　　　　　　　　　　保健・医療分　37,251,190マルカ―⑤
　　　　　　　　　　　　　　　　　　　①　＋　⑤　＝　60,921,100マルカ―⑥
　　　　　　　　　　　　　　　　　　　　補助金カット分　5,515,742マルカ―⑦
　　ソダンキュラ自治体の受け取る福祉・保健・医療包括補助金額（⑥―⑦）
　　　　　　　　　　　　　　　　　　　　　　　　　　　　55,405,358マルカ

（注）　マルカはフィンランドマルカのことである。
〔出所〕　ソダンキュラ（Sodankylä）自治体資料による。

の中で行われたために，包括補助金がスタートしたのと同時に補助金のカットが行われた。1994年時点でのフィンランドの国庫支出金には，福祉・保健・医療包括補助金，教育・文化包括補助金，一般交付金，税収格差是正のための国庫支出金（税平衡化国庫支出金），福祉施設建設のための国庫支出金，プロジェクト国庫支出金，災害復旧のための国庫支出金が存在していたが，福祉・保健・医療包括補助金は国庫支出金の多くの部分を占めていた[15]。したがって，福祉・保健・医療包括補助金のカットは自治体財政にとって大きな影響があった。**図表1－4**は，北極圏のSodankylä（ソダンキュラ）自治体に交付された福祉・保健・医療包括補助金の算定方法と包括補助金の金額であるが，年齢別構成人口や失業率，地理的条件，財政力[16]などをもとにした計算により算定された金額が，最終的には約9％カットされている。このようなカットはSodankylä自治体だけではなく，この時期に，すべての自治体において行われたものであった。

（3）福祉施設建設のための国庫支出金の廃止

　さらに，1995年度には福祉施設建設のための国庫支出金が廃止された。福祉施設建設のための国庫支出金は1993年改革以前から存在し，老人ホームなどの施設福祉の拡充に貢献した。1993年改革以後も，このような福祉施設建設のための国庫支出金が維持されていたが，これが廃止されたのである。このことにより，以後，自治体は自主財源や包括補助金，プロジェクト補助金により福祉施設建設を行うこととなったが，老人ホームの建設はほとんど進まなくなったのである。

　フィンランドでは，1990年代後半に老人ホーム数がやや減少する一方で，高齢者用サービスつき住宅の建設が大きく増大している。このことは老人ホームや高齢者用サービスつき住宅などの従事者数を示した**図表1－5**から把握できる。さらに，**図表1－5**により，老人ホームは自治体立や自治体連合立が多く，高齢者用サービスつき住宅は民間の建設と運営によるものが多いことが把握できる。このことは，福祉施設建設のための国庫支出金が廃止されたことによる影響が出ているといえるだろう[17]。注目すべきは，フィンランドにおいては営利企業と並んで，スロットマシーン協会の補助金などに依存す

図表1-5　高齢者介護サービスの従事者数

(人, %)

		1990	1995	2000	2005	1990-2005	2000-2005
訪問介護と訪問看護	訪問介護（自治体・自治体連合立）	11,442	12,586	12,792	11,957	4.5%	−6.5%
	75歳以上人口に占める割合（千分比）	40.4	41.9	37.6	30.4		
	訪問看護（自治体・自治体連合立）	1,651	1,357	1,312	3,277	98.5%	149.8%
	75歳以上人口に占める割合（千分比）	5.8	4.5	3.9	8.3		
	合計	13,093	13,943	14,104	15,234	16.4%	8.0%
	75歳以上人口に占める割合（千分比）	46.3	46.5	41.4	38.8		

		1990	1995	2000	2005	1995-2005	2000-2005
高齢者用サービスつき住宅	高齢者用サービスつき住宅（自治体・自治体連合立）	1,062	1,481	2,724	4,574	208.8%	67.9%
	高齢者用サービスつき住宅（民間）	1,353	2,589	6,263	10,276	296.9%	64.1%
	合計	2,415	4,070	8,987	14,850		
	75歳以上人口に占める割合（千分比）	8.5	13.6	26.4	37.8		
老人ホーム	老人ホーム（自治体・自治体連合立）	16,410	15,031	14,694	13,012	−13.4%	−11.4%
	老人ホーム（民間）	2,341	2,382	3,284	3,092	29.8%	−5.8%
	合計	18,751	17,413	17,978	16,104		
	75歳以上人口に占める割合（千分比）	66.2	58.0	52.8	41.0		
長期入院介護医療機関	長期入院介護医療機関（自治体・自治体連合立）	19,877	17,418	18,419	18,530	6.4%	0.6%
	75歳以上人口に占める割合（千分比）	70.2	58.0	54.1	47.2		

		非営利	営利	合計
参考 2004年	老人ホーム（民間）	2,884	208	3,092
	高齢者用サービスつき住宅（民間）	10,736	4,725	15,461
	訪問介護（民間）	631	1,734	2,365

(注1) 高齢者用サービスつき住宅には24時間サービスつきの高齢者用サービスつき住宅を含む。
(注2) 民間の訪問介護には，高齢者以外を対象とする訪問介護が含まれているため，参考として掲載した。
(注3) 高齢者用サービスつき住宅の参考の数値には高齢者以外を対象とするものが含まれている。このため高齢者の利用者数にもとづいて割り出した数値を（2005年，1万276人），民間の高齢者用サービスつき住宅の従事者数としてある。
(注4) 訪問介護は11月30日現在，それ以外は12月31日現在の数値。
(注5) 民間には，営利企業のほかに，非営利企業（財団など）を含む。
〔出所〕 STAKES "Ikääntyneiden sosiaali-ja terveyspalvelut 2005", 2007, S.76, S.79
参考については STAKES "Sosiaali-ja terveydenhuollon tilastollinen vuosikirja 2007", 2007, S.142-143.

る割合が大きい非営利企業（財団など）が運営する福祉施設が増大していることである[18]。

（4）自治体間の税収格差に着目した財政調整は水平的財政調整にシフト

すでにみた図表1－4から判断できるように，1993年改革で創設された包括補助金では，財政力の弱い自治体に厚く配分するシステムが充実していた。つまり，年齢構成別人口，失業率，地理的条件などをもとに金額が計算された後に，財政力因子を用いた計算が行われることによって，最終的な包括補助金の金額が定められていたのである。また，1993年改革以前の使途限定の国庫支出金と包括補助金とでは，前者が支出ベース，後者が計算ベースで自治体に国庫支出金が交付されるという点で，まったくシステムが異なっていたが，図表1－3でみたように，使途限定の国庫支出金においても財政力の弱い自治体に厚く配分するために財政力が重視されていたのである。ところが1996年1月1日からは，包括補助金の配分基準の中から財政力因子が取り払われてしまった。

ただし，このことにより財政力の弱い自治体への配慮が薄まってしまったわけではない。税収格差是正のための国庫支出金の役割が大きくなり，水平的財政調整が強化され，財政力の豊かな自治体から財政力の弱い自治体への財政資金の移転が行われたのである。フィンランドでは，2010年の改革で，これまでの包括補助金が廃止され，一般補助金となった[19]。一般補助金においても，基本的に包括補助金のときと同様な水平的財政調整（自治体間の税収格差に着目した財政調整）が行われているため，これを2011年度予算で検証してみよう。

2011年度の場合，住民1人当たりの地方税収（計算上の住民1人当たりの地方税収）が91.86％に達しない自治体には不足分が補助金加算され，その反対に91.86％を超過した自治体はその超過分の37％分の補助金が減額されるしくみがとられている（図表1－6）。2011年度の場合，補助金が減額になる見込みの自治体数は62，補助金が増額になる見込みの自治体数は258であった。補助金減額分と補助金増額分とを比べれば，増額分が減額分を約1,723万ユーロ上回っているため，その金額分を国が自治体に交付する形に

図表1-6 税収格差是正のための自治体間の調整のしくみ（2011年度）

自治体	自治体の所属するMaakunta	人口（2008年12月31日現在）	計算上の地方所得税収（2009年度決算、ユーロ）	法人所得税の自治体分（2009年度決算、ユーロ）	計算上の不動産税収（2009年度決算、ユーロ）	計算上の地方税収（2009年度決算、ユーロ）		基準値との差（ユーロ）	2011年度予算	
						計算上の地方税収入額（ユーロ）	1人当り額（ユーロ）		1人当り調整額（ユーロ）	調整額（ユーロ）
全国		5,298,858	15,031,874,259	1,384,016,067	961,261,165	17,377,151,490	3,279		−3	−17,237,217
Helsinki	Uusimaa	574,564	2,119,130,554	255,258,255	174,525,342	2,548,914,151	4,436	−1,424	−527	−302,681,215
Espoo	Uusimaa	241,565	1,015,511,806	128,449,974	74,721,211	1,218,682,991	5,045	−2,032	−752	−181,661,000
Eurajoki	Satakunta	5,871	25,466,277	950,236	3,399,165	29,815,679	5,078	−2,066	−764	−4,487,903
Harjavalta	Satakunta	7,580	20,489,610	9,811,138	1,213,060	31,513,807	4,157	−1,145	−424	−3,211,355
Kaskinen	Pohjanmaa	1,478	4,798,907	2,844,453	518,828	8,162,189	5,522	−2,510	−929	−1,372,611
Kauniainen	Uusimaa	8,545	50,086,927	1,273,352	3,155,826	54,516,105	6,380	−3,367	−1,246	−10,646,583
Ranua	Lappi	4,428	7,578,263	505,346	478,491	8,562,100	1,934	1,079	1,079	4,777,117
Kärsämäki	Pohjois-Pohjanmaa	2,970	5,244,465	348,490	256,416	5,849,371	1,969	1,043	1,043	3,097,665
Merijärvi	Pohjois-Pohjanmaa	1,187	1,911,105	94,255	90,427	2,095,787	1,766	1,247	1,247	1,480,015
Polvijärvi	Pohjois-Karjala	4,843	8,116,685	834,783	565,833	9,517,301	1,965	1,047	1,047	5,072,092
Rääkkylä	Pohjois-Karjala	2,671	4,448,750	411,985	384,097	5,244,832	1,964	1,049	1,049	2,801,475

（注1）計算上の地方所得税の税率は18.59％（2009年度）、計算上の不動産税の税率については例えば1戸建て定住住居は0.30％（2009年度）である。
（注2）基準値は3,012.74ユーロで、基準値を計算する際に全国平均の1人当りの計算上の地方税収入額（3,279ユーロ）に乗じる数値は91.86％である。
（注3）1人当り調整額を出す際に、基準値を上回る自治体が調整減額される1人当り額は基準値との差額に37％を乗じた額である。
［出所］Kuntaliitto,"Laskelma verotuloihin perustuvasta valtionosuuksien tasauksesta vuonna 2011" より作成。

なっている。国家財政が負担（支出）する金額がきわめて少なくなっているのである。

（5）社会保障支出の縮減と福祉民営化の進行

すでに，福祉・保健・医療包括補助金のカット，福祉施設建設のための国庫支出金の廃止についてみてきたように，社会保障支出の削減が自治体向けの国庫支出金の削減をとおして行われている。しかし，それだけにとどまらない。1990年代前半の大不況以後，広く社会保障支出の削減が行われているのであり，これに伴って，福祉の民営化が進行している。福祉の民営化は児童福祉や高齢者福祉など多岐にわたって行われているが，本章では，高齢者向けの介護サービスの支出（経常費支出）を中心に，その詳細についてみていこう。

フィンランドの2005年度の社会保障支出は420億ユーロで，そのうち公的年金を含む高齢者向け支出は137億ユーロであった[20]。また，高齢者向けの介護サービスの支出は15億ユーロ（利用料金を含まない）であった（図表1－7）。高齢者向けの介護サービスの支出のうち老人ホーム入居者へのケアの支出が最大であるが，1990年代における伸び率は低く，とくに1995年から2000年にかけてはマイナス4.7％の伸び率になっている。訪問介護の支出も伸び率が低く，1990年から1995年にかけてはわずか6.0％にすぎない。高齢者用サービスつき住宅が増加したことに伴い，高齢者用サービスつき住宅関連の支出が大きく伸びたが，1990年代をとおしてみれば，高齢者向けの介護サービスの支出全体の伸び率は低かったということができる。

21世紀にはいってからは，高齢化がいっそう進むなかで高齢者向けの介護サービスの支出額が再び増加に転じ，2000年度から2005年度にかけての伸び率は35.1％となった。老人ホームについても20.4％の伸び率になった。

さらに，各介護サービスの状況をみることによって削減の実態に迫ろう。図表1－8はホームケアサービス（訪問介護サービスと訪問看護サービス），老人ホーム，長期入院介護について，65歳以上の者の利用状況と 75歳以上の者の利用状況を，1990年，1995年，2001年，2005年についてみてみたものである（ホームケアは 1990年を除く）。まず，65歳以上の者の利用状況をみ

図表1-7　1990年-2005年の高齢者介護サービス支出額と伸び率

(百万ユーロ，％)

金　　　額	1990	1995	2000	2005
高齢者向け施設ケア（老人ホームなど）	522.2	552.6	526.4	633.9
訪問介護	237.6	251.9	297.2	371.9
近親者介護サービス	36.3	38.4	43.6	61.6
他のサービス （デイケアサービス，高齢者用サービスつき住宅等）	59.3	111.5	247.2	437.9
合　　計	855.4	954.3	1114.4	1505.3

伸び率	1990-1995	1995-2000	2000-2005
高齢者向け施設ケア（老人ホームなど）	5.8	—4.7	20.4
訪問介護	6.0	18.0	25.2
近親者介護サービス	5.7	13.7	41.3
他のサービス （デイケアサービス，高齢者用サービスつき住宅等）	88.0	121.7	77.2
合　　計	11.6	16.8	35.1

(注)　保健医療サービス支出は含まれていない。
〔出所〕　STAKES "Ikääntyneiden sosiaali-ja terveyspalvelut 2005", 2007, S.86.

ると，ホームケアの利用者数は，1995年から2001年にかけてやや減少し，2001年から2005年にかけてやや増加しているが，65歳以上の者の総数に占めるホームケア利用者の割合は1995年が7.3％，2001年が6.6％，2005年が6.5％と一貫して低下している。老人ホームは，1990年の利用者数が最も多く，以後1995年，2001年，2005年と利用者数は減少の一途をたどっている。65歳以上の者の総数に占める老人ホーム利用者の割合も，1990年が3.8％，1995年が3.1％，2001年が2.6％，2005年が2.2％と低下しつづけている。長期入院介護は1990年に比べ，1995年，2001年は絶対数で上回ってこそいるものの，65歳以上の者の総数に占める長期入院介護の利用者の割合は一貫して低下している。

また，75歳以上の利用状況をみてもほぼ同様な傾向が把握できる。ホームケアでは利用者数はやや伸びてはいるものの，75歳以上の者の総数に占めるホームケアサービスの利用者の割合は1995年が13.8％，2001年が12.1％，2005年が11.8％と一貫して低下している。老人ホームは，1990年以降，利用

図表1−8　高齢者の介護サービス利用状況

(人，％)

65歳以上の利用状況						
年	ホームケア		老人ホーム		長期入院	
	利用者数	割合	利用者数	割合	利用者数	割合
1990			25,659	3.8	11,311	1.7
1995	53,293	7.3	22,546	3.1	12,255	1.7
2001	52,353	6.6	20,092	2.6	12,136	1.5
2005	54,316	6.5	18,898	2.2	11,198	1.3

75歳以上の利用状況						
年	ホームケア		老人ホーム		長期入院	
	利用者数	割合	利用者数	割合	利用者数	割合
1990			22,180	7.8	9,608	3.4
1995	41,294	13.8	19,535	6.5	10,312	3.4
2001	42,231	12.1	17,755	5.1	10,362	3.0
2005	45,037	11.8	16,878	4.3	9,758	2.5

（注）割合とは65歳以上の各サービス利用者数，75歳以上の各サービス利用者数の当該年齢人口数に占める割合である。
〔出所〕STAKES "Ikääntyneiden sosiaali-ja terveyspalvelut 2005", 2007, S.34.

者数，75歳以上の者の総数に占める老人ホーム利用者の割合ともに低下しつづけている。とくに後者の数値は顕著な低下を示している。つまり，1990年に7.8％を示していたが，2005年には4.3％にまで落ち込んでいるのである。長期入院介護も，75歳以上の者の総数に占める長期入院介護利用者の割合は低下の一途をたどっている。このことから，ホームケアサービス，老人ホーム，長期入院介護の利用の抑制が行われていることが把握できるのである。

　ホームケアサービスについては重点をおいた提供がなされるようになった。利用者の当該年齢別人口に占める割合は低下したが，重度の高齢者への提供に力点がおかれるようになったのである。**図表1−9**は65歳以上の高齢者が受けるホームケアサービスの1ヵ月当たりの訪問回数を示しているが，月1〜8回，9〜16回が減少している反面，月40回以上が増大している。明らかに，ホームケアサービスでは，軽度の高齢者のサービス提供の抑制と重度の高齢者へのサービス提供の重点化が行われているのである。

　さらに，**図表1−8**でみてきたように，老人ホームや長期入院介護が減少し

図表1−9　65歳以上の高齢者が受けるホームケアサービスの1ヵ月当たりの訪問回数

(人，％)

年	利用者数	1-8回	9-16回	17-40回	40回以上	
1995	53,293	50.3	16.2	18.3	15.2	100%
1997	48,655	48.3	15.3	18.1	18.3	100%
1999	53,297	42.8	16.9	18.6	21.7	100%
2001	52,353	41.9	15.3	18.6	24.3	100%
2003	51,323	45.1	11.5	17.9	25.5	100%
2005	54,316	42.4	12.7	18.2	26.8	100%

〔出所〕STAKES "Ikääntyneiden sosiaali-ja terveyspalvelut 2005", 2007, S.41.

ているが，このことは施設福祉サービスから在宅福祉サービスへの流れがいっそう強まったことを示している。そして，それは同時に，福祉民営化（福祉サービスの民間委託化）の流れが強まったことを意味している。フィンランドにおいては，在宅福祉サービス強化の流れはなにも近年だけの傾向ではなく1980年代からの傾向であったが，1980年代と1990年以降とでは，その性格は異なっている。つまり，1980年代にはホームヘルプサービスやデイサービスを軸に在宅福祉サービスが進んだが，そのほとんどは自治体直営サービスであった。しかし，近年は，高齢者用サービスつき住宅（24時間サービスつきを含む）の建設が進み，これに伴ってその利用者数が増加している。とくに，24時間サービスつき住宅の利用者数は，2001年の7,791人から2005年の1万3,544人に急増している[21]。この高齢者用サービスつき住宅の多くが民間の運営（主に民間委託）で行われているのである。

　このような民間委託の背景にあるのは高齢者のニーズの多様化もあるが，同時に指摘したいのは自治体の財源の問題である。つまり，自治体向けの福祉施設建設のための国庫支出金の廃止や，包括補助金の交付額が抑制されてきたこと，自治体の主要な財源である地方所得税については自治体が自由に税率を決めることができるとはいうものの，税率がすでに相当に高い水準にあり，その引き上げが簡単にはいかないことなど，自治体をとりまく財政問題があったのである。このために，自治体が社会福祉や保健医療サービスの提供面の責任主体であることには変わりはないものの，民間（営利，非営利）

図表1-10 民間の社会福祉・保健医療従事者の状況

(人)

	社会福祉												保健医療								
	非営利			営利				合計				住民千人当り	非営利			営利			合計			住民千人当り
	1990	1995	2004	90	95	04	90	95	04		90	95	04	90	95	04	90	95	04	
全国計	13,543	13,913	30,888	641	1,826	12,573	14,184	15,739	43,461	8.3	7,364	7,519	7,720	13,301	12,576	20,642	20,665	20,095	28,362	5.4
Uusimaa	5,803	5,838	10,889	196	462	3,824	5,999	6,300	14,713	10.9	3,014	3,020	2,517	5,293	4,686	7,307	8,307	7,706	9,824	7.3
Itä-Uusimaa	259	240	408	20	45	242	279	285	650	7.0	17	13	16	161	154	301	178	167	317	3.4
Varsinais-Suomi	1,032	1,174	2,182	191	265	1,204	1,223	1,439	3,386	7.5	243	229	423	1,399	1,494	2,219	1,642	1,723	2,642	5.8
Satakunta	314	369	931	7	42	485	321	411	1,416	6.0	83	247	405	492	448	689	575	695	1,094	4.7
Kanta-Häme	339	268	765	14	94	357	353	362	1,122	6.7	49	105	128	258	272	412	307	377	540	3.2
Pirkanmaa	864	1,035	2,892	10	78	661	874	1,113	3,553	7.7	550	520	618	1,163	1,182	1,930	1,713	1,702	2,548	5.5
Päijät-Häme	626	561	1,147	7	36	316	633	597	1,463	7.4	616	444	472	383	396	541	999	840	1,013	5.1
Kymenlaakso	450	563	1,476	9	45	386	459	608	1,862	10.0	104	129	125	345	359	520	449	488	645	3.5
Etelä-Karjala	252	268	618	3	79	377	255	347	995	7.3	55	35	73	238	246	459	293	281	532	3.9
Etelä-Savo	494	502	1,094	14	62	476	508	564	1,570	9.7	445	420	375	275	222	376	720	642	751	4.7
Pohjois-Savo	481	438	1,075	6	150	735	487	588	1,810	7.2	588	400	276	595	525	1,195	1,183	925	1,471	5.9
Pohjois-Karjala	197	254	833	3	70	515	200	324	1,348	8.0	212	249	122	234	264	534	446	513	656	3.9
Keski-Suomi	411	510	1,351	9	93	590	420	603	1,941	7.3	277	279	453	476	460	793	753	739	1,246	4.7
Etelä-Pohjanmaa	239	272	705	20	73	424	259	345	1,129	5.8	174	211	283	351	362	566	525	573	849	4.4
Pohjanmaa	354	282	813	—	5	234	354	287	1,047	6.0	80	182	152	369	316	558	449	498	710	4.1
Keski-Pohjanmaa	105	101	297	—	3	89	105	104	386	5.5	28	69	71	97	107	183	125	176	254	3.6
Pohjois-Pohjanmaa	650	653	1,736	76	165	1,076	726	818	2,812	7.5	587	715	875	705	598	1,256	1,292	1,313	2,131	5.7
Kainuu	208	206	607	22	37	295	230	243	902	10.5	69	54	67	160	178	278	229	232	345	4.0
Lappi	403	326	970	22	21	281	425	347	1,251	6.7	160	198	269	274	261	445	434	459	714	3.8
Ahvenanmaa	62	53	99	12	1	6	74	54	105	4.0	13	—	—	33	46	80	46	46	80	3.0

(注) 各年とも12月31日の数値。
〔出所〕 STAKES "Sosiaali-ja terveydenhuollon tilastollinen vuosikirja 2007", 2007, S.144-145.

や自治体連合からサービスを購入して，これを自治体サービスとして幅広く提供するようになったのである。もともとその多くが自治体直営で行われてきた老人ホームやホームケアサービスについては，運営主体を変更することはあまり行われてはいないが，1990年代以降に新しいサービスとして発達してきた高齢者用サービスつき住宅については，自治体直営は少なく，民間による建設と運営が圧倒的に多いのである。

　以上，高齢者介護サービスについて検討してきたが，このような民間委託化の流れは，高齢者介護サービスに限ってのことではない。1990年代以降，児童福祉サービスや医療サービスなど広範囲に行われているのである。この点を福祉従事者数と保健医療従事者数から確認してみよう。まず，福祉従事者数であるが，2006年に自治体と自治体連合で働く福祉従事者数（高齢者福祉，児童福祉，障がい者福祉などにかかわる仕事をしている者の数）は10万1,400人であった。1980年代後半に，保育所を中心に大きく増加して1990年に9万1,700人になったが，大不況とその後の数年間に伸びは止まった（1995年は8万8,800人）。1990年代後半以降については，2001年に10万400人になったが，それ以降は横ばいとなっている[22]。これに対し，民間で働く福祉従事者数は1990年に1万4,184人であったが，1995年に1万5,739人，2004年に4万3,461人に増加している。また，自治体と自治体連合で働く保健医療従事者数は1990年代前半に減少して10万7,100人になったが，その後は継続的に増加して2006年には12万3,700人となった[23]。これに対し，民間で働く保健医療従事者数は，1990年に2万665人，2004年に2万8,362人と増加している（図表1-10）。民間で働く福祉従事者数の伸びが著しく増大しているのに対し，保健医療従事者数の伸びはあまり高くない。これは，病院，診療所，保健サービスなどは自治体直営で営まれる割合が高いからである。ともあれ，福祉については，保育所，高齢者介護サービス等において民間委託化が広範囲に進んでいることがわかるのである。

（6）自治体連合など自治体間連携・協力

　フィンランドでは，自治体の規模が小さいために，特定の事業分野について複数の自治体が集まって自治体連合を形成する方法が広範囲に行われてい

る。そのことを通じてサービスの確保と提供，事務事業の効率化，財政の効率化が図られている。自治体連合の歴史は古く，かつその多くは任意で設置されるもので，1次医療，職業専門学校，廃棄物処理，公的な交通・運輸などがある。これとは別に，法律にもとづいて設置が義務づけられる自治体連合がある。例えば，法にもとづいて2次医療について20の医療圏が設定されており，そのおのおのに配置されている高度医療を行う拠点的な専門病院をはじめとする病院を運営する自治体連合がつくられ，すべての自治体がこの自治体連合に加わらなければならないのである[24]。また，地域開発法にもとづく自治体連合が存在し地域計画を担っている。

自治体連合の財政規模は107億6,001万ユーロで，福祉・保健・医療が80億9,805万ユーロ，教育・文化が15億6,935万ユーロ，廃棄物処理が9,843万ユーロ，公的な交通・運輸が4億8,815万ユーロであった。また，福祉・保健・医療のうち1次医療が7億1,838万ユーロ，2次以上の医療が59億8,274万ユーロ，教育・文化のうち職業専門学校が11億4,219万ユーロであった（2010年度決算）[25]。

さらに，自治体間協力・連携が広範囲に行われている。つまり，複数の自治体が会社（第3セクター）をつくって株式をもち，第3セクターから各自治体が社会福祉サービス等を購入する。また，大きな自治体からその周辺の自治体がサービスを購入したり，得がたい人材を自治体間で活用することなどが行われているのである[26]。近年，「自治体およびサービスの構造改革」により，1次医療とこれに関連する福祉事業については「2万人の人口規模」を満たすように自治体間連携・協力地域が形成されてきているが，このうち20が自治体連合を形成し，中心自治体が周辺自治体分のサービスを担う方法を選択したのは35であった[27]。

（7）自治体合併

近年，自治体合併が進んでいる。自治体数は431（2006年1月1日現在）から348（2009年1月1日現在）へと，3年間で2割減少したのである[28]。その後も自治体の合併は南部のMaakunta[29]を中心に進み，2012年1月1日現在の自治体数は336となっている（図表1−11）[30]。自治体合併は財政と事

図表1-11 フィンランドの地方自治体の人口規模（2011年12月31日現在）

	自治体数	2000人未満	2000-3999	4000-5999	6000-7999	8000-9999	10000-14999	15000-19999	20000-29999	30000-49999	50000-99999	100000人以上
Uusimaa	28	1	3	3	2	3	0	2	3	8	3	3
Varsinais-Suomi	28	5	5	2	1	5	1	5	1	1	1	1
Satakunta	21	4	6	3	2	0	4	0	0	1	1	0
Kanta-Häme	11	0	2	1	1	3	0	2	1	0	1	0
Pirkanmaa	22	0	3	3	4	1	2	0	2	4	2	0	1
Päijät-Häme	11	0	3	2	0	1	1	2	2	0	0	1
Kymenlaakso	7	0	2	1	0	1	0	1	0	0	2	0
Etelä-Karjala	10	1	3	4	0	1	0	0	0	0	1	0
Etelä-Savo	17	2	6	4	2	0	0	1	1	1	0	0
Pohjois-Savo	21	2	7	3	2	1	2	0	3	0	1	0
Pohjois-Karjala	14	0	3	4	1	2	3	0	0	1	0	0
Keski-Suomi	23	6	4	5	1	1	1	1	2	0	1	1
Etelä-Pohjanmaa	19	1	7	1	1	2	5	1	0	1	0	0
Pohjanmaa	16	1	1	4	5	1	1	2	0	0	1	0
Keski-Pohjanmaa	8	2	3	2	0	0	0	0	0	1	0	0
Pohjois-Pohjanmaa	34	3	8	4	5	5	4	3	1	0	0	1
Kainuu	9	1	4	0	0	2	1	0	0	1	0	0
Lappi	21	4	6	3	2	3	0	0	2	0	1	0
Ahvenanmaa	16	13	1	1	0	0	1	0	0	0	0	0
合　計	336	46	77	50	30	30	26	21	22	15	11	8

〔出所〕 Tilastokeskus "Suomen tilastollinen vuosikirja 2012", 2012.S.73, S.78-93により作成。

務事業の効率化をめざしたものであるが，とくに「自治体およびサービスの構造改革」[31)]にもとづいて福祉・保健・医療サービスの効率的な提供が志向されたものであるということができる。

　ただし，自治体合併が進んでいるものの，2011年12月31日現在において，人口2000人未満の自治体が46，2000人以上4000人未満の自治体が77，4000人以上6000人未満の自治体が50存在している[32)]。自治体合併が進んでも，人口6000人未満の小規模自治体が実にフィンランドの自治体全体の半分以上を占めているのである。このために，上述した自治体連合や自治体間の連携・協力が盛んに行われているのである。

（8）国と地方の役割分担・事務事業配分が明確，公共事業の抑制

　自治体や自治体連合は高齢者・児童，障がい者（児）などの福祉，医療（1

次医療,2次医療,歯科診療など),予防保健医療,教育(義務教育,中等教育,職業教育など),文化(図書館,生涯学習など)などの事業を展開している。このほかにも,自治体は地域計画,上下水道,消防・救急,廃棄物処理,地域集中暖房,地方道や街路の整備・維持管理,交通(路面電車,バス,生活路線の船など),雇用・経済振興,環境保護など幅広い事業を行っている。また,年金,大学,警察,国道の維持管理,徴税(地方税を含む),児童手当などは国の責任となっている[33]。このため,環境や地域開発,雇用など国と自治体の仕事が重なる領域も存在しているが,国と自治体の役割分担や事務事業配分が比較的はっきりしているのであり,いわゆる二重行政は少ない。

そして,1990年代には公共事業費が抑制された。例えば,1998年度には,継続的な財政節約のために,多くの国直轄事業や国庫補助事業による建設事業が延期されているのである[34]。

4 財政再建と税制

(1) 1990年代前半の税制改革

現在のフィンランドの主たる国税は所得税(個人所得税である勤労所得税と資本所得税,法人所得税)と付加価値税,主たる地方税は比例税率の地方所得税(勤労所得税)である。フィンランドでこのような税体系になったのは,1990年代前半(1993年,1994年)のことである。つまり,1993年に,他の北欧諸国にならって二元的所得税が導入され,これに比例税率の法人所得税を加えたものがフィンランドの国税所得税になったのである[35]。1993年改革以前の国税所得税は,所得の源泉種類に考慮することなく,あらゆる源泉を合算して累進税率を適用するものであったが[36],二元的所得税は,個人所得を勤労所得(給与や賃金,年金など)と資本所得(利子,配当,株や土地のキャピタルゲイン,賃貸収入など)に分け,前者には累進税率,後者には単一の税率による課税が行われるものである。さらに,1994年には,これまでの売上税に代わって付加価値税が導入されたのである。

大不況の後，このような重要な税制改革が行われたのであるが，これは大不況からの脱出過程における財政再建を目的とする税制改革というよりは，フィンランド経済の急速な国際化とEU加盟問題が密接に関連している。フィンランドは1995年1月1日にEUに加盟した。そして1999年1月1日にユーロが通貨になったが，3年間の移行期間があったため，フィンランドでは2002年に，フィンランドマルカに代わってユーロが現実の通貨になった。このような過程の中で，すでにノルウェー，スウェーデンなどの北欧諸国で実施されていた二元的所得税が導入されるとともに，付加価値税が採用されたのである。

　重要なことは，フィンランドにおいて増税策は財政再建の中心的方策になることはなかったことである。「課税に関する国際的な圧力や世界的な租税競争，租税の雇用への影響の観点から，もはや公的部門の財政問題を高い税率を維持することによって解決することは適切なことではない。フィンランドのいくつかの租税は国際基準とEU基準に照らせば大変高い。財政支出の削減こそが依然として公的部門の財政を改善する本質的な方法なのである」[37]という認識を，政策当局がもっていたのである。また，個人所得税の改革が行われなければ，フィンランドから資本逃避が進むおそれも一部で指摘されていたのである[38]。

（2）国税—所得税（勤労所得税，資本所得税，法人所得税），富裕税—

　まず，勤労所得税についてみてみよう。フィンランドの勤労所得税の算定方法を，2005年度のデータを用いてみてみると（**図表1−12**），所得税額は，各課税所得段階の課税所得額の下限額を超過した分の金額に税率を乗じて得た金額に各段階の基礎税額（固定額）を加えた金額となる。例えば，1万3,500ユーロの課税所得の納税者の場合は$(13{,}500-12{,}000) \times 0.105 + 8 = 165.5$ユーロ，3万ユーロの課税所得の納税者の場合は$(30{,}000-20{,}500) \times 0.205 + 1{,}130 = 3{,}077.5$ユーロ，7万ユーロの課税所得の納税者の場合は$(70{,}000-56{,}900) \times 0.335 + 10{,}080 = 14{,}468.5$ユーロとなる。累進性が機能していることが把握できるのである。

　次に，**図表1−13**により，2000年度から2012年度までの間の税率構造の特

図表1-12　勤労所得税の税率（2005年度，2012年度）

(ユーロ，%)

2005年度			2012年度		
課税所得	基礎税額（固定額）	税率	課税所得	基礎税額（固定額）	税率
12,000—15,400	8	10.5	16,100～23,900	8	6.5
15,400—20,500	365	15.0	23,900～39,100	515	17.5
20,500—32,100	1,130	20.5	39,100～70,300	3,175	21.5
32,100—56,900	3,508	26.5	70,300～	9,883	29.75
56,900—	10,080	33.5			

〔出所〕　Ministry of Finance "Taxation in Finland 2005", 2005, S.17, S.159.Valtiovarainministerio "Vuodenvaihteen muutoksia VM", 2011.

図表1-13　フィンランドの勤労所得税率の推移

(フィンランドマルカ，ユーロ，%)

課税所得	税率	課税所得	税率	課税所得	税率	課税所得	税率
2000年度		2003年度		2007年度		2011年度	
47,600～63,600	5.0	11,600～14,400	12.0	12,400～20,400	9.0	15,600～23,200	6.5
63,600～81,000	15.0	14,400～20,000	16.0	20,400～33,400	19.5	23,200～37,800	17.5
81,000～113,000	19.0	20,000～31,200	22.0	33,400～60,800	24.0	37,800～68,200	21.5
113,000～178,000	25.0	31,200～55,200	28.0	60,800～	32.0	68,200～	30.0
178,000～315,000	31.0	55,200～	35.0	2008年度		2012年度（図表1-12）	
315,000～	37.5	2004年度		12,600～20,800	8.5		
2001年度		11,700～14,500	11.0	20,800～34,000	19.0		
66,000～85,000	14.0	14,500～20,200	15.0	34,000～62,000	23.5		
85,000～117,000	18.0	20,200～31,500	21.0	62,000～	31.5		
117,000～184,000	24.0	31,500～55,800	27.0	2009年度			
184,000～325,000	30.0	55,800～	34.0	13,100～21,700	7.0		
325,000～	37.0	2005年度（図表1-12）		21,700～35,300	18.0		
2002年度		2006年度		35,300～64,500	22.0		
11,500～14,300	13.0	12,200～17,000	9.0	64,500～	30.5		
14,300～19,700	17.0	17,000～20,000	14.0	2010年度			
19,700～30,900	23.0	20,000～32,800	19.5	15,200～22,600	6.5		
30,900～54,700	29.0	32,800～58,200	25.0	22,600～36,800	17.5		
54,700～	36.0	58,200～	32.5	36,800～66,400	21.5		
				66,400～	30.0		

(注1)　2000年度，2001年度の課税所得はフィンランドマルカ，2002年度以降の課税所得はユーロ。
(注2)　2005年度と2012年度の税率は図表1-12を参照のこと。
〔出所〕　OECD, "Tax Rase" 各年版。

徴をみると，まず，課税所得の段階は2000年の6段階が2001年度に5段階になり，さらに2007年度に4段階になり今日に至っていることが把握できる。さらに各課税所得段階の税率がほぼ一貫して低くなってきている。最高税率は2000年度の37.5％が，2010年度，2011年度には30.0％，2012年度には29.75

％になっているし，最低税率は2000年度の5.0％が2001年度に14.0％と高くなったが，これは6段階の税率を5段階にして課税最低限を引き上げたためであり，以後，低下を続けて2006年度には9.0％，2008年度には8.5％，2009年度には7.0％，2012年度には6.5％となっている。また，課税所得段階が5段階（2006年度）から4段階（2007年度）になった際も，税率が上昇する納税者が生じないように配慮がなされるとともに，その多くが税率14.0％から9.0％に減税されている。なお，勤労所得税では，賃金や給与，年金のほかに奨学金も課税される。奨学金は1万4,000ユーロまで課税されないが，それを超過した額は勤労所得となる。また，児童給付金や失業給付金などの社会保障給付金は課税されない[39]。

さらに，2005年度と2012年度の勤労所得税の課税所得段階ごとの納税額を，図表1-12を参照しながら試算してみると（図表1-14），各課税所得段階において大幅な負担軽減になっていることが把握できる。個人所得税（勤労所得税）では，近年，納税者の負担軽減の傾向が見いだせるのである。OECDは，フィンランドの国税である個人所得税（勤労所得税）について，2000年度と2009年度とを比較してみると，あらゆる家族パターンにおいて税負担軽減になっているとし，とくに低所得の単身者の軽減幅が大きいことを指摘しているのである[40]。

図表1-14　課税所得額でみた勤労所得税納税額の比較
**　　　　　（2005年度と2012年度の比較）**

(ユーロ)

課税所得	2005年度納税額	2012年度納税額
13,500ユーロ	165.5	0
18,000ユーロ	755.0	131.5
30,000ユーロ	3,077.5	1,582.5
50,000ユーロ	8,251.5	5,518.5
70,000ユーロ	14,468.5	9,818.5
100,000ユーロ	24,518.5	18,718.75

〔出所〕　図表1-12をもとに作成。

　勤労所得税の納税者数（2011年度）は162万6,312人である（**図表1-15**）。

課税所得が3万ユーロ以上4万ユーロ未満層が最多で60万1,112人，次に多いのは4万ユーロ以上5万ユーロ未満層で34万431人である。3万ユーロ以上5万ユーロ未満層で納税者数の約6割を占めているのである。これらの課税所得層は，17.50％もしくは21.50％が適用されている。
　個人における投資所得に関する所得税は資本所得税として，上記の所得税とは異なり比例税率で課せられる。税率は，1993年度には25％であったが，1996年度に28％となった。そして，2011年度までは28％の税率が維持されたが，2012年1月1日から30％となった（5万ユーロを超過する場合は32％）[41]。税率をみるかぎりでは，個人の資本所得税の税率は上昇傾向にあるのである[42]。

図表1－15　勤労所得税納税者の状況

(2011年度，ユーロ，人)

課税所得	人数
～5,000	10
5,000～9,999	4
10,000～14,999	4
15,000～19,999	11,560
20,000～24,999	55,619
25,000～29,999	183,485
30,000～39,999	601,112
40,000～49,999	340,431
50,000～59,999	179,297
60,000～79,999	146,818
80,000～99,999	51,706
100,000～	56,266
合計	1,626,312

〔出所〕　Statistics Finland "Statistical database,Taxation of individuals by income subject to state taxation, 2011, taxed by state by municipality", 2012.

　さらに，2006年度には，多額の財産（2005年度には課税対象となる財産は1万5,000ユーロ以上）を有する富裕者層に対して課税されていた富裕税（2005年度は0.8％の比例税率）が廃止されている[43]。

また，フィンランドには法人税がなく，所得税（法人所得税）として課税がなされる。法人所得税の税率は1993年度に25％であったが，1996年度から28％になった。その後，2000年度から2004年度までは29％と上昇したが，2005年度以後は26％と引き下がり，さらに2012年度には24.5％になった[44]。

（3）国税—付加価値税

　フィンランドでは1994年に付加価値税が導入された。付加価値税の導入以前には，消費課税として売上税が採用されていたが[45]，EU加盟を目前にして，他の多くのヨーロッパの国々と歩調をあわせるように，付加価値税が導入されたのである。導入時の標準税率は22％で，軽減税率は2種類設けられた。食料品や飼料などが12％，公共料金や書籍，医薬品などは8％であった。それ以後，税率のアップは図られないできたが，2010年7月1日から標準税率が23％に引き上げられるとともに，軽減税率は12％が13％に，8％が9％に引き上げられた[46]。ただし，アルコールをともなわないレストランでの飲食はこれまで適用されていた22％の標準税率から13％の軽減税率に変更になった。さらに2013年1月1日からは，標準税率，軽減税率ともに1ポイントアップし，標準税率が24％，軽減税率が14％と10％になった[47]。フィンランドは，付加価値税の税率（標準税率）においてハンガリー（27％），アイスランド（25.5％），スウェーデン（25％），デンマーク（25％），ノルウェー（25％）には及ばないが（この5カ国については2012年1月時点での数値），世界の中で付加価値税率が最も高い部類の国の1つになっているのである[48]。

（4）地方税—地方所得税

　地方所得税は地方税の大部分を占め，国税である勤労所得税よりも幅広く国民に課税されている。国税の勤労所得税の納税者数は162万6,312人なのに対し，地方所得税の納税者数は407万5,721人である（**図表1－16**）。地方所得税では，国税では課税されない課税所得1万5,000ユーロ未満層にも広く課税が行われていることが把握できる。
　地方所得税は比例税率で自治体が自由に税率を決定できる。2009年度の平

均は18.59％（最高は21.0％，最低は16.5％）であった。また，2012年度の平均は19.25％（最高は21.75％，最低は16.25％）であった。税率（平均）は徐々に上昇し，1970年度が14.38％，1990年度が16.47％，1995年度が17.53％，2000年度が17.65％，2005年度が18.29％であった[49]。近年では地方税として不動産税が設けられ，地方所得税を補完する役割を果たしている。なお，国税である法人所得税収入の一定割合が自治体の収入分（2007年度は22.03％が自治体分）となっており，個別自治体の受け取る金額は当該自治体に立地している企業の課税所得によっている[50]。

図表1－16　地方所得税納税者の状況

(2011年度，ユーロ，人)

課税所得	人数
～5,000	224,949
5,000～9,999	326,574
10,000～14,999	602,261
15,000～19,999	498,679
20,000～24,999	457,675
25,000～29,999	464,023
30,000～39,999	699,265
40,000～49,999	355,626
50,000～59,999	183,629
60,000～79,999	150,539
80,000～99,999	53,393
100,000～	59,108
合計	4,075,721

〔出所〕 Statistics Finland "Statistical database,Taxation of individuals by income subject to state taxation, 2011, taxed by state by municipality", 2012.

（5）1993年，1994年の税制改革後の国税収入の動向と1993年度から2010年度までの個人所得課税の動向

　図表1－17により，1993年，1994年の税制改革後の国税収入の動向についてみてみよう。まず，1994年7月に売上税が付加価値税に代わったが，収入

図表1-17 1990年代の国税収入の動向

(フィンランドマルカ)

	1991年度	1992年度	1993年度	1994年度	1995年度	1996年度	1997年度
所得税，富裕税	39,527	32,008	29,069	32,198	37,871	45,778	50,086
付加価値税，売上税	42,632	40,010	37,295	37,667	36,939	42,103	45,599
たばこ税・酒税・ガソリン税等	18,440	18,512	20,388	20,969	21,835	23,210	24,640
自動車関係税	2,380	1,987	1,609	2,054	3,353	4,540	4,210
その他の税	12,202	12,591	11,803	11,366	8,478	8,376	9,684
合計	115,181	105,108	100,164	104,254	108,476	124,007	134,219

(注1) 所得税には個人課税である勤労所得税，資本所得税のほかに法人所得税を含む。
(注2) 付加価値税の導入は 1994年7月。それ以前は売上税。
〔出所〕 Valtiovarainministeriön kansantaloususosasto"Taloudellinen Katsaus 1994", 1994, S.120, Valtiovarainministeriön kansantaloususosasto"Taloudellinen Katsaus Syyskuu 1996", 1996, S.108, Ministry of Finance"Economic Survey September 1998", 1998, S.102.

図表1-18 フィンランドにおける税・社会保険料収入の状況

(2007年度決算，百万ユーロ，%)

	金　額（構成比）
国　税　合　計[※1]	39,220 (50.8)
所　得　税[※2]	14,507
付　加　価　値　税	15,054
燃　料　へ　の　課　税	2,907
タ　バ　コ　税	622
酒　税	1,016
自　動　車　税	1,217
地　方　税　合　計	16,455 (21.3)
地　方　所　得　税[※3]	15,597
不　動　産　税	850
犬　税	3
社　会　保　障　拠　出　金[※4]	21,390 (27.8)
雇　用　主　負　担	15,715
被　保　険　者　負　担	5,675
そ　の　他	200 (0.3)
合　計	77,265

(注1) 株式売却額や配当金など雑収入の一部を含む。
(注2) 法人所得課税分のうちの国収入分（55億ユーロ）と資本所得課税分（24億ユーロ）を含む。
(注3) 法人所得課税分のうちの地方自治体収入分（15億ユーロ）を含む。
(注4) 年金保険，医療保険，失業保険の拠出金である。
〔出所〕 Tilastokeskus "Suomen tilastollinen vuosikirja 2009", 2009, S.342-343, S.347-348, ならびに2010年3月10日実施のKuntaliitto（フィンランド自治体協会）におけるヒアリングならびに同協会資料"About the local tax revenues and finances and the state subsidies reform 2010", 2010 により作成。

は1993年度，1994年度，1995年度はほぼ横ばいで推移した。対前年度比で伸びがみられるのは1996年度からであり，金額的には1996年度に1991年度の水準に達している。また，1993年度に改革が行われた所得税についてみれば，1993年度は1992年度の金額に達していないし，1994年度も1992年度と同水準であった。付加価値税と同様に，対前年度比で所得税の伸びがみられるようになるのは1996年度以降のことであった。

さらに，1993年度から2010年度までの期間における個人所得課税の動向についてみてみよう。図表1-18は，フィンランドの税・社会保険料収入を示したものである。勤労所得税収入が66億ユーロ，資本所得税収入が24億ユーロ，地方所得税収入が140億ユーロであった。図表1-19は勤労所得税，資本所得税，地方所得税収入のおのおのがすべての直接税収入（この3つの税に教会税，社会保険料を合計したもの）に占める割合を示している。勤労所得税は1996年度から2005年度までほぼ横ばいで推移したが，2005年度以降急速にその割合が低下した。1993年度に31％であったのに対し，2010年度は実に20％に落ちているのである。資本所得税は，この期間中に増減を繰り返したが，1993年度と2010年度とを比較すれば，2.3％から6.7％に上昇している。

図表1-19　直接税収入に占める各直接税収入の割合（1993年度～2010年度）

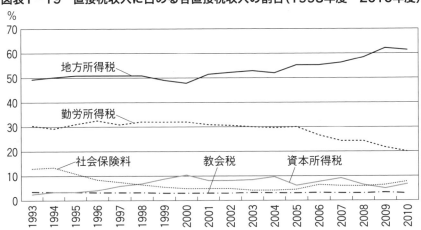

（注）　図表1-19では広く個人所得に賦課されるものを直接税としている。つまり，直接税としているものは，勤労所得税，資本所得税，地方所得税，教会税，社会保険料である。
〔出所〕　Statistics Finland "The share of municipal tax in direct taxes has grown", 2012.

地方所得税は，21世紀に入ってから，その割合を高めている。1993年度の約50％から2010年度には62％になっている。個人所得課税（勤労所得）については，累進性をもった所得税から，比例税率の所得税へのシフトがみられるということができるのである。

むすびにかえて

　フィンランドでは，1991年から1993年にかけて大きな経済の落ち込みを経験し，総債務残高ならびに総債務残高の対 GDP 比率が大きく増大した。このために，1990年代前半においては，歳出削減や増税だけでは財政赤字の縮小には成功できなかったということができる。財政再建は経済の回復と結びつくことが必要であったのである。

　1994年には経済が回復基調に転じたが，これには，フィンランドの産業構造が輸出主導型になっているために，フィンランドマルカの下落に伴う輸出の増加が大きかった。さらに，教育や職業訓練，IT産業に対する投資の役割も電気光学機械産業の隆盛を生み出し，経済の回復に寄与した。このようななか，1997年から 2008年にかけては，2003年を唯一の例外として，毎年総債務残高の対 GDP 比率が前年よりも減少した。そして，1998年，2005年，2007年，2008年の総債務残高は，絶対額においても対前年を下回ったのである。

　1990年代後半以降には，歳出の削減が財政再建に大きく貢献した。とくに，社会保障支出の伸びの抑制や，地方自治体向けの国庫支出金の削減が進んだ。また，2000年以降 2008年までは，2002年と 2003年を除きほぼ順調な経済成長が実現した。このようななか，2000年以降2008年にかけては確実な歳出削減が行われる一方で，1990年代に抑制基調で推移した社会保障関係の歳出にも伸びがみられるようになった。

　さらに，税制に目を転じれば，大きな税制改革（国税改革）が 1990年代前半に行われた。1993年に二元的所得税が導入され，1994年には付加価値税が創設された。このような税制改革は，財政再建策として行われたのではな

く，フィンランド経済の急速な国際化やEU加盟問題と密接不可分な関係にあった。これを裏づけるように，1994年に創設された付加価値税の税率引き上げは2010年7月まで行われなかった。また，個人所得税である勤労所得税と，法人所得税の税率の引き下げが頻繁に行われた。さらに，富裕税の廃止（2006年）が行われた。

　リーマンショックの影響を受けた2009年の不況以降のフィンランドの経済や財政については，今後検討しなければならないが，現在フィンランドの財政状況は，EU加盟国のなかでも良好な部類に入っていることはまちがいない。政府総支出の対GDP比は，1990年の46.4％に対し，2000年は46.9％，2005年は48.2％，2008年は47.1％と，大不況前とほぼ同水準で推移している[51]。総社会保障支出の対GDP比も，1990年（23.8％）に対し，2000年は23.3％，2005年は25.0％となっており，人口が増加し，高齢化が進行しているにもかかわらず，大不況前とほぼ同じ水準になっている[52]。そして，すでにみてきたように高齢者の介護ではホームケアサービスの重度者への重点化や老人ホームの建設抑制，福祉サービスの民営化等が行われている。これまで，とくに1980年代にすぐれた福祉サービスを進めてきたフィンランドにおいて，今日明らかに福祉面での揺らぎが生じているのである。

　良好な財政状況を維持しながら福祉・保健・医療サービスの拡充と質の保障をどのように進めていくのか。今後のフィンランドの施策展開に注目していきたい。

注

1）財務省『日本の財政関係資料』，2014年10月。
2）フィンランドの1980年代後半の高成長と1990年代初めの大不況の過程については，次の文献を参照した。Valtiovarainministeriön Kansantalousosasto "Taloudellinen Katsaus 1994", 1994, Valtiovarainministeriön Kansantalousosasto "Taloudellinen Katsaus Syyskuu 1996", 1996, Ministry of Finance "Economic Survey September 1998", 1998, 寺岡寛「フィンランド――経済再生をめぐって」『経済の発展・衰退・再生に関する研究会報告書』，財務省財務総合研究所，2001年6月，葛見雅之，鳥生毅，寺井寛「経済改革の成果分析に関する一考察と我が国への示唆」『経済の発展・衰退・再生に関する研究会報告書』，財務省財務総合研究所，2001年6月，宮川重義「金融危機一考察―スカンディナビア金融危機のケース」*Jounal of the*

Faculty of Economics, KGU, Vol.19, No.2, March 2010，翁百合「スウェーデンの財政再建の教訓―経済成長と両立する財政再建がなぜ可能だったのか」『Research Report』日本総研，2012年10月。なお，フィンランドでは会計年度が1月1日から12月31日になっている。本章では，財政など，とくに会計年度の明記が必要と思われるもの以外は，年とする。

3）注2）の "Economic Survey", S.13.
4）Tilastokeskus "Suomen tilastollinen vuosikirja 1998", 1998（以下，Vuosikirjaと略す），S.226.
5）注2）の "Economic Survey", S.14.
6）"Vuosikirja 2007", 2007, S.217を参照。なお，紙・パルプ産業は，現在もフィンランドの重要な産業であることに変わりはない。
7）注2）の "Economic Survey", S.14.
8）注2）の "Economic Suyvey", S.12.
9）注2）の "Taloudellinen Katsaus 1994", S.122, "Taloudellinen Katsaus 1996", S.110, "Economic Survey", S.104を参照。なお，フィンランドには，社会保健省とは別に，雇用や労働をとりあつかう労働省が存在する。
10）注2）の "Taloudellinen Katsaus 1994", S.121, "Taloudellinen Katsaus 1996", S.109, "Economic Survey", S.103. "Vuosikirja 1998", 1998, S.297を参照。
11）この国庫支出金については横山純一『高齢者福祉と地方自治体』（以下，横山①と略す）第2章，同文舘出版，2003年4月ならびにSimo Kokko "State Subsidy Reform in the finnish social Welfare and Health Services", in Dialogi by the National Research and Development Centre for Welfare and Health, 1994. Kokkoは，中央政府が計画をたて標準を設定するやりかたによって，キーとなるサービスの全国均一的な発展を保証した，と述べている。
12）これについては，National Research and Development Centre for Welfare and Health "Social Welfare and Health Care in Figures in Finland 1985-1992", 1994を参照。
13）山田真知子『フィンランド福祉国家の形成―社会サービスと地方分権改革』第5章，木鐸社，2006年。
14）包括補助金については，横山①，第2章ならびに横山純一『地方自治体と高齢者福祉・教育福祉の政策課題―日本とフィンランド』（以下，横山②と略す）第6章，同文舘出版，2012年3月を参照。
15）1995年度のポルボー（Porvoo）自治体の予算では，福祉・保健・医療包括補助金が6250万フィンランドマルカ，教育・文化包括補助金が3910万フィンランドマルカ，一般国庫交付金が710万フィンランドマルカと見込まれていた。横山①，第2章を参照のこと。
16）1993年改革以前の社会保障関係の国庫支出金では，財政力の大小により自治体を等級区分する方法がとられていた。財政力の低い自治体ほど等級の数字が小さくな

っていたが，小規模自治体が多いフィンランドでは，図表1-3のように，1等級，2等級の自治体が多かった。1等級，2等級に属する自治体が全体の3分の2を占めていた。包括補助金が創設された1993年改革直後の時期にも，財政力の大小により自治体を等級区分する方法がとられていた。自治体の財政力は6つに区分され，包括補助金の算定にあたっては，年齢構成別人口や失業率，地理的条件などをもとに計算された金額に，財政力の最も高い自治体が1.0，財政力が最も低い部類の自治体が1.5を乗ずるものとされていたのである。Sodankylä自治体は1.5を乗ずる自治体であった。Reijo Vuorent "Local Government Finance in Finland", 1995を参照。

17) 藪長千乃氏は「(この時期の―横山) 補助金改革は，保健医療福祉分野における投資の経費に関する補助金ルートを失うことでもあった。自治体は，自前での施設整備が困難になった。これが，民間部門による保健医療福祉サービス供給拡大へとつながっていくことになった」と述べている。藪長千乃「1990年代におけるフィンランド型福祉国家の変容―福祉提供主体の多様化に焦点を当てて」『文京学院大学人間学部研究紀要』10巻，2008年12月。

18) 高齢者向けの福祉サービスを展開する民間（非営利企業）に対して，スロットマシーン協会が援助金を出している。2005年度においては，その金額は2,700万ユーロであった。これについては，STAKES "Ikääntyneiden sosiaali-ja terveyspalvelut 2005"（以下，STAKES①と略す），2007, S.85-88.ならびに横山②，第5章を参照。なお，STAKESとは Sosiaali-ja terveysalan tutkimus-ja kehittämiskeskus（国立社会福祉・保健医療研究開発センター，英文では National Reseach and Developmennt Centre for Welfare and Health）のことである。

19) 包括補助金から一般補助金への移行と，一般補助金の内容については，横山②，第6章を参照。

20) STAKES①，S.84。

21) STAKES①，S.34.ならびに横山②，第5章を参照。

22) STAKES "Sosiaali-ja terveydenhuollon tilastollinen vuosikirja 2007",（以下，STAKE②と略す），2007, S.154-155.ならびに横山②，第5章を参照。

23) STAKES②，S.154-155.ならびに横山②，第5章を参照。

24) 2次医療圏については横山②，第5章を参照。

25) "Vuosikirja 2012", 2012, S.346, 横山②，第6章を参照。

26) Ministry of Finance "Project to restructure municipalities and services", 2010, 山田真知子「フィンランドの地方自治体とサービスの構造改革」財団法人自治体国際化協会編『比較地方自治研究会調査研究報告書（平成22年度）』自治体国際化協会，2011年3月を参照。

27) 注26) の Ministry of Finance ならびに山田真知子前掲論文を参照。

28) "Vuosikirja 2006", 2006, S.355-365ならびに"Vuosikirja 2009", 2009, S.357-365, 横山②，第6章を参照。

29) Maakuntaについては第2章で詳しく述べる。

30) "Vuosikirja 2012", 2012, S.73, S.78-93, S.352-375.
31) 「自治体およびサービスの構造改革」については，注26）の山田真知子前掲論文を参照．
32) "Vuosikirja 2012", 2012, S.73, 横山②, 第6章を参照．
33) Ministry of Finance "Local Self-Government in Finland—Public Services, Administration and Finance", 2010を参照．
34) 注2）の "Economic Survey", S.48.
35) フィンランドでは法人所得への課税は，法人税がないため所得税（法人所得税）の中で行われている．
36) Joakim Fränd "The taxation of capital and earned income in Finland", 2007を参照．
37) 注2）の "Economic Survey" S.12.
38) 注36）のJoakim Frändeを参照．
39) 注36）のJoakim Frändeを参照．
40) OECD "Tax policy analysis, Taxing Wages: Coutry note for Finland", 2012.
41) Valtiovarainministeriö "Vuodenvaihteen muutoksia VM", 2011. この資料によれば，2012年度の国予算は525億ユーロ，財政赤字は74億ユーロ，2012年度末の国債残高は約900億ユーロと見積もられている．
42) なお，資本所得税における控除のしくみやキャピタルゲインの軽減などについては，本章では直接あつかっていない．さしあたり注36）のJoakim Frändeを参照のこと．
43) 富裕税については，Ministry of Finance "Taxation in Finland 2005", 2005, S.161. あわせて，注36）のJoakim Frändeを参照のこと．
44) OECD "Tax base" 各年版，注41）のValtiovarainministeriöを参照．
45) フィンランドでの付加価値税の実施は1994年7月で，これに伴いこれまでの売上税が廃止された．注43）の "Taxation in Finland 2005" を参照．
46) Finnish Tax Administration "Change in VAT rates as of 1 July 2010", 2010.
47) Finnish Tax Administration "Changes in VAT on 1 January 2013", 2012.
48) 財務省『付加価値税率（標準税率）の国際比較』，2012年．
49) 地方所得税については "Vuosikirja 2012" 2012, S.368-376, Kuntaliitto "About the local tax revenues and finances and the State subsidies reform 2010", 2010ならびに横山②, 第6章を参照．
50) 注33）のMinistry of Finance, 横山②, 第6章を参照．
51) 政府総支出の対GDP比については "World Economic Outlook Database October 2014" 2014を参照．
52) 総社会保障支出の対GDPについてはOECD "Stat Extracts National Accounts", 2014を参照．注51）注52）ともに数値は一般政府（中央政府，地方政府，社会保障基金を合わせたもの）ベースである．

第2章 フィンランドにおける地域経済の動向と地域間格差の拡大

1 人口の都市への移動と過疎化の進行

　1990年代以降，フィンランドでは地域間格差が大きくなっている。人口移動が進み，西南部地域や南部地域で人口増がみられる反面，北東部地域や北部地域では人口減少と過疎化が進行している。いくつかの指標をとおして，地域格差の実相にせまろう。

　まず，人口の都市集中が進んでいることである。**図表2−1**で示されているように，フィンランドでは国土が20の地域（Maakunta）に区分されている（現在はItä-UusimaaがUusimaaに統合されたため19の地域になっている）。Maakunta別の人口数をみてみると（**図表2−2**），北部や北東部のMaakunta（Kainuu，Lappi，Etelä-Savo）の人口減少率が大きい。なるほど人口の減少には少子化の影響もみられるが，最大の理由は都市への人口移動である。首都のHelsinki（ヘルシンキ）市のあるUusimaaやTampere（タンペレ）市のあるPirkanmaa，Turku（トゥルク）市のあるVarsinais-Suomi，Oulu（オウル）市のあるPohjois-Pohjanmaaなどでは，着実に人口が増加している。

図表2－1　フィンランドのMaakuntaと県（Laaninhallinto）

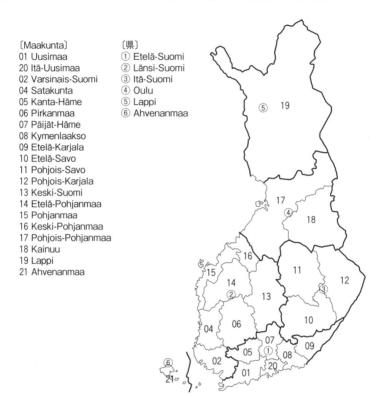

〔Maakunta〕
01 Uusimaa
20 Itä-Uusimaa
02 Varsinais-Suomi
04 Satakunta
05 Kanta-Häme
06 Pirkanmaa
07 Päijät-Häme
08 Kymenlaakso
09 Etelä-Karjala
10 Etelä-Savo
11 Pohjois-Savo
12 Pohjois-Karjala
13 Keski-Suomi
14 Etelä-Pohjanmaa
15 Pohjanmaa
16 Keski-Pohjanmaa
17 Pohjois-Pohjanmaa
18 Kainuu
19 Lappi
21 Ahvenanmaa

〔県〕
① Etelä-Suomi
② Länsi-Suomi
③ Itä-Suomi
④ Oulu
⑤ Lappi
⑥ Ahvenanmaa

（注1）　図表は2009年1月1日現在。なお，県は2009年12月31日に廃止された。
（注2）　現在はItä-UusimaaがUusimaaに統合されている。
〔出所〕　Tilastokeskus "Suomen tilastollinen vuosikirja 2009", 2009, S.49.

図表2-2　Maakunta別の人口数の推移

(人)

	1985年	1997年	2011年	1985-1997年の増減率	1997-2011年の増減率	1985-2011年の増減率	人口最大の自治体名
Uusimaa	1,090,599	1,257,702	1,549,058	115	115	132	Helsinki
Itä-Uusimaa	82,006	87,287		106			Porvoo
Varsinais-Suomi	415,889	439,973	467,217	105	106	112	Turku
Satakunta	250,559	242,021	226,567	96	93	90	Pori
Kanta-Häme	157,901	165,026	175,230	104	106	111	Hameenlinna
Pirkanmaa	418,573	442,053	491,472	105	111	117	Tampere
Päijät-Häme	195,041	197,710	202,236	101	102	104	Lahti
Kymenlaakso	197,342	190,570	181,829	96	95	92	Kotka
Etelä-Karjala	143,320	138,852	133,311	96	96	93	Lappeenranta
Etelä-Savo	177,102	171,827	153,738	97	89	86	Mikkeli
Pohjois-Savo	256,036	256,760	248,130	100	96	96	Kuopio
Pohjois-Karjala	177,567	175,137	165,906	98	94	93	Joensuu
Keski-Suomi	247,693	259,139	274,379	104	105	110	Jyväskylä
Etelä-Pohjanmaa	200,815	198,641	193,735	98	97	96	Seinäjoki
Pohjanmaa	172,805	174,230	179,106	100	102	103	Vaasa
Keski-Pohjanmaa	70,728	72,336	68,484	102	94	96	Kokkola
Pohjois-Pohjanmaa	332,853	359,724	397,887	108	110	119	Oulu
Kainuu	99,288	93,218	81,298	93	87	81	Kajaani
Lappi	200,943	199,051	183,330	99	92	91	Rovaniemi
Ahvenanmaa	23,591	25,392	28,354	107	111	118	Maarianhamina

(注) 1985年，1997年，2011年ともに12月31日現在の数値。
〔出所〕 Tilastokeskus "Suomen tilastollinen vuosikirja 1998", 1998, S.54-55.
　　　 Tilastokeskus "Suomen tilastollinen vuosikirja 2007", 2007, S.78-99, S.112-113.
　　　 Tilastokeskus "Suomen tilastollinen vuosikirja 2009", 2009, S.78-95, S.108-109.
　　　 Tilastokeskus "Suomen tilastollinen vuosikirja 2012", 2012, S.78-93, S.108-109.

2　農業の衰退

　1990年代以降，農業の停滞が著しい。なるほど，1980年から1988年にかけても農家戸数は約15％減少したが[1]，1990年から2000年にかけては，これをはるかに上回る減少率を示しており，12万9,114戸（1990年）から7万9,783戸（2000年）となった（減少率は約39％）。さらに，21世紀にはいってからも減少に歯止めがかからず，2008年には6万5,802戸となり，1990年に比べて農家戸数は約半分になった（**図表2-3**）。

　全就業人口に占める農業人口の割合は，1970年が17.2％，1980年が10.6％，1990年が7.3％，2000年が4.3％，2004年が3.5％，2006年が3.0％と大幅に低下

している[2]。とくに，酪農業，養豚業，養鶏業農家の減少が目立つ。酪農業の農家戸数は1990年に4万3,564戸であったが，2008年には1万2,455戸になっており，実に71.5％の減少率になっている。養豚業も7,081戸（1990年）から2,309戸（2008年）に，養鶏業は2,552戸（1990年）から762戸（2008年）に減少している。これに対し，穀類生産農家は減少してはいるが，大幅な減少とはなっていない。むしろ，2000年以降は持ち直してきている（1990年が3万5,218戸，2000年が2万7,510戸，2008年が2万8,478戸）[3]。

図表2－3　農地面積別の農家戸数

(戸, ha)

	～1.99 (ha)	2～4.99 (ha)	5～9.99 (ha)	10.0～19.99 (ha)	20.0～29.99 (ha)	30.0～49.99 (ha)	50.0～99.99 (ha)	100～ (ha)	合計農家戸数 (戸)	平均農地面積 (ha)
1990年	4,953	13,883	28,199	42,748	21,889	12,678	4,278	486	129,114	17.34
1995年	1,545	8,443	17,049	31,280	19,691	15,451	5,717	788	99,964	21.68
2000年	1,349	5,524	11,229	20,405	14,758	15,621	9,232	1,665	79,783	27.97
2005年	900	4,328	8,765	15,989	12,000	14,141	10,665	2,729	69,517	33.04
2008年	858	4,543	8,339	14,411	10,569	12,810	10,952	3,320	65,802	34.97

（注）　1990年と1995年は，1ha未満の農家は含まれない。2000年，2005年，2008年は1ha未満の農家を含む。
〔出所〕　Tilastokeskus "Suomen tilastollinen vuosikirja, 2009", 2009, S.157.

　さらに，**図表2－3**をみてみよう。1990年代以降，農家1戸当たりの平均農地面積は一貫して増大し，1990年が17.34ヘクタール，2000年が27.97ヘクタール，2008年が34.97ヘクタールになっている。農業はかなりの規模を拡大しないと経営的に成り立たない状況になっているのである。このために，小規模農家を中心に離農があいついでいる。中でも10ヘクタール未満の農家は，4万7,035戸（1990年）から1万3,740戸（2008年）へと，実に7割減少しているのである。10ヘクタール以上20ヘクタール未満の農家も約3分の2減少し，4万2,748戸（1990年）から1万4,411戸（2008年）になった。1980年から1988年にかけての10ヘクタール未満の農家戸数の減少率は約25％，10ヘクタール以上20ヘクタール未満の農家戸数の減少率が約1割であったことを考えれば[4]，小規模農家を中心に，1990年代以降の農家戸数の減少率がいかに大幅なものであるかが理解できるのである。

図表2-4 Maakunta別農家戸数

(2008年, 戸, ha, %)

	~1.99 (ha)	2~4.99 (ha)	5~9.99 (ha)	10.0~19.99 (ha)	20.0~29.99 (ha)	30.0~49.99 (ha)	50.0~99.99 (ha)	100~ (ha)	計 (戸)	農家1戸当たり平均農地面積 (ha)	20ha未満の農家戸数 (戸)	全農家戸数に占める20ha未満の農家戸数の割合
Uusimaa	43	210	316	503	360	497	567	253	2,749	43.45	1,072	38.9
Itä-Uusimaa	14	68	91	239	264	340	315	137	1,468	46.07	412	28.0
Varsinais-Suomi	95	404	672	1,247	1,066	1,382	1,497	575	6,938	42.73	2,418	34.8
Satakunta	50	285	581	954	626	835	661	231	4,223	34.55	1,870	44.2
Kanta-Häme	36	120	265	534	427	533	511	188	2,614	40.90	955	36.5
Pirkanmaa	51	337	719	1,068	756	878	768	244	4,821	33.96	2,175	45.1
Päijät-Häme	20	98	214	378	352	418	409	156	2,045	41.04	710	34.7
Kymenlaakso	23	121	210	523	407	480	436	119	2,319	36.89	877	37.8
Etelä-Karjala	29	124	230	456	293	369	278	54	1,833	30.75	839	45.7
Etelä-Savo	45	322	617	922	473	471	269	50	3,169	23.40	1,906	60.1
Pohjois-Savo	50	306	601	1,009	822	968	751	135	4,642	32.08	1,966	42.3
Pohjois-Karjala	44	186	381	648	452	521	395	99	2,726	31.66	1,259	46.1
Keski-Suomi	64	344	609	882	577	594	414	91	3,575	28.95	1,899	53.1
Etelä-Pohjanmaa	84	437	923	1,807	1,232	1,441	1,172	333	7,429	33.53	3,251	43.7
Pohjanmaa	50	331	524	1,130	785	908	660	134	4,522	30.86	2,035	45.0
Keski-Pohjanmaa	11	81	129	301	314	420	325	56	1,637	36.56	522	31.8
Pohjois-Pohjanmaa	45	339	574	1,005	814	1,197	1,162	372	5,508	40.35	1,963	35.6
Kainuu	31	89	190	266	182	202	117	37	1,114	28.86	576	51.7
Lappi	31	263	402	417	284	251	192	41	1,881	23.93	1,113	59.1
Ahvenanmaa	42	78	91	122	83	105	53	15	589	24.74	333	56.5

〔出所〕Tilastokeskus "Suomen tilastollinen vuosikirja 2009", 2009. S.157.

そして，重要なことは，農家1戸当たりの平均農地面積は，北部や北東部の地域ほど小さいことである。Maakunta別にみると（**図表2－4**），Etelä-Savoが23.40ヘクタール，Lappiが23.93ヘクタール，Ahvenanmaaが24.74ヘクタール，Kainuuが28.86ヘクタールとなっているのである（2008年）。これに対し，大都市を抱える南部や西南部のMaakuntaでは，農家1戸当たりの面積が大きい。Itä-Uusimaaが46.07ヘクタール，Uusimaaが43.45ヘクタール，Varsinais-Suomiが42.73ヘクタールとなっているのである。実際，農家1戸当たりの農地面積が小さいMaakuntaでは，20ヘクタール未満の農家戸数が当該Maakuntaの全農家戸数の過半数を占めている（Etelä-Savoが60.1％，Lappiが59.1％）。これに対し，Itä-Uusimaaにおいては，20ヘクタール未満は28.0％と少ないのである。KainuuやLappiなど，工業化があまり進まず農林業に依存する割合が高い地域において離農が進んでいるのであり，それが都市への人口移動と過疎化を加速させている大きな要因の1つであるということができるのである。

3 産業構造の変化

大不況以後今日までのフィンランドの産業構造は大きく変化している。1995年と2006年の主要産業の従事者数を比較した**図表2－5**をみると，全産業では従事者数が約20％伸長していることが把握できる。このうち，農林水産業従事者数が34％減少し，製造業従事者数の伸びは鈍い。そこで，農林水産業従事者数の全産業従事者数に占める割合は，6.9％から3.8％に，製造業は20.2％から17.8％に低下しているのである。これに対し，保険・金融・不動産業の従事者数や卸売・小売・ホテル・レストランの従事者数の構成比が上昇し，それぞれ11.1％から14.9％，14.4％から15.3％に増加している。また，福祉・保健・医療・教育・文化従事者数が25％の伸び率を示すとともに，構成比も31.1％から32.5％に上昇している。さらに，男性従事者の割合が高い産業の従事者数が減少もしくは伸び率が低い中で，女性従事者数の比重が高い産業の従事者数が伸びていることが把握できる。

図表2-5　主要産業従事者数の動向

(人, %)

	2006年			1995年		伸び率
	従事者数	構成比	男性従事者の割合	従事者数	構成比	1995年を100としたときの2006年の数値
農林水産業	89,273	3.8	68.7	134,825	6.9	66.2
製造業	412,242	17.8	72.0	391,285	20.2	105.3
卸売・小売・ホテル・レストラン	354,169	15.3	45.6	279,799	14.4	126.5
保険・金融・不動産	345,963	14.9	51.4	214,946	11.1	160.9
福祉・保健・医療・教育・文化	752,484	32.5	26.0	601,250	31.1	125.1
全産業計	2,313,788	100.0	100.0	1,932,752	100.0	119.7

〔出所〕 Tilastokeskus "Suomen tilastollinen vuosikirja 2009", 2009, S.416, Tilastokeskus "Suomen tilastollinen vuosikirja 1998", 1998, S.348より作成。

　次に，1995年と2006年の主要なMaakuntaの主要産業従事者数の動向を示した図表2-6をみると，UusimaaやPirkanmaa，それにノキアで有名なOulu市のあるPohjois-Pohjanmaaの従事者数の伸び率が高い。これらのMaakuntaでは農林水産業従事者数は減少しているが，全国平均よりも減少率は低い。また，全国的には伸び悩んでいる製造業についても，これら3つのMaakuntaでは伸びているのであり，とくにPohjois-Pohjanmaaでは約20％増加している。これらのMaakuntaでは，卸売・小売・ホテル・レストランの従事者数，保険・金融・不動産の従事者数，福祉・保健・医療・教育・文化の従事者数も全国平均を上回る伸びを示している。

　その反対に，Kainuu，Lappiの従事者数の伸び率は全国平均を大きく下回っている。Kainuu，Lappiでは農林水産業の従事者数の低下が著しい。製造業従事者数も減少している。福祉・保健・医療・教育・文化従事者数も伸び悩んでいる。Kainuuでは，これに加えて卸売・小売・ホテル・レストランの従事者数でも伸び悩んでいる。また，Kainuu，Lappiともに保険・金融・不動産業の従事者数は伸長しているが，もともとの従事者数が他の産業に比べて少ないために大きな雇用効果にはつながっていない。

図表2-6 主要なMaakuntaの主要産業従事者数の動向

(人, %)

	全国			Uusimaa			Kainuu		
	1995	2006	指数	1995	2006	指数	1995	2006	指数
全産業	1,932,752	2,313,788	119.7	527,286	681,129	129.1	30,402	30,571	100.5
農林水産業	134,825	89,273	66.2	5,239	3,708	70.7	3,711	2,508	67.5
製造業	391,285	412,242	105.3	78,165	81,665	104.4	4,586	4,148	90.4
卸売・小売・ホテル・レストラン	279,799	354,169	126.5	99,959	127,297	127.3	3,540	3,883	109.6
保険・金融・不動産	214,946	345,963	160.9	89,638	147,800	164.8	2,144	3,298	153.8
福祉・保健・医療・教育・文化	601,250	752,484	125.1	170,782	217,476	127.3	11,296	11,956	105.8

	Pirkanmaa			Pohjois-Pohjanmaa			Lappi		
	1995	2006	指数	1995	2006	指数	1995	2006	指数
全産業	164,793	209,536	127.1	123,815	154,725	124.9	65,854	70,751	107.4
農林水産業	8,172	5,778	70.7	12,060	8,533	70.7	5,932	3,929	66.2
製造業	45,047	49,127	109.0	24,426	29,075	119.0	9,386	9,276	98.8
卸売・小売・ホテル・レストラン	22,041	29,962	135.9	15,216	20,446	134.3	8,529	10,434	122.3
保険・金融・不動産	16,990	31,123	183.1	10,762	19,944	185.3	5,667	8,497	149.9
福祉・保健・医療・教育・文化	47,617	64,469	135.3	41,550	52,607	126.6	24,248	25,945	106.9

(注1) 指数は1995年を100としたときの2006年の数値。
(注2) 1995年12月31日現在, 2006年12月31日現在の数値。
〔出所〕Tilastokeskus "Suomen tilastollinen vuosikirja 2009", 2009, S.418, Tilastokeskus "Suomen tilastollinen vuosikirja 1998", 1998, S.350.

なお, Kainuu, Lappiにおいては, 福祉・保健・医療・教育・文化従事者の伸びは低かったが, 福祉・保健・医療・教育・文化従事者数の全産業従事者数に占める割合では, 他の3つのMaakuntaを上回った。Kainuuでは39.1%, Lappiでは36.6%となっており, Uusimaa (31.9%), Pirkanmaa (30.7%), Pohjois-Pohjanmaa (34.0%) よりも高かったのである (2006年)。過疎化が進行しているなか, 最大の内需型産業[5]ともいえる福祉・保健・医療・教育・文化の従事者が, 過疎化に一定程度歯止めをかける役割を果たしていると判断できる。

さらに, 図表2-7により自治体規模別に主要産業従事者数をみてみよう。図表2-7では, 自治体が都市自治体 (Kaupunkimainen), 半都市自治体 (Maaseutumainen), 農山漁村自治体 (Taajaanasuttu) の3つに区分されている。都市自治体とは, 人口の90%以上が市街地域に住むか, 最大の市街

地人口が少なくとも1万5,000人以上の自治体である。半都市自治体とは，人口の60%以上90%未満が市街地域に住み，かつ最大の市街地人口が4,000人以上1万5,000人未満の自治体である。農山漁村自治体とは，人口の60%未満が市街地域に住み，かつ最大の市街地域の人口が1万5,000人未満，もしくは人口の60%以上90%未満が市街地域に住み，かつ最大の市街地人口が4,000人未満の自治体のことである。農山漁村自治体の場合，その多くは人口が少ない自治体と考えてよいが，人口1万人以上の自治体も存在している。つまり，Liperi（Pohjois-Karjala, 12,056人），Leppävirta（Pohjois-Savo, 10,760人），Pedersören kunta（Pohjanmaa, 10,757人），Saarijärvi（Keski-Suomi, 10,730人），Sotkamo（Kainuu, 10,719人），Alajärvi（Etelä-Pohjanmaa, 10,634人）の6自治体は，農山漁村自治体に属しているのである[6]。

　1995年と2006年の全産業従事者数を比較してみれば，2006年の従事者数の方が，都市自治体では32%多くなっているのに対し，半都市自治体では伸び悩み，その伸びはわずか6%にすぎない。農山漁村自治体では7%近い減少となっている。農林水産業の従事者数は，1995年に比べて2006年に都市自治体では8%の伸びがみられるが，半都市自治体は28%，農山漁村自治体は42%という大幅な減少率を示している。製造業の従事者数は，都市自治体では増加しているが，半都市自治体と農山漁村自治体では減少となっている。卸売・小売・ホテル・レストランの従事者数は，1995年に比べて2006年にはいずれも伸長しているが，都市自治体での伸び（34%）が大きいのに対し，半都市自治体は10%，農山漁村自治体は7%と伸びが小さい。保険・金融・不動産業の従事者数は，いずれも高い伸びを示している。この中でも都市自治体の伸びが圧倒的に高い。農山漁村自治体の場合には，伸長はしているものの絶対数が小さい。福祉・保健・医療・教育・文化従事者については，都市自治体で33%，半都市自治体で16%と高い伸びを示した。これに対し，農山漁村自治体ではわずか3%しか伸びを示していない。

図表2-7　自治体規模別にみた主要産業従事者数の動向

(2006年, 人, %)

	全産業計	農林水産業	製造業	卸売・小売・ホテル・レストラン	保険・金融・不動産	福祉・保健・医療・教育・文化
全国計	2,313,788 〔119.7〕	89,273 〔66.2〕	412,242 〔105.3〕	354,169 〔126.5〕	345,963 〔160.9〕	752,484 〔125.1〕
都市自治体	1,561,733 〔132.9〕	13,755 〔108.6〕	258,022 〔109.6〕	257,324 〔134.7〕	275,948 〔172.8〕	522,834 〔133.6〕
半都市自治体	356,030 〔106.6〕	22,350 〔72.4〕	78,614 〔99.5〕	48,609 〔110.1〕	36,097 〔125.1〕	112,151 〔116.3〕
農山漁村自治体	396,025 〔93.4〕	53,168 〔58.2〕	75,606 〔98.1〕	48,236 〔107.7〕	33,918 〔128.0〕	117,499 〔103.3〕

(注1)　〔　〕は1995年を100としたときの2006年の数値。
(注2)　都市自治体は，少なくとも人口の90％が市街地域に住むか最大の市街地人口が少なくとも1万5,000人以上の自治体。半都市自治体は，人口の60％以上90％未満が市街地域に住み，かつ最大の市街地人口が4,000人以上1万5,000人未満の自治体。農山漁村自治体は，人口の60％未満が市街地域に住み，かつ最大の市街地人口が1万5,000人未満，もしくは人口の60％以上90％未満が市街地域に住み，かつ最大の市街地人口が4,000人未満の自治体。
〔出所〕　Tilastokeskus "Suomen tilastollinen vuosikirja 2009", 2009, S.416-417, Tilastokeskus "Suomen tilastollinen vuosikirja 1998", 1998, S.348-349.

以上から，とくに農山漁村自治体においては主要産業である農林水産業の従事者数が大きく減少するとともに，他の産業の従事者数も伸び悩んでいることが把握できるのである。

4　課税所得からみた地域格差

人口1人当たりの地方所得税の課税所得（2007年）をMaakunta別にみてみると[7]，最大がUusimaaの1万8,566ユーロ，最小がPohjois-Karjalaの1万1,385ユーロで，およそ1.63倍の開きがあった。さらに，自治体別にみると[8]，最大がKauniainen（Uusimaaに所属）の3万1,988ユーロ，最小がMerijärvi（Pohjois-Pohjanmaaに所属）の8,311ユーロであった。自治体間では実に3.85倍の開きがみられるのである。また，1996年度の人口1人当たりの地方所得税の課税所得をみてみると[9]，最も高かった自治体はKauniainenの11万9,762フィンランドマルカで，最小がMerijärviの3万7,271フィンランドマルカであった。1996年度における自治体間の開きは3.21倍のため，自治体間の経済力の地域格差が拡大していることが把握できるのである。

図表2-8　Kauniainen自治体とMerijärvi自治体の勤労所得税，地方所得税納税者の状況

(2011年度，ユーロ，人)

勤労所得税			地方所得税		
	Kauniainen	Merijärvi		Kauniainen	Merijärvi
〜 5,000	0	0	〜 5,000	478	72
5,000〜 9,999	0	0	5,000〜 9,999	374	82
10,000〜14,999	0	0	10,000〜14,999	498	178
15,000〜19,999	9	1	15,000〜19,999	462	94
20,000〜24,999	73	2	20,000〜24,999	394	82
25,000〜29,999	228	24	25,000〜29,999	447	101
30,000〜39,999	678	89	30,000〜39,999	774	120
40,000〜49,999	595	45	40,000〜49,999	635	47
50,000〜59,999	458	19	50,000〜59,999	466	22
60,000〜79,999	619	6	60,000〜79,999	634	8
80,000〜99,999	341	1	80,000〜99,999	346	1
100,000〜	840	0	100,000〜	857	0
計	3,841	187	計	6,365	807

〔出所〕　Statistics Finland "Statistical database, Taxaition of individuals by income subject to state taxation, 2011, taxed by state by Municipality", 2012.

さらに，経済力格差を検証するために，図表2-8をみてみよう。図表2-8は，2011年度のKauniainenとMerijärviの勤労所得税（国税）の納税者を課税所得段階別に整理したもの，ならびに，KauniainenとMerijärviの地方所得税納税者を国税の勤労所得税の課税所得段階別に整理したものである。Kauniainenの人口数は8,545人，Merijärviは1,187人であった（2008年12月31日現在）。国税である勤労所得税の納税者数はKauniainenが3,841人，Merijärviが187人で，人口に占める勤労所得税納税者の割合は，Kauniainenが44.9％，Merijärviが15.7％であった。また，地方所得税納税者に占める勤労所得税納税者の割合は，Kauniainenが60.3％，Merijärviが23.1％であった。Merijärviでは，地方税収入の大部分を占める地方所得税収入において，Kauniainenに比べて低所得の納税者に依存する割合が高くなっていることが把握できるのである。さらに，Kauniainenでは，6万ユーロ以上の課税所得を有する者が1,800人おり，Kauniainenの勤労所得税の納税者全体の46.8

％を占めている。これに対し，Merijärviには6万ユーロ以上の納税者はわずか7名で，Merijärviの勤労所得税納税者全体のわずか3.7％にすぎないのである。

低所得者層の増大と地域差が大きい失業率

大不況以後，フィンランドでは低所得者層が著しく増大している。低所得者とは収入が全国平均の60％未満（年1万4,741ユーロ未満，1人暮らしの場合）の者をいう[10]。図表2-9をみてみよう。フィンランドでは，全国平均の年収入（1人暮らしの場合）が2万4,569ユーロ，低所得者層の年平均収入は1万2,394ユーロである（2010年）。このような低所得者層は，大不況以後増大しており，1990年に39万4,978人であったのに対し，2010年には約1.8倍の70万6,030人になっている。総人口に占める低所得者の割合も，7.9％から13.3％に増大している。年齢別にみてみると，18歳以上64歳までの者は，21万632人（1990年）から44万7,081人（2010年）へと2.1倍増加し，当該年

図表2-9 フィンランドにおける低所得者層の状況

（ユーロ，人，％）

	1990年	1995年	2000年	2005年	2010年
平均収入	17,886	16,842	19,116	22,500	24,569
低所得者層となる上限収入	10,732	10,105	11,470	13,500	14,741
低所得者層の平均収入	9,287	8,739	9,941	11,476	12,394
総人口	4,974,383	5,053,076	5,105,187	5,179,228	5,294,659
低所得者人口	394,978	361,744	576,104	660,537	706,030
総人口に占める低所得者の割合	7.9	7.2	11.3	12.8	13.3
0～17歳の低所得者数	61,107	56,099	134,759	130,438	134,904
0～17歳の低所得者の当該年齢層に占める割合	5.1	4.8	11.9	11.8	12.4
18～64歳の低所得者数	210,632	258,067	362,161	405,749	447,081
18～64歳の低所得者の当該年齢層に占める割合	6.8	8.1	11.2	12.4	13.6
65歳以上の低所得者数	123,239	47,578	79,184	124,350	124,045
65歳以上の低所得者の当該年齢層に占める割合	18.7	6.7	10.5	15.2	13.5

（注1） 収入は年収入である。
（注2） 0～17歳の低所得者の多くは，低所得者の家庭の子どもである。
〔出所〕 Statistics Finland "Income Distribution Statistics", 2012.

齢層の人口に占める割合も6.8％から13.6％に増加した。65歳以上の者は，1990年（12万3,239人）と2010年（12万4,045人）では数的にほぼ変化がない。また，18歳未満層（ほとんどが低所得者層の家庭に属する）の者は，6万1,107人（1990年）から13万4,904人（2010年）へと2.2倍増加し，当該年齢層に占める割合も，5.1％から12.4％に増加している。さらに，**図表2－9**には示されていないが，16歳以上24歳未満では当該年齢層の26.5％が低所得者層である[11]。

　このような状況が生じていることは，先に述べた農業の衰退や産業構造の変化と密接に関係しているし，失業率の上昇とも密接な関連性がある。第1章で掲げた**図表1－2**をみてみよう。失業率は，深刻な不況の影響を受けて1993年には16.3％，1994年には16.6％と急上昇した。1994年をピークに失業率は下がっていったが，1990年代を通じて10％台の高いままの状態が続いた。21世紀にはいってからも高い状態は解消されず，10％をきったとはいうものの，2000年から2003年までは9％台で推移した。2006年にようやく7.7％まで下がり（失業者数は約20万人），以後景気上昇の中，2008年には6.4％まで下がったが，大不況以前の水準（3.2％）には達していない。そして，リーマンショックの影響を受けた2009年には失業率が上昇し，8％台となった。

　失業率は，地域的には農村部を広大にかかえる北部，北東部のMaakuntaが高く，国平均の失業率が7.7％に下がった2006年においても，5つのMaakuntaにおいて10％を超過していた。つまり，Kainuuの17.1％を筆頭に，Lappiが12.4％，Etelä-Savoが11.5％，Pohjois-Karjalaが10.4％，Keski-Suomiが10.3％の失業率を示していたのである。2008年においても，これらのMaakuntaにおける失業率は，国平均を大きく上回っている。これに対し，Uusimaa，Itä-Uusimaaの2008年の失業率は，それぞれ4.9％，3.3％となっており，景気が悪化した2009年においてもUusimaaは6％台にとどまっている。

　生活保護受給者数の動向をみてみると[12]，生活保護受給者数は1996年の34万9,591世帯，60万9,636人，受給率11.9％をピークに減少している。経済が順調であった2007年の生活保護受給者数は21万7,842世帯，34万2,492人，受給率は6.5％となっている。ただし，景気が悪化した2009年には，生活保護受給者数は23万8,755世帯，37万7,688人，受給率は7.1％に上昇している。さ

らに，生活保護受給率をMaakunta別にみてみると（2010年），Pohjois-Karjalaが9.1％，Pohjois-Savoが8.2％，Lappiが8.0％，Keski-Suomiが7.9％となっており，失業率が高い北部や北東部のMaakuntaを中心に生活保護受給率が高いことが把握できる。これに対し，南部や西南部のMaakuntaの生活保護受給率は総じて高くない。フィンランドでは，すぐれた年金制度や障がい者福祉制度，女性雇用のしくみがあるので，高齢者，障がい・病気，母子の生活保護受給者は少ない。このような生活保護受給者数の動向をみるならば，地域の雇用状況がほぼ反映されているということができるのである。

むすびにかえて

1991年の大不況から回復した後のフィンランドの産業構造は変化した。大不況以前にリーディング産業であった紙・パルプ産業などの伸びが鈍化する中，電気光学機械産業が伸長した。さらに，保険・金融・不動産業や卸売・小売・ホテル・レストラン業も伸長したが，これらの産業は北部や北東部の地域に比べて，南部や西南部の地域で発展した。また，農業の落ち込みが激しかったが，とくに北部や北東部地域での落ち込みが激しかった。このために，地域経済が様変わりし，南部・西南部と北部・北東部の地域間格差や，都市と農村の間での格差が大きくなった。都市への人口移動が進み，過疎化が進行した。とりわけ北東部のMaakuntaであるKainuuの人口の著しい減少と経済の停滞が大きな問題になった。そして，国がKainuuを特別に支援する，いわゆる「Kainuu特区」ができた。

フィンランドの財政状況は，現在 EU加盟国の中でも最も良好な部類に入る。それは経済が順調に推移してきたことや財政再建を着実に行ってきたためである。しかし，この過程の中で，低所得者層が大幅に増大し，貧富の差が拡大した。さらに，地域間格差が拡大した。また，電気光学機械産業をはじめとして，企業が海外に生産拠点を移す動きが進み，若年層を中心に雇用状況が厳しさを増している。

今後の産業と雇用と福祉をどのように展望するのか。地域経済が大きく転換する中で地域間格差が大きくなってきている状況を今後どのように改善し

ていくのか。今後のフィンランドの施策展開に注目したい。

注

1) "Vuosikirja 1998", 1998, S.131.
2) "Vuosikirja 2009", 2009, S.101. S.156-157. "Vuosikirja 2007", 2007, S.105.S.159-160. "Vuosikirja 1998", 1998, S.83, S.131-132.
3) "Vuosikirja 2009", 2009, S.156.
4) "Vuosikirja 1998", 1998, S.131.
5) 福祉・保健・医療・教育・文化は，全体としてみれば自治体職員が多数の職場であるが，本章では，自治体直営や民間など運営主体に関係なく，これらを内需型産業と表現している。
6) "Vuosikirja 2009", 2009, S.76-77.
7) "Vuosikirja 2009", 2009, S.357-365.
8) "Vuosikirja 2009", 2009, S.357-365.
9) "Vuosikirja 1998", 1998, S.326-336.
10) Statistics Finland "Income Distribution Statistics", 2012.
11) 注10)のStatistics Finlandを参照。
12) "Vuosikirja 2009", 2009, S.494-495, "Vuosikirja 1998", 1998, S.434-435, "Vuosikirja 2012", 2012, S.494-495.

第3章 病院事業の広域連合制度の成立と今後の広域連合立病院・診療所の経営と財政の課題
―青森県西北五地域の事例―

　自治体病院（市町村立病院）が地域医療に果たす役割は大きいが，今日，医師・看護師不足や地方財政の悪化などにより厳しい環境におかれている自治体病院が多い。これを打開する方策の1つとして広域連合があると筆者は考え，これまで広域連合（フィンランドでは自治体連合）により病院事業が広く営まれてきたフィンランド[1]ならびに島根県の隠岐地域の広域連合[2]について調査・研究してきた。

　フィンランドでは民間の医療機関が少ないことにより，医療に果たす自治体の役割がきわめて大きい。国が20の2次医療圏を設定し，自治体は2次医療に関する自治体連合への加入が義務づけられている。1次医療についても小規模自治体が多いため，自治体が内発的につくる自治体連合が運営する自治体連合立の病院・診療所が少なくない。さらに，フィンランドでは病院以外にも職業専門学校や廃棄物処理，交通・運輸などで自治体連合が展開されている。フィンランドの自治体財政と自治体連合財政を合計した財政規模は約380億ユーロだが，このうち自治体連合の財政規模は実に87億ユーロにのぼっている（2007年度決算）。フィンランドでは，このような自治体連合の財政支出のうち，病院・診療所事業が3分の2を占めているのである[3]。

　さらに，島根県隠岐地域の広域連合は，隠岐地域の4町村（3町1村）に県が加わった広域連合で（設立時は7町村，その後の市町村合併により現在は4町村），2つの広域連合立の病院（隠岐病院，島前病院）を有している。財政支援や医師の確保，地域内の病診連携（広域連合立の病院と町村立の診療所の連携）に県が果たす役割が大きいことに特徴が見いだせる。

本章では青森県の「つがる西北五広域連合」を取り上げる。取り上げた理由は，離島医療対策の色彩の濃い隠岐地域の広域連合とは異なり，つがる西北五広域連合は2次医療圏域（西北五地域保健医療圏域，青森県には6つの保健医療圏域がある）を形成している市町（2市4町，五所川原市，つがる市，鰺ヶ沢町，中泊町，鶴田町，深浦町）で構成され，県が積極的にかかわりながら一般的な医療を2次医療圏域内で完結できるシステムづくりがめざされるとともに，医師，看護師などの医療資源確保に力点がおかれている。そして，この目的のために，各自治体病院の機能再編成をドラスティックに行おうとしていることに特徴が見いだせるからである。

 西北五地域保健医療圏域における自治体病院再編とつがる西北五広域連合

（1）自治体病院の機能再編成の経緯とつがる西北五広域連合の役割・内容

　2001年3月に，青森県は自治体病院の厳しい運営状況や医師の確保が難しい現状を踏まえ，自治体病院の機能再編成計画の策定に着手することを決定した[4]。そして，県内の6つの2次医療圏域（保健医療圏域）の再編の基本的枠組みを各保健医療圏域に提示したが，西北五地域保健医療圏域の市町村のみが合意をし，他の5つの保健医療圏域（青森地域保健医療圏域，津軽地域保健医療圏域，八戸地域保健医療圏域，上十三地域保健医療圏域，下北地域保健医療圏域）に属する市町村の合意を得ることはできなかった。合意に至った西北五地域保健医療圏域では，2002年12月に県主導による「自治体病院機能再編成計画」が策定され，翌2003年4月には将来の広域による運営への移行を視野に入れながら，再編後の病院・診療所の設置運営の受け皿として，すでに存在していた，つがる西北五広域連合が予定されることになった。

　つがる西北五広域連合は1999年3月に五所川原市を中心とする14市町村（その後の市町村合併で現在は2市4町）で発足し，広域市町村圏計画の策定や介護認定審査会の設置・運営，障害者自立支援法にもとづく地域自立支援協議会の設置・運営などを主な仕事としてきたが，再編後の病院・診療所の設置運営の受け皿となることが決まり，「西北五地域保健医療圏自治体病

院機能再編成計画に係る中核病院およびサテライト医療機関の設置および管理運営に関すること」が新たな仕事として加わり，職員体制が強化された[5]。そして，西北五地域保健医療圏域のすべての自治体病院は，2012年4月に広域連合に移管されたのである。

2012年1月現在，つがる西北五広域連合の広域連合長は五所川原市長が務め，五所川原市を除く市長と町長は副広域連合長を務める。広域連合議会は9名で構成され，五所川原市議会から3名，つがる市議会から2名，他の町議会から1名となっている。事務局員は22名で，この中には青森県市町村課から派遣され，事務局次長を担っている者が含まれている。病院再編を担当する事務局職員は広域連合全職員の約半分の10名となっている。

(2) つがる西北五地域保健医療圏域の概要と特徴

西北五地域保健医療圏域は，青森県西部に位置し，人口は14万3,817人（2010年国勢調査），面積は1,752平方キロメートルで，南北方向に広い。広域連合を構成する市町の人口，高齢者比率は図表3-1のとおりである。西北五地域保健医療圏域は青森県内で急速に高齢化，過疎化が進行している地域で，図表3-1の市町に板柳町を加えた2市5町全体での高齢者比率は30.2%である。このうち，つがる市，中泊町，鰺ヶ沢町，深浦町が30%台になっている。

出生率（人口千対）は低下傾向にあり県7.2に対して5.9，死亡率（人口千対）は上昇傾向にあり県10.7に対して12.6となっている（2007年）。主要死因別死亡率（2007年，人口10万対）をみると，生活習慣病である3大死因による死亡が上位を占めており，どの死因も全国平均，県平均を上回っている（悪性新生物は全国266.9，県327.7，西北五地域保健医療圏域394.4，心疾患は全国139.2，県167.6，西北五地域保健医療圏域193.5，脳血管疾患は全国100.8，県134.3，西北五地域保健医療圏域141.2）。また，西北五地域保健医療圏域の平均寿命（2005年）は全国や県内に比べて低く，とくに男性は，鰺ヶ沢町が75.2歳で県内1位（全国2位），五所川原市が75.5歳で県内3位（全国4位），中泊町が75.6歳で県内4位（全国6位）など，県内でも全国でもワーストクラスとなっている[6]。

図表3－1　西北五地域保健医療圏域構成市町の人口，高齢者比率

(人, %)

		2000	2010	備考
五所川原市	人口	63,208	58,421	2005年3月28日、五所川原市、金木町、市浦村が合併、五所川原市。
	高齢者比率	21.2%	27.8%	
つがる市	人口	41,320	37,243	2005年2月11日、木造町、森田村、柏村、稲垣村、車力村が合併、つがる市。
	高齢者比率	24.3%	30.0%	
鰺ヶ沢町	人口	13,551	11,449	
	高齢者比率	27.4%	34.5%	
深浦町	人口	11,799	9,691	2005年3月31日、深浦町、岩崎村が合併、深浦町。
	高齢者比率	28.7%	38.9%	
鶴田町	人口	15,795	14,270	
	高齢者比率	23.7%	29.8%	
中泊町	人口	15,325	12,743	2005年3月28日、中里町、小泊村が合併、中泊町。
	高齢者比率	23.8%	33.0%	

〔出所〕　青森県企画政策部統計分析課「平成22年国勢調査による青森県の人口」2011年11月。

（3）つがる西北五地域保健医療圏域の医療提供体制と自治体病院の現状

　西北五地域保健医療圏域の医療提供体制（医療機関の状況）は，2009年4月1日現在で，病院が10箇所，一般診療所が86箇所，歯科診療所が52箇所である[7]。西北五地域保健医療圏域の病院における一般病床数と療養病床数を合計した病床数は1,468床である（**図表3－2**）。また，西北五地域保健医療圏域の病院と診療所をあわせた病床数（一般病床数と療養病床数の合計）は1,492床（2009年4月1日現在）で，西北五地域保健医療圏域の基準病床数（一般病床数と療養病床数の合計，2008年7月策定の青森県保健医療計画にもとづく）である1,303床を189床上回っている。

　病院の一般病床は847床，療養病床が621床である。一般病床は自治体病院，療養病床は民間病院が，その割合の多くを占めている。つまり，救急医療や急性期，亜急性期医療はほとんど自治体病院が担っているのであり，一般病床847床のうち724床は自治体病院である。自治体病院では，中核的な医療施設として五所川原市立西北中央病院（一般病床352床，精神病床60床）があり，このほかにつがる市立成人病センター（一般病床92床），公立金木病院（五所川原市と中泊町による一部事務組合立，一般病床120床，療養病床30床），

図表3-2　西北五地域保健医療圏域における病院の状況

<table>
<tr><th colspan="2" rowspan="2">施設名</th><th rowspan="2">所在地</th><th colspan="6">病床</th></tr>
<tr><th>一般</th><th>療養</th><th>精神</th><th>結核</th><th>感染症</th><th>合計</th></tr>
<tr><td rowspan="5">自治体病院</td><td>五所川原市立西北中央病院</td><td rowspan="2">五所川原市</td><td>352</td><td></td><td>60</td><td></td><td></td><td>412</td></tr>
<tr><td>公立金木病院</td><td>120</td><td>30</td><td></td><td></td><td></td><td>150</td></tr>
<tr><td>つがる市立成人病センター</td><td>つがる市</td><td>92</td><td></td><td></td><td></td><td></td><td>92</td></tr>
<tr><td>鰺ヶ沢町立中央病院</td><td>鰺ヶ沢町</td><td>100</td><td></td><td></td><td></td><td></td><td>100</td></tr>
<tr><td>鶴田町立中央病院</td><td>鶴田町</td><td>60</td><td>40</td><td></td><td></td><td></td><td>100</td></tr>
<tr><td colspan="2">小　　計</td><td>724</td><td>70</td><td>60</td><td>0</td><td>0</td><td>854</td></tr>
<tr><td rowspan="5">民間病院</td><td>増田病院</td><td rowspan="4">五所川原市</td><td></td><td>75</td><td></td><td></td><td></td><td>75</td></tr>
<tr><td>医療法人白生会胃腸病院</td><td>123</td><td>110</td><td></td><td></td><td></td><td>233</td></tr>
<tr><td>布施病院</td><td></td><td></td><td>120</td><td></td><td></td><td>120</td></tr>
<tr><td>医療法人慈仁会尾野病院</td><td></td><td>101</td><td></td><td></td><td></td><td>101</td></tr>
<tr><td>医療法人誠仁会尾野病院</td><td>つがる市</td><td></td><td>265</td><td></td><td></td><td></td><td>265</td></tr>
<tr><td colspan="2">小　　計</td><td>123</td><td>551</td><td>120</td><td>0</td><td>0</td><td>794</td></tr>
<tr><td colspan="3">合　　計</td><td>847</td><td>621</td><td>180</td><td>0</td><td>0</td><td>1,648</td></tr>
</table>

(注)　数値は2009年4月1日現在。
〔出所〕　青森県「青森県地域医療再生計画（西北五地域保健医療圏）」2010年1月。

鰺ヶ沢町立中央病院（一般病床100床），鶴田町立中央病院（一般病床60床，療養病床40床）がある。さらに，五所川原市立市浦診療所（無床），深浦町立関診療所（5床），中泊町立小泊診療所（無床）の3つの自治体立の診療所がある。なお，公立金木病院については，もともとは中里町と金木町による一部事務組合で運営されていたが，金木町が五所川原市に編入合併され，中里町が小泊町と合併して中泊町がつくられたことによって，現在の一部事務組合ができている。

一方，療養病床621床のうち551床が民間病院（70床は自治体立病院）で，民間病院の療養病床のすべてが五所川原市もしくはつがる市に存在している。民間病院では療養病床だけの病院がほとんどである。

（4）自治体病院再編の目的と再編内容

自治体病院再編は次の3つの目的で行われる[8]。

つまり，まず，医療機能の高度化によりサービスの充実を図ることである。高度医療を担う役割の五所川原市立西北中央病院は，施設の老朽化に加え

て，医師不足や心臓血管外科専門医，呼吸器専門医，消化器外科専門医など高度な医療を担う専門医が皆無のことなどがあり（2006年度青森県医療機能調査にもとづく），医療機能の高度化がなかなか進んでいない。そこで，新たな中核病院の新築・整備と医療機能の高度化が必要となっている。

次に，医師不足の解消を図ることである。現在は少数の医師が各病院に配置されている状況であるが，医師の多忙化や診療への不安，勤務条件への不満などにより，医師が病院現場から立ち去ってしまう状況が生じかねない。例えば，五所川原市立西北中央病院は，病院の規模からすれば医師数は少ない。このため，医師1人当たりの患者数が多くなり，医師が稼ぐ1人当たり単価は全国でもきわめて高い。さらに，常に医師が4～5人体制で救急外来に対応しており，医師の負担は大きい[9]。医師の働きがいのある職場づくりが必要であり，中核病院とサテライトの医療機関との連携システムの構築が大切になる。このため広域連合による提携が模索されなければならないのである。

3つ目は，持続可能な医療サービスの提供体制を構築することである。西北五地域保健医療圏域では多くの自治体病院が医師不足の中で赤字経営を続けているが，基準外繰り出しなど自治体の一般会計が支えることにも限界がある。そこで，広域連合を形成し，広域連合による一体的経営を図ることによって，人，もの，予算を効率よく活用できるのである。

つまり，つがる西北五広域連合が運営主体となり，西北五地域保健医療圏域全体で地域医療を支えていく体制を構築する。このため，急性期医療や高度救急を担う新たな中核病院を整備して一般医療の圏域内での自己完結をめざすとともに，周辺の自治体病院をサテライト医療機関として位置づけ，回復期，在宅医療，外来診療等を担う機能への転換や中核病院との連携強化を図るというのである。

具体的には，2013年度末に広域連合立の中核病院（つがる総合病院，一般病床390床，感染症病床4床，精神病床40床）を五所川原市に新築・開設するとともに，五所川原市立西北中央病院を廃止する。さらに，各自治体病院を広域連合立の医療機関として再編し，2013年度末までに2つのサテライト病院（一般病床100床，このうち回復期リハビリ病床40床の金木病院と，へ

き地拠点医療病院で一般病床100床の鰺ヶ沢病院），2つの無床のサテライト診療所（つがる診療所，鶴田診療所）に機能再編する（**図表3-3**）。そして，つがる総合病院の開設に先駆けて，五所川原市立西北中央病院を含む現在の5つの自治体立の病院の運営を2012年4月1日から西北五広域連合へ移管するものとし，これが実施に移された。また，無床の診療所となる鶴田町立中央病院とつがる市立成人病センターについては，つがる総合病院の開院までの間に段階的に病床数を削減するものとされた。例えば，つがる市立成人病センターの場合は，2012年4月から52床とし，それ以降も段階的に減らし，2013年度末のつがる総合病院開院のときまでには無床とする計画になっているのである[10]。

なお，これまで西北五地域保健医療圏域の自治体病院は，その運営にあたる各自治体の判断のもと，地方公営企業法の一部適用で運営されてきたが，広域連合立に移行後は地方公営企業法の全部適用の体制をとることとなった[11]。また，先述した市浦診療所や小泊診療所など3つの自治体立の診療所は広域連合には加えず，これまで同様市立，町立で運営されることになった。

図表3-3　再編後の病床数の変更

【再編成前】			【再編成後】	
①国保五所川原市立西北中央病院	一般　356床 精神　60床	⇒（廃止）	①中核病院 （新築）	一般　390床 精神　40床 感染症　4床
②公立金木病院組合 公立金木病院	一般　146床 療養　30床	⇒（改修）	②サテライト病院	一般　100床
③鰺ヶ沢町立中央病院	一般　140床	⇒（改修）	③サテライト病院	一般　100床
④つがる市国保病院 つがる市立成人病センター	一般　92床	⇒（改修）	④サテライト診療所	無床
⑤国保鶴田町立中央病院	一般　70床 療養　60床	⇒（改修）	⑤サテライト診療所	無床
計	一般　804床 精神　60床 療養　90床 954床		計	一般　590床 精神　40床 感染症　4床 634床

（注）　再編成前の数値は2008年12月現在の数値である。
〔出所〕　青森県「青森県地域医療再生計画（西北五地域保健医療圏）」2010年1月。

西北五地域保健医療圏域の医療スタッフと患者の動向

（1）西北五地域保健医療圏域の医療スタッフの状況

　西北五地域保健医療圏域の医療施設従事医師数（実数）は142人である[12]。人口10万人対でみると95.7人で，県平均（174.9人），全国平均（212.9人）に比べて著しく低い。青森県の6つの保健医療圏域の中で最も低く（最も高いのは津軽地域保健医療圏域の267.8人），全国の半分にも満たないのである（2008年12月31日現在）。とくに自治体病院の常勤医は2010年度が51人と，2005年度（62人）に比べて大きく減少している。非常勤の医師14.69人を加えても65.69人である（医師の常勤換算は，週5日勤務の者を1.0人としてカウントし，例えば月曜日の午前中だけ勤務の者を0.1人，月曜日の午前・午後の勤務の者を0.2人としてカウントする）。五所川原市立西北中央病院はほぼ同規模の県内の病院の常勤医師数の平均41.2人を大きく下回る30人となっている（2007年2月現在）[13]。

　西北五地域保健医療圏域では，診療報酬がカットされる可能性のある医師充足率70％以下の病院こそないものの，厳しい医師確保の状況が続いている。鰺ヶ沢町立中央病院では，2008年度に国の緊急臨時的医師派遣システムを活用するまでになっているし[14]，公立金木病院では2009年度初めに，常勤医師が相次いで退職したことにより医療法上の医師の充足率（70％）を満たせなくなり，6月より標欠（入院基本料10％カット）の状況に陥ったのである[15]。

　開業医については，その高齢化が進んできているものの減少はしていない。
　就業看護師数（准看護師は含まない）は2008年末で720人，人口10万人対では485.4人で，全国平均（687.0人），県内平均（768.8人）に比べて低い[16]。就業准看護師数は人口10万人対で440.9人となっており，全国平均（293.7人）を大きく上回っている。これは，西北五地域保健医療圏域の療養病床の多さと関係している。

(2) 西北五地域保健医療圏域の患者の動向

　西北五地域保健医療圏域の特徴として，圏域外に流出する患者の割合が他圏域に比べて高いことがあげられる。西北五地域保健医療圏域に居住する住民のうち入院患者総数（1日当たり）は2,032人（2007年2月1日現在）で，このうち1,484人が西北五地域保健医療圏域内の医療機関に入院している。この1,484人の中で一般病床入院が717人，療養病床入院が594人であった。一般病床入院の717人のうち西北五地域保健医療圏域内の自治体病院に入院している者は545人であった（**図表3－4**）。また，一般病床と療養病床と精神病床をあわせての自治体病院の入院患者数（1日当たり）は647人で，2002年度（802人）に比べて約20％減少している。

　さらに，西北五地域保健医療圏域では自地依存率（圏域内の患者が当該圏域内の病院と診療所を受療する割合，一般病床入院）が64.8％となっている（**図表3－5**）。津軽，八戸，青森の各保健医療圏域は90％台半ば，上十三地域保健医療圏域が72.6％，下北地域保健医療圏域が79.4％となっており，これらの圏域に比べれば西北五地域保健医療圏域がかなり低いことが把握できるのである。弘前大学病院があり，医師数などで優位に立つ隣接の津軽地域保健医療圏域へ患者が流出しているのである。

図表3－4　西北五地域保健医療圏域住民の入院患者の現況（1日当たり）

区　分	総患者数	うち、西北五圏域で入院	うち自治体病院
一般病床	1,107	717	545
療養病床	646	594	60
精神病床	270	173	42
結核病床	9	0	0
計	2,032	1,484	647

（注）　2007年2月1日現在の数値である。
〔出所〕　青森県「青森県地域医療再生計画（西北五地域保健医療圏）」2010年1月。

図表3−5 各保健医療圏域の自地依存率（一般病床入院：病院＋診療所）

	施設所在地	総数	西北五地域	津軽地域	八戸地域	青森地域	上十三地域	下北地域	自地依存率
患者住所地	総　　数	10,359	733	2,926	2,553	2,743	949	455	—
	西北五地域	1,107	717	241	1	147	1	—	64.8%
	津軽地域	2,537	10	2,405	2	120	—	—	94.8%
	八戸地域	2,248	—	16	2,183	27	22	—	97.1%
	青森地域	2,396	3	144	5	2,240	4	—	93.5%
	上十三地域	1,237	—	29	197	94	898	19	72.6%
	下北地域	544	—	16	12	72	12	432	79.4%
	県　　外	290	3	75	153	43	12	4	—

（注）　もととなるデータは2006年度青森県医療機能調査による。
〔出所〕　つがる西北五広域連合『西北五広域における自治体病院機能再編成マスタープラン（改訂版）』2009年3月。

図表3−6 西北五地域保健医療圏域の自地依存率（一般病床入院：病院＋診療所）

	施設所在地	総数	西北五地域	津軽地域	八戸地域	青森地域	上十三地域	下北地域	自地依存率
患者住所地	総　　数	1,107	717	241	1	147	1	—	64.8%
	五所川原市	404	262	70	1	71	—	—	64.9%
	つがる市	241	151	60	—	29	1	—	62.7%
	鰺ヶ沢町	142	105	29	—	8	—	—	73.9%
	深浦町	70	34	23	—	13	—	—	48.6%
	鶴田町	131	80	36	—	15	—	—	61.1%
	中泊町	119	85	23	—	11	—	—	71.4%

（注）　もととなるデータは2006年度青森県医療機能調査による。
〔出所〕　つがる西北五広域連合『西北五広域における自治体病院機能再編成マスタープラン（改訂版）』2009年3月。

　西北五地域保健医療圏域の各自治体の自地依存率をみると（**図表3−6**），五所川原市，つがる市，鶴田町，深浦町の自地依存率が低いことが把握できる。これは深浦町が西北五地域保健医療圏域の中核病院のある五所川原市から最も遠くに位置しているため，患者が西北五地域保健医療圏域を飛び越えて一挙に青森地域保健医療圏域や津軽地域保健医療圏域に流出しているからである。また，**図表3−6**からは読み取ることはできないが，同町の一部地域（岩崎地区など）が比較的秋田県の能代市に近いため，能代市や秋田市の病

院を受療するケースがみられる。さらに，五所川原市，つがる市，鶴田町の自地依存率が低いのは，いずれも医療が充実している弘前市，青森市に近いことによるものである。五所川原市から弘前市までは25キロメートル，鶴田町から弘前市までは20キロメートルである。その一方で，五所川原市立西北中央病院に入院する患者の97.5％，外来患者の98.0％が西北五地域保健医療圏域の住民であり，圏域外からの流入がほとんどないのである[17]。

また，近年は，西北五地域保健医療圏域の自治体病院の外来患者数（1日当たり）が減少している。五所川原市立西北中央病院は2001年度の外来患者数が1,058人だったのに対して2008年度が855人，その他の自治体病院の合計外来患者数は2001年度が1,482人，2008年度が1,041人となっている[18]。入院患者数（1日当たり）も，五所川原市立西北中央病院が2001年度375人，2008年度313人となっていて62人減少，その他の自治体病院の合計も2001年度420人に対して2008年度は295人と125人減少している[19]。その原因には自治体病院の常勤医師数の減少の影響が大きい。そして，入院患者数の減少は自治体病院の病床利用率の減少に直結する。2008年度の自治体病院の病床利用率は，五所川原市立西北中央病院の一般病床（76.4％），公立金木病院の療養病床（92.0％）を除き，7割に達していない。鰺ヶ沢町立中央病院のように30％台前半のところも存在しているのである（図表3－7）。

なお，西北五地域保健医療圏域の住民の療養病床への入院は646人である。このうち圏域内の入院が594人で自地依存率は92.0％であった。療養病床の入院受療率（人口10万人対の患者数）は423.4人と県内平均（202.7人）の2倍以上となっていて，他圏域に比べて飛びぬけて高いのである[20]。

図表3-7　西北五地域保健医療圏域の自治体病院の病床利用率

病院名	病床区分	病床利用率
五所川原市立西北中央病院	一般病床	76.4%
	精神病床	67.9%
公立金木病院	一般病床	59.6%
	療養病床	92.0%
つがる市立成人病センター	一般病床	67.9%
鰺ヶ沢町立中央病院	一般病床	31.7%
鶴田町立中央病院	一般病床	63.6%
	療養病床	47.8%

(注)　2008年度の数値である。
〔出所〕　青森県「青森県地域医療再生計画（西北五地域保健医療圏）」2010年1月。

3　西北五地域保健医療圏域の自治体病院の財政状況

　近年，診療報酬の引き下げや医療費の抑制策，患者減少の影響を受けることによって，病院経営は自治体病院，民間病院を問わず厳しい状況におかれている。青森県には自治体病院が26存在するが，その全体をみると，累積欠損金が572億4,600万円，不良債務額（未収金，現金，預金等の流動資産よりも未払い費用，一時借入金等の流動負債が上回る状態。実質的な現金不足額）が84億9,700万円，医業収益に対する不良債務の比率（不良債務比率）は10.5％になっている（2010年度決算見込み）（**図表3-8**）。

　図表3-9により西北五地域保健医療圏域の自治体病院の決算額をみると，つがる市立成人病センターを除く4つの自治体病院が不良債務を抱えており，その合計不良債務額は25億6,700万円にのぼっている。なかでも公立金木病院の不良債務の金額が大きく13億8,900万円で，不良債務比率は87.7％になっている。他の3病院については，鶴田町立中央病院が6億3,500万円（不良債務比率76.3％），鰺ヶ沢町立中央病院が2億5,200万円（同19.1％），五所川原市立西北中央病院が2億9,100万円（同4.2％）の不良債務を抱えている。不良債務比率が10％を超過した場合には企業債の発行制限を受けることになる。公立金木病院は2009年度の不良債務比率が101.1％に達し，全国でワー

図表3-8　2010年度青森県内自治体病院（市町村立・一部事務組合立）決算見込み〈県計〉

(単位：百万円, %)

区分			2009年度	2010年度見込	増減	増減率
収益的収支	総収益		87,222	91,462	4,240	4.9
	医業収益		77,842	80,670	2,828	3.6
		うち入院収益	49,681	52,510	2,829	5.7
		うち外来収益	23,106	22,655	▲451	▲2.0
	医業外収益		8,143	8,540	397	4.9
	特別利益		1,238	2,251	1,013	81.8
	総費用		89,160	91,671	2,511	2.8
	医業費用		83,927	85,373	1,446	1.7
		うち職員給与費	40,408	41,553	1,145	2.8
		うち材料費	20,738	20,377	▲361	▲1.7
		うち減価償却費	4,751	5,181	430	9.1
	医業外費用		4,894	4,853	▲41	▲0.8
		支払利息	2,555	2,456	▲99	▲3.9
	特別損失		339	1,445	1,106	326.3
	経常損益		▲2,836	▲1,016	1,820	64.2
	経常利益		458	1,449	991	216.4
	経常損失		3,294	2,465	▲829	▲25.2
	純損益		▲1,938	▲210	1,728	89.2
	純利益		940	2,082	1,142	121.5
	純損失		2,878	2,292	▲586	▲20.4
累積欠損金			56,923	57,246	323	0.6
不良債務額			11,609	8,497	▲3,112	▲26.8
不良債務比率			14.9	10.5	▲4.4	
経常収支比率			96.8	98.9	2.1	
医業収支比率			92.8	94.5	1.7	
職員給与費比率			51.9	51.5	▲0.4	
材料費比率			26.6	25.3	▲1.3	
資金不足額（地財法）			15,579	11,677	▲3,902	▲25.0
資金不足比率			20.0	14.4	▲5.6	

（注）　数値は2011年9月現在。
〔出所〕　青森県資料（2011年9月）。

図表3−9 2010年度青森県内自治体病院（市町村立・一部事務組合立）決算見込み

(単位：百万円、％)

	区分	総収益 A	うち経常収益 B	総費用 C	うち経常費用 D	経常損益 B−D	純損益 A−C	累積欠損金 2009年度	累積欠損金 2010年度	不良債務額 2009年度	不良債務額 2010年度	不良債務比率 2009年度	不良債務比率 2010年度	資金不足額(地財法) 2009年度	資金不足額(地財法) 2010年度	資金不足比率(地財法) 2009年度	資金不足比率(地財法) 2010年度	公立病院特例債現在高
1	青森市民病院	12,352	12,352	12,540	12,507	▲155	▲188	188	376	0	0	0.0	0.0	0	0	0.0	0.0	0
2	青森市立浪岡病院	10,964	10,964	11,005	10,973	▲9	▲41	115	156	0	0	0.0	0.0	0	0	0.0	0.0	0
3	弘前市立病院	1,389	1,389	1,535	1,534	▲146	▲147	74	221	0	0	0.0	0.0	0	0	0.0	0.0	0
4	八戸市立市民病院	4,459	4,390	4,611	4,599	▲209	▲152	1,003	1,154	185	207	5.0	5.3	507	475	13.6	12.2	268
5	黒石市立病院	15,591	15,591	14,981	14,760	831	609	13,233	12,624	0	0	0.0	0.0	63	0	0.5	0.0	1,191
6	西北中央病院	4,671	4,528	4,525	4,523	5	146	5,637	5,491	490	327	11.4	7.6	1,347	1,041	31.3	24.3	714
7	十和田市立中央病院	7,373	7,343	7,264	7,209	134	109	1,881	1,772	457	291	7.0	4.2	457	291	7.0	4.2	0
8	市立三沢病院	7,655	7,039	8,778	8,276	▲1,238	▲1,123	4,654	5,777	1,547	0	27.8	0.0	2,737	855	49.2	13.6	995
9	つがる総合成人病センター	4,809	4,809	5,142	4,863	▲54	▲333	1,201	1,534	27	0	1.4	0.0	27	0	1.4	0.0	0
10	外ヶ浜中央病院	1,259	1,199	1,188	1,188	11	71	138	65	110	0	10.8	0.0	110	0	10.8	0.0	0
11	鰺ヶ沢町立中央病院	1,107	1,107	1,080	1,080	27	27	45	18	0	0	0.0	0.0	0	0	0.0	0.0	0
12	町立大鰐病院	1,504	1,504	1,557	1,556	▲52	▲52	1,151	1,203	240	252	16.6	19.1	590	601	40.8	45.6	349
13	板柳中央病院	859	835	822	821	14	37	1,067	1,030	122	56	16.3	7.8	270	180	36.1	24.9	124
14	鶴田町立中央病院	959	922	1,041	943	▲82	▲21	2,907	2,989	388	283	52.0	35.6	580	444	55.8	55.8	160
15	六戸町立国保中央病院	929	910	923	913	▲2	6	1,666	1,660	682	635	63.7	76.3	682	635	63.7	76.3	0
16	おいらせ病院	525	519	535	530	▲10	▲10	423	433	0	0	0.0	0.0	0	0	0.0	0.0	0
17	三戸中央病院	919	919	909	909	9	9	0	0	0	0	0.0	0.0	0	0	0.0	0.0	0
18	五戸総合病院	1,839	1,770	1,739	1,734	36	100	2,365	2,265	99	92	6.1	5.6	948	802	58.7	49.4	710
19	名川病院	2,710	2,708	2,848	2,843	▲135	▲138	4,053	4,190	0	0	0.0	0.0	0	0	0.0	0.0	0
20	七戸病院	1,064	1,064	960	960	104	104	0	0	0	0	0.0	0.0	0	0	0.0	0.0	0
21	公立金木病院	1,971	1,971	2,073	2,072	▲101	▲103	1,225	1,327	0	0	0.0	0.0	0	0	0.0	0.0	0
22	下北医療センター	1,885	1,685	1,846	1,792	▲107	39	2,874	2,835	1,451	1,389	101.1	87.7	1,451	1,389	101.1	87.7	0
	公立野辺地病院	12,240	11,675	11,488	11,478	197	753	5,283	4,530	5,226	4,176	53.0	41.5	5,226	4,176	53.0	41.5	0
	むつ総合病院(診療所を含む)	11,123	10,567	10,486	10,486	88	637	4,860	4,223	5,024	4,105	55.9	45.0	5,024	4,105	55.9	45.0	0
	各診療所	9,445	9,444	9,438	9,433	11	7	0	0	0	0	0.0	0.0	0	0	0.0	0.0	0
23	大間病院	1,678	1,123	1,048	1,046	77	630	4,860	4,230	5,188	4,483	836.1	1,025.7	5,188	4,483	836.1	1,025.7	0
	むつリハビリテーション病院	1,098	1,088	971	969	119	127	423	295	243	125	27.8	13.3	243	125	27.8	13.3	0
	公立野辺地病院	20	20	31	30	▲10	▲11	0	11	0	0	0.0	0.0	0	0	0.0	0.0	0
		2,703	2,291	2,816	2,672	▲381	▲112	3,464	3,576	585	790	37.1	26.6	585	790	26.6	37.1	0
	公立計合計	91,462	89,210	91,671	90,226	▲1,016	▲209	56,923	57,246	11,609	8,497	14.9	10.5	15,579	11,677	20.0	14.4	4,512

(注1) 本表は、2010年度決算見込みについて、各病院の2011年9月現在における概算値を集計したものである。
(注2) 2008年度において、建設改良費以外の経費の財源に充てるために借り入れした地方債（公立病院特例債）があるため、当該地方債の現在高を含む「不良債務額」は「りも大きい数額となっている。
(注3) 一部事務組合下北医療センターが経営する各診療所については、集計上かつ総合病院の附属診療所として取り扱っている。
(注4) 表示単位未満を四捨五入しているため、各病院の数値の合計と県合計は必ずしも一致しない。
(注5) 公立病院特例債現在高は、「建設改良費等以外の経費の財源に充てるために起こした地方債（地財法）」がない。資金不足額（地財法）は当該地方債の現在高を含むため、不良債務額に公立病院特例債現在高を加えたものとなるのが多数である。

※なお、八戸市立市民病院は不良債務がなく、公立病院特例債現在高が病院事業会計から内部留保資金を差し引いたものが資金不足額（地財法）となっている。

(注6) 資金不足額・資金不足比率は、「地方公共団体の財政の健全化に関する法律（財政健全化法）」にもとづく資金不足額・資金不足比率とは算定が異なるものである。
[出所] 青森県資料（2011年9月）。

スト3に入っていたのである。公立金木病院，鶴田町立中央病院，鰺ヶ沢町立中央病院については，資金不足額（地財法）も大きい。資金不足比率は，公立金木病院が県内1位，鶴田町立中央病院が県内2位，鰺ヶ沢町立中央病院が県内5位になっている。

　さらに，病院財政においては一般会計からの繰り入れが重要であるが，西北五地域保健医療圏域では一般会計が大変厳しい状況にある自治体が少なくない。このような自治体は，繰り入れに消極的になっている。例えば，鰺ヶ沢町は，2010年度決算（見込み）において，実質収支が4億2,189万円の赤字（実質収支比率はマイナス8.5％）であり，経常収支比率は県内最高の96.8％であった[21]。また，鰺ヶ沢町は，自治体財政健全化法にもとづく健全化判断比率（2010年度決算）において，実質赤字比率，連結実質赤字比率，実質公債費比率，将来負担比率のいずれもが全国ワースト10に入っている。とくに実質公債費比率が24.1％となっており，早期財政健全化団体になる指標（25％）に届きそうなところまできているのである。

自治体病院機能再編成の具体化と今後の展開[22]

（1）自治体病院機能再編成の具体化

　広域連合での病院・診療所の運営をめぐっては，新しい中核病院（つがる総合病院）の内容，中核病院の建設予定地，中核病院にかかわる各自治体の負担割合，サテライト医療機関の内容，サテライト医療機関に対する各自治体の負担割合などが大きな課題となった。

　各自治体間の利害調整が行われる中で，2007年1月に中核病院の設置および管理運営にかかわる経費の負担割合に関する6市町長間での合意がなされた。つまり，五所川原市と他の5市町との間で設置割（所在地割）をめぐる対立があったが，最終的に人口割10％，設置割60％，均等割5％，利用者割25％となったのである。その際に，利用者割の算定は前々年度の入院患者数プラス外来患者数によるものとし，人口割の算定では直近の国勢調査人口を用いるとともに，深浦町の人口算定において秋田県に近い位置にある岩崎地

区の人口（2010年度国勢調査人口では2,345人）を除くこととした。

 2008年9月には五所川原市役所隣接地に中核病院（つがる総合病院）を建設することが確定した。さらに，圏域の中で最も遠い地域にある鰺ヶ沢町立中央病院と公立金木病院を2つのサテライト病院として位置づけ，鶴田町立中央病院とつがる市立成人病センターをサテライトの無床診療所と位置づけることを決定した。また，サテライト医療機関の負担割合についても，2008年11月に6市町長間で合意がなされた。サテライトの医療機関については，これまでの各自治体病院の患者数の市町村別内訳を考慮すれば，公立金木病院を除けば，利用者のほぼ80～90％が医療機関の所在地の自治体住民と予想されることから，設置割60％，利用者割40％ということになった。公立金木病院についても，設置割60％，利用者割40％は同じであるが，これまでと同様に，設置割については，五所川原市が60％，中泊町が40％の負担割合とすることになった。なお，各医療機関の各年度地域別延患者数（圏域外の患者数は含めない）と2010年度国勢調査人口にもとづき，利用者割と人口割を算出して，各医療機関に対する各市町の負担率を算出すると，**図表3-10**のと

図表3-10 利用者割と人口割にもとづいて算定された2011年度，2012年度の各医療機関負担率

(単位：%)

2011年度	五所川原市	つがる市	鰺ヶ沢町	鶴田町	中泊町	深浦町	計
つがる総合病院	78.72	9.27	2.83	3.32	3.78	2.08	100.00
金木病院	57.85	3.53	0.03	0.03	38.56	0.00	100.00
鰺ヶ沢病院	0.07	0.44	91.48	0.05	0.00	7.96	100.00
つがる診療所	1.00	97.37	0.58	0.35	0.46	0.24	100.00
鶴田診療所	0.67	0.83	0.03	98.41	0.06	0.00	100.00

2012年度	五所川原市	つがる市	鰺ヶ沢町	鶴田町	中泊町	深浦町	計
つがる総合病院	78.87	8.98	2.83	3.42	3.79	2.11	100.00
金木病院	57.07	3.14	0.02	0.02	39.74	0.01	100.00
鰺ヶ沢病院	0.10	0.51	91.40	0.03	0.00	7.96	100.00
つがる診療所	1.08	97.45	0.43	0.49	0.38	0.17	100.00
鶴田診療所	0.75	0.80	0.03	98.42	0.00	0.00	100.00

（注）　各病院の各年度地域別延患者数（圏域外の患者数は含めていない），2010年度国勢調査人口にもとづき，利用者割と人口割を算出して各医療機関に対する各市町の負担率を算出した。
〔出所〕　つがる西北五広域連合資料による。

おりとなる。また，各自治体病院の2010年度の地域別延患者数を**図表3-11**に掲げた。

さらに，サテライト病院を今後新築するのかについては将来の検討にゆだねられることになった。サテライトの診療所についても，既存の病院の改修により整備するのか，新築による整備を図るのかが課題になったが，既存病

図表3-11　各病院の2010年度地域別延患者数（圏域外の患者数は含めていない。）

① 五所川原市立西北中央病院

	五所川原市	つがる市	鰺ヶ沢町	鶴田町	中泊町	深浦町	計
入院（人）	57,736	19,744	5,248	7,259	8,231	3,868	102,086
外来（人）	104,259	44,528	8,605	11,149	15,678	4,924	189,143
合計（人）	161,995	64,272	13,853	18,408	23,909	8,792	291,229

② 公立金木病院

	五所川原市	つがる市	鰺ヶ沢町	鶴田町	中泊町	深浦町	計
入院（人）	13,434	2,788	15	21	16,170	0	32,428
外来（人）	35,942	4,568	28	30	20,718	9	61,295
合計（人）	49,376	7,356	43	51	36,888	9	93,723

③ 鰺ヶ沢町立中央病院

	五所川原市	つがる市	鰺ヶ沢町	鶴田町	中泊町	深浦町	計
入院（人）	39	198	8,971	0	0	3,057	12,265
外来（人）	120	643	42,127	47	0	9,894	52,831
合計（人）	159	841	51,098	47	0	12,951	65,096

④ つがる市立成人病センター

	五所川原市	つがる市	鰺ヶ沢町	鶴田町	中泊町	深浦町	計
入院（人）	977	22,459	265	622	73	118	24,514
外来（人）	1,239	54,415	614	378	697	241	57,584
合計（人）	2,216	76,874	879	1,000	770	359	82,098

⑤ 鶴田町立中央病院

	五所川原市	つがる市	鰺ヶ沢町	鶴田町	中泊町	深浦町	計
入院（人）	761	320	35	18,676	0	0	19,792
外来（人）	381	904	10	40,103	8	3	41,409
合計（人）	1,142	1,224	45	58,779	8	3	61,201

〔出所〕　つがる西北五広域連合資料による。

院の設置自治体の判断によるものとされることになった。また，この負担割合は，2013年度より適用されるものとし，それまでは医療機関が広域連合へ移管された2012年4月1日以降も，医療機関の運営は基本的に各自治体財源によって行われることになった。

　各医療機関の医療機能は次のようになる。つまり，中核病院であるつがる総合病院は圏域の高度救急を含む救急医療と急性期医療を主体に，高度・専門医療から一般医療までを提供する。サテライト病院となる金木病院と鰺ヶ沢病院は急性期治療後の入院医療と地域住民に対する初期医療（救急医療を含む）を提供するとともに，在宅療養患者に対する診療および訪問看護について検討する。鰺ヶ沢病院については，へき地医療拠点病院機能も担う。サテライト診療所となるつがる診療所，鶴田診療所は，地域住民に対して初期医療を提供するとともに，在宅療養患者に対する診療および訪問看護ステーションと連携した訪問看護について検討することとしている。

　各医療機関の診療科目については，つがる総合病院は21科（消化器内科・血液内科・膠原病内科，循環器内科・呼吸器内科・腎臓内科，内分泌内科・糖尿病代謝内科・感染症内科，心臓血管外科・呼吸器外科，消化器外科・乳腺外科・甲状腺外科・小児外科，小児科，精神科，整形外科，リウマチ科，脳神経外科，産婦人科，眼科，耳鼻咽喉科，皮膚科，泌尿器科，形成外科，放射線科，麻酔科，歯科，口腔外科，健康管理科）で運営される。金木病院は8科（内科，外科，小児科，整形外科，婦人科，眼科，皮膚科，リハビリテーション科），鰺ヶ沢病院は8科（内科，外科，小児科，整形外科，婦人科，眼科，耳鼻咽喉科，歯科口腔外科）で運営され，サテライトの診療所となる鶴田診療所とつがる診療所は内科と外科で運営される。つがる総合病院の診療科目は弘前大学病院のものに準じており，診療科目数はこれまでの五所川原市立西北中央病院の診療科目数（19診療科目）よりも増えている。

　各病院の病床数については，2013年度末のつがる総合病院開院までの間に，各病院の病床数を削減するものとした。そして，すでに**図表3−3**で示したように，つがる総合病院の機能強化に伴う一般病床の増床が行われる一方で，つがる市立成人病センターと鶴田町立中央病院が無床となるとともに，公立金木病院の療養病床の廃止と一般病床の縮小，鰺ヶ沢町立中央病院の一般病

床の縮小が行われる。2008年12月の西北五地域保健医療圏域の一般病床数（804床）と比べて，再編成完了後の一般病床数は約25％減の590床となるのである。

（2）自治体病院機能再編成にかかわる中核病院の建設事業費

　自治体病院の機能再編成計画の中で，最も重要なものの1つは，中核病院であるつがる総合病院の建設である。つがる総合病院の位置については，2006年11月に五所川原市郊外の金山地区に建設することでいったんは市町長の間で合意がなされたが，2008年9月に，敷地が狭くなっても公共交通機関の利便性が重要であるとして建設地の再検討が行われ，五所川原市役所隣接地（約1.2ヘクタール）に建設することが確定した。2013年度末までに建設，開院が予定されている[23]。

　つがる総合病院全体の建設費は約170億円で，その内訳は病院本体の建設工事費が117億円，電子カルテなどの医療情報関連が10億円，医療機器が40億円，設計関連が3億円である[24]。特徴的なことは，これまでの一般的な病院建設で用いられる企業債（病院事業債）による病院建設工事とは異なり，青森県が財政支援して25億円を支出することである（**図表3－12**）。病院本体の建設工事費（117億円）から青森県の支援額を差し引いた額（92億円）が起債対象事業費となる。地方債としては，過疎対策事業債，病院事業債（広域連合による起債プラス一般会計出資債）を活用するものとし，起債対象事業費の50％に過疎対策事業債を充当する。残りの50％から災害分の7.3％を控除した残額（42.7％）をベースにして，その残額に割高経費の割合（61.0％）をかけ合わせたものが割高分（26.047％）となり，さらにその2分の1が一般会計出資債（13.0235％）となる。そして，起債対象事業費から過疎対策事業債（50％），災害分（7.3％）および一般会計出資債（13.0235％）を除いた残額（29.6765％）が病院事業債（通常分）となる。

　なお，**図表3－12**は，起債対象事業費を100とし，起債対象事業費の約61.0％が割高経費として示してある。起債総額に占める病院自主財源は14.83％，一般会計（一般財源）は33.32％，普通交付税措置が51.83％である。一般的な病院建設の場合に比べて，普通交付税措置の割合が高い過疎対策事業債

図表3-12 病院建設費に係る財源内訳

これまでの病院建設の場合（一般的な病院建設の場合）
○病院事業債（通常分）を活用（起債対象事業費を100とする。）
　全体事業費を117億円（つがる総合病院の建設費と同額）とした場合、その全額が起債対象事業費となる。

	起債総額 [100]	
	病院事業債 [100]	
一般会計（一般財源）[27.5]		病院自主財源 [50.0]
普通交付税 [22.5]（50.0×0.45）		

○財源内訳　病院自主財源　　　　　50.0%　（　　　）の部分）→58.5億円
　　　　　　一般会計（一般財源）　27.5%　（　　　）の部分）→32.2億円
　　　　　　普通交付税措置　　　　22.5%　（　　　）の部分）→26.3億円

病院の再編成による病院建設の場合（つがる総合病院の場合）
○過疎対策事業債、一般会計出資債及び病院事業債（通常分）を活用
　※　県の財政支援は25億円である。全体事業費を117億円とした場合、全体事業費から県の財政支援（25億円）を差し引いた額が起債対象事業費（92億円）となる。（起債対象事業費を100とする。）

起債対象事業費の約61.0%が割高経費の場合（※　建物の場合）
（2008年6月6日付け総務省通知「公立病院の再編等に係る財政措置の取扱いについて」の「第4　財政措置　1　ア　①」に該当する経費（全額を割高経費として取り扱う経費）が起債対象事業費の約22%）

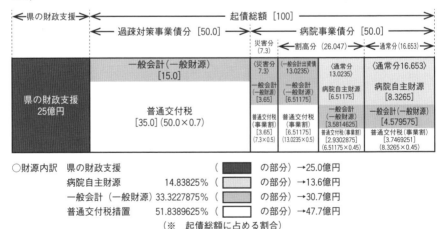

○財源内訳　県の財政支援　　　　　　　　　　（　　　）の部分）→25.0億円
　　　　　　病院自主財源　　　14.83825%　（　　　）の部分）→13.6億円
　　　　　　一般会計（一般財源）33.3227875%　（　　　）の部分）→30.7億円
　　　　　　普通交付税措置　　51.8389625%　（　　　）の部分）→47.7億円
　　　　　　　　（※　起債総額に占める割合）

（注）　過疎地域に指定されていない鶴田町は過疎対策事業債を発行できないため、その分は病院事業債の発行額に上乗せされている。そのため、実際の充当財源は必ずしも上記と一致しない。
〔出所〕　つがる西北五広域連合資料による。

（鶴田町を除く2市3町が発行できる）や青森県の財政支援により，つがる総合病院の本体の建設工事費の各市町の負担は低く抑えられているのである。

さらに，つがる総合病院の医療機器の整備や医療情報システムの整備については，国の地域医療再生臨時特例交付金（25億円）が用いられる。また，地域医療再生臨時特例交付金は弘前大学への寄附講座設置やサテライト医療機関の医療情報システムの整備等にも用いられるが，その約4分の3にあたる18億円が，つがる総合病院にかかわる支出分に使われることになったのである。

5 中核病院（つがる総合病院）の収支見通し

つがる西北五広域連合は，『西北五地域における自治体病院機能再編成マスタープラン（改訂版）』（2009年3月，以下，『マスタープラン』と略す）の中で，広域連合の病院事業開始（つがる総合病院開院時）1年次，5年次，10年次における病院・診療所事業の収支予測を示している。そこで，病院・診療所事業全体とつがる総合病院の収支予測を紹介，検討しよう[25]。

（1）病院・診療所事業会計全体

収益的収支では，1年次に11億5,600万円の純損失が見込まれるが，10年次では4億800万円まで純損失額は減少する。資本的収支では，まだ建設工事費の償還が始まらない1年次はマイナス5,600万円だが，つがる総合病院の開院時に整備した医療機器の償還がピークとなる5年次ではマイナス5億6,000万円，そのピークがすぎたことにより10年次にはマイナス3億2,500万円が見込まれる。したがって，収益的収支の差額と資本的収支の差額の合計では，1年次で12億1,200万円，5年次で15億3,400万円，10年次で7億3,300万円の不足が生じる見込みである。不良債務については，つがる総合病院の償還がピークとなる5年次に2億5,700万円が予想されるものの，10年次では8億9,600万円の留保資金が蓄えられることになる見込みである。一般会計繰入金については，近年の各自治体の繰入金を参考に試算すると，1年次で10億9,700万円，5年次で15億8,400万円，10年次で13億3,400万円となって

（2）つがる総合病院

　収益的収支では，開院1年次には8億9,900万円の純損失が見込まれるが，10年次では，1億4,900億円まで純損失は減少する予定である。これは，当初購入の医療機器等の減価償却が終了することや，開院5年目以降は平均在院日数を14日以内に抑えることを目標にし，これに伴う加算額を入院収益に算入したからである。資本的収支では，建物工事費にかかわる償還については，元金償還が5年間据え置かれるために，1年次にはマイナス5,600万円で済むものの，開院時に整備した医療機器の償還のピークとなる5年次ではマイナス5億700万円に膨らむ。建物工事と開院6年次目からの毎年度3億円を見込む医療機器にかかわる元金償還が主となる10年次ではマイナス2億5,700万円が予想される。したがって，収益的収支の差額と資本的収支の差額の合計は，1年次で9億5,400万円，5年次で12億2,200万円，10年次で4億600万円の不足が見込まれる。

　不良債務の発生の見込みについては，地方公営企業法では，当年度欠損金が生ずることが見込まれる場合は，費用のうち現金支出を伴わない費用や減価償却費等を損益勘定留保資金として充てるものとされている。そこで，減価償却費を補てん財源として各年次で生ずる欠損金を補てんすると，償還がピークを迎える5年次に2億2,700万円の不良債務が発生すると予想されるものの，10年次では11億9,400万円の留保資金を蓄えることができると見込まれている。

　なお，つがる総合病院の運営にかかわる一般会計繰入金（一般会計から病院事業会計への繰り入れ）は，1年次で8億2,600万円，5年次で12億5,800万円，10年次で9億9,400万円と予想され，現行制度を踏まえて計算すると，繰入金のほぼ半分近くが地方交付税で措置されるものと見込まれている。また，各自治体が建設費の一部に充当するために活用する一般会計出資債の償還額は，1年次1億2,100万円，5年次4億900万円，10年次1億5,400万円と見込まれている。

（3）つがる総合病院の収支予測の修正[26]

『マスタープラン』の収支予測は，主に県内の他の保健医療圏域にある既存の病院・診療所の運営実績を参考にしながら，前提条件を設定して数値をはじき出したものであった。このために，必ずしも西北五地域保健医療圏域の病院・診療所をとりまく地域実情の反映がなされているわけではなく，シミュレーションの粗さは否めなかった。さらに，後述するように，『マスタープラン』の策定以降，病院・診療所をとりまく，主として財源にかかわる環境に変化が生じた。そこで，『マスタープラン』の収支予測に修正が施されることになった。

つがる総合病院の収支予測の主な修正点は次のとおりである。まず，『マスタープラン』では，過疎対策事業債の活用が考慮に入れられていなかったが，**図表3-12**で示したように，過疎対策事業債の活用ができるようになり，このことによって交付税の算入額が増えた。次に，つがる総合病院の建設費として青森県が25億円の財政支援を行うことが決定しているが，このことは『マスタープラン』では想定されていなかった。この2つの財源上の変化のため，『マスタープラン』では開院5年次（2018年度）の企業債償還額が10億1,497万円と見込まれていたが，これが2億8,500万円と減額修正されることになったのである。さらに，医業収益についても，『マスタープラン』よりも堅実な数値見込みがなされることとなった。つまり，『マスタープラン』では，平均在院日数を14日以内に抑えることによる加算額が見込まれていたが，実際には14日以内に抑えることが難しいケースが生まれることが予想されるために，現実的な判断を行って，入院収益の見込みが手堅く見積もられたのである。以上により，つがる総合病院の収支予測は，改善の方向で修正されたのである。

6　広域連合移行後の賃金・手当について[27]

広域連合に移行することに伴って，病院・診療所で働く者の賃金・手当はどのように変化することになったのであろうか。

広域連合移行後の賃金条件の大筋を示せば，次のようになる。

まず，現給が保障されたことである。この場合の現給保障とは5つの医療機関の基本給が保障されることを意味するのであり，「給料の月額（給料の調整額，調整数，調整手当を含む）」を保障するものではない。労働組合は賃金をめぐる交渉の中で「給料の月額」の保障を求めたが，これは，広域連合に移行することにより，これまで自治体によって異なっていた給料の調整額や調整数が統一されれば，「給料の月額」で減額となる職員が出ることになると予想されたからである。

なお，一般会計が良好な財政状況にはない鰺ヶ沢町では，一般行政職員だけではなく，看護師などの病院職員に対しても独自の職員給与削減が実施されてきたが，広域連合移行後は，病院職員については独自削減をしないことになった。このために，鰺ヶ沢町ではこの賃金増加分（約1,500万円）を一般会計で負担することになったのである。

次に，昇給昇格基準については，最も高い五所川原市の基準にあわせることになった。つまり，新規採用者は五所川原市（市立西北中央病院）の昇給昇格基準に統一し，既存職員は五所川原市の昇格基準を準用することになったのである。

3つ目は，5つの医療機関の賃金格差是正は労働組合と政策当局との間の継続交渉課題とされたことである。各病院間で初任給格づけから昇給昇格基準，到達級などがばらばらであるため，労働組合は同じ職種間の賃金格差是正を最優先の課題に位置づけている。これに対し，政策当局は，最も良い条件のところにあわせる形で賃金格差是正を一挙に行えば財政負担が大きくなるので，つがる総合病院開院後の病院・診療所財政の状況をみて対処していきたいとしている。

4つ目は，各種手当（扶養手当，通勤手当，勤勉手当，時間外手当，夜間勤務手当，休日勤務手当等），管理職手当，ならびに特殊勤務手当（感染症手当，夜間看護手当，救急医療待機手当，呼び出し手当，特殊業務手当等）が統一されたことである。これらについては他の保健医療圏域を参考にしながら決定がなされたのである。

5つ目は，医療職（二）が適用される診療放射線技師，臨床検査技師，精

神科に勤務する看護師については調整手当が支給されるが，調整数は２とされた。調整数が３のところ（鰺ヶ沢病院，金木病院）は減額になり，また，同じ医療職（二）が適用となる薬剤師は調整手当の適用対象外となった。

　６つ目は，医療職（一）が適用される医師の賃金であるが，その統一は見送られた。医師の確保の観点から従来の給与を支給することとしたのである。政策当局は，つがる総合病院開設までに統一の方向でもっていこうとしているようである。

　７つ目は，退職手当にかかわる問題であるが，今回の賃金・手当の改定に伴い，人によっては現行の退職手当の引き下げが生じる可能性があり，その是正についても労使間で継続交渉課題となった。

　なお，鶴田町立中央病院は2012年９月30日をもって廃止され，診療所が2012年12月にオープンする。この診療所化に伴って2012年10月１日付で人事異動が行われる予定である。鶴田町立中央病院の看護師23名のうち，五所川原市立西北中央病院に15名，公立金木病院に１名，鰺ヶ沢町立中央病院に３名，新しくオープンする鶴田診療所に４名が異動になる[28]。今後，病院の病床数の削減や，つがる市立成人病センターの診療所化が行われる。とりわけ臨時・非常勤等の職員の雇用継続に影響が出てくることが懸念されるのである。

7　つがる西北五広域連合の課題と展望（１）

　では，自治体病院機能再編成計画の問題点や課題は何だろうか。

　まず，新しい中核病院の建設や他の病院の機能転換にかかわる自治体の財政負担の問題があげられる。自治体病院機能再編成計画の実行と広域連合への移行は，各自治体病院がこれまで抱えてきた多額の不良債務を解消するチャンスでもある。例えば，公立金木病院では，「公立金木病院組合経営健全化計画」にもとづいて，2009年度から2013年度までの５年間で一般会計から８億4,000万円の繰り出し基準外の支援を受けるとともに，2013年度には，第三セクター等改革推進債を活用して不良債務を全額解消することを決めている[29]。さらに，青森県が中核病院の建設についての財政支援を行うことは，

広域連合による医療機関運営におけるメリットといえる。また，中核病院とサテライトの医療機関との人事ローテートシステムを可能とする配置方針についても，青森県が大きな役割を果たしている。このように広域連合立ち上がり時における青森県の役割は評価できるし，自治体の側からすれば財政負担軽減につながる。

　しかし，つがる総合病院開院後の医療機関の運営が課題である。つがる総合病院開院後の青森県の役割は不明確だし，実際上，広域連合立ち上がり時のような財政支援は難しいだろう。しかも，一般会計が厳しい財政状況にある自治体も存在する。各自治体は広域連合負担金の配分割合で合意がなされてはいるものの，今後，広域連合立で運営された病院・診療所が厳しい運営を余儀なくされる可能性がある。

　図表3－10でみたように，つがる診療所，鶴田診療所，鰺ヶ沢病院については，90％以上を設置自治体が負担する計算となる。その意味では，これまでの自治体立であったときの一般会計からの繰り出しと構造的にあまり変化がないともいえなくもない。もちろん，今後，広域連合は効果的，効率的な病院・診療所運営に力を注ぐことと思われる。それでも，このような設置自治体の一般会計から広域連合の病院・診療所事業会計への繰出金が予想を大幅に上回る可能性は否定できないのである。

　このような中，サテライトの診療所となる鶴田診療所とつがる診療所では，新築整備がめざされている。その建設工事費はつがる診療所が約9億2,000万円と見込まれている[30]。この場合，つがる診療所の新築整備費のほとんどをつがる市が負担する。同様に診療所の新築整備を計画している鶴田町でも，その費用の大部分を鶴田町が負担することになる。問題は，その後の診療所運営である。なるほど，再編前の病院のときよりも，診療所になったことで各自治体の一般会計からの繰り出しは少なくなるものの，医業収支や一般会計から診療所会計への繰り出し額がどのようになるのかは，診療所の今後の運営しだいであるといえるのである。

　また，鶴田診療所とつがる診療所は，広域連合立の医療機関において初期医療を担う診療所という位置づけになっているが，一方では，高度医療機器を導入して検査を充実させるなど，単に初期医療に特化するのではなく，い

わゆる1.5次機能を担うことにより患者を各自治体内にどれだけとどめることができるのかが注目される。他方，訪問看護の充実など地域包括ケアの取り組みをどれだけ行っていくのかも注目されるのである。両自治体ともに力点は前者におかれているように思われるが，中長期的な地域包括ケアの展望も，可能なかぎり示していくことが大切だと思われる。とくに地域包括ケアについては，一般行政の果たす役割が大きいし，責務でもあろう。

　当面の新築整備はなく，改修工事で対応する金木病院や鰺ヶ沢病院についても，収支予測は行われているものの，医師の確保に課題が多く，実際の病院運営が今後どのように行われ，どのような結果となるのかは予測するのが難しいのが実情である。

　さらに，つがる総合病院については，『マスタープラン』では，毎年度純損失は避けられないものの，10年スパンでみると不良債務の発生は回避できる見込みになっている。しかし，この見込みの場合，医師充足率を開院時よりも引き上げることや病床利用率85％を維持すること，7対1看護体制をとりながら在院日数14日以内を開院時5年目から確実に行うことができるようにすること等を前提にしている[31]。また，患者を西北五地域保健医療圏域内にとどめるための多様な努力も欠かせない。その意味では，中核病院であるつがる総合病院の今後の運営は，広域連合による運営体制のメリットを最大限活用しながら，また，国や県の財政支援の状況を見通しながら，行っていく必要があるといえるのである。

　なお，不良債務解消の繰り出しを行う場合は，構成市町の負担割合に応じて行うことが決定している。

8　つがる西北五広域連合の課題と展望（2）

　まず，中核病院での急性期治療を終えた患者への対応である。急性期治療や救急医療を担う中核病院では，その目的を踏まえれば治療後の入院期間をできるだけ短縮する方向となると思われるが，患者の転院先の確保が課題となる。なるほど急性期治療後の患者を受け入れるために金木病院に回復期リハビリテーション病棟を整備することが決定している。しかし，病床数は必

ずしも多いとはいえず，その受け皿効果がどの程度になるのかが不透明である。

　次に，自治体病院の療養病床が全廃されることである。これに伴い，老人保健施設や特別養護老人ホームの整備が検討されなければならないと考えるが，全国的にも，青森県内の市町村の65歳以上の介護保険料が最も高い部類に入る中，今後の介護保険事業に関する各自治体の対応が注目される。

　3番目に，一般病床や療養病床が減少するために，在宅に移行する患者が出てくるものと思われるが，在宅医療の展望が描ききれているのかの問題がある。とくに，これまでの病院のうち診療所への転換が確定しているつがる市と鶴田町の影響が大きい。つがる市や鶴田町は五所川原市の中心部まで車で約20分くらいの距離にあるため，中核病院であるつがる総合病院までの距離はそう遠くはない。その意味では，急性期医療については大きな影響が出るとは思われないが，この2つの病院の再編成に伴う病床削減は，やはり大きいといえる。今後，民間の医療機関を含めた在宅医療支援や地域医療連携ができるのかが課題となっているのである。

　現状では，開業医の高齢化等，西北五地域保健医療圏域のマンパワーの状況は厳しいものがあり，訪問診療，在宅医療，訪問看護のきちんとした体制がとれるのかは不透明である。もちろん，これまでにも公立金木病院の訪問診療サービスの試み（公立金木病院の医師が特別養護老人ホームや在宅の患者を訪問）など注目すべきものがみられた。2007年度の訪問診療の件数は197件であったのに対し，2009年度は395件，2010年度は428件と増加しているのである。ただし，このケースは，嘱託の医師が1人で行っているのが実状であり[32]，今後のサービスへのニーズの拡大を考えれば，金木病院の複数の医師，五所川原市立市浦診療所や中泊町立小泊診療所，地域の開業医による連携やシステム化が課題になっているように思われる。

　4番目に，医師の確保ができるのかである。広域連合では，中核病院開業時の医師充足率については高い目標を掲げている。機能強化を図る中核病院の役割を貫徹するためには，高い医師充足率をどのように確保できるのかが鍵を握っているし，心臓血管疾患への対応など高度かつ専門的な医療を担う医師の確保ができるのかが重要な課題となっているのである。さらに，金木

病院や鰺ヶ沢病院などのサテライト医療機関の医師確保も，中核病院との連携のためには欠かせないものと思われる。また，在宅医療や訪問医療への取り組みを現実的な見通しを立てながら進めていくことができるのかも課題である。行政の担当者が「地域包括ケアに役割を果たしてほしい」と自治体病院の医師にいった途端に医師の対応が消極的になることも予想されるのであり，今後の展開が注目される。

　5番目に，患者の受診動向である。広域連合による運営を行うとともに，中核病院の機能強化とサテライト医療機関の機能再編が進められるが，その目的どおり患者が受診することになるのだろうかが注目される。結果的には，これまでの全国の病院事業にもみられるように，患者は1次もしくは1.5次の治療を求めて中核病院であるつがる総合病院に流れる可能性は否定できないのである。そればかりか，弘前大学医学部があり，県内で最も医療供給体制が充実している津軽地域保健医療圏域に大変近いために，つがる総合病院が高度医療，専門医療をめざしているにもかかわらず，患者が弘前市や青森市の高度医療や専門医療を行う病院に流れる可能性がある。そうなれば，自地依存率があまり上昇しないことが懸念されるのである。

　6番目に，看護師の不足をどのように解消していくのかである。その具体的な道筋は描ききれていないように思われる。目標としては，就業准看護師とあわせた人数を全国水準以上に引き上げるとしているが，そのための抜本的な方策が弱いように思われる。また，訪問看護については明らかな形では示されていないが，訪問看護については一般行政の役割が大きい。病棟の看護師が不足している厳しい状況下ではあるが，一般行政との連携のもと，サテライトの病院・診療所や民間の医療機関でいっそうの取り組みが行われることが期待される。

　7番目に，広域連合による運営を行うことにより，各医療機関のメリットを活かすことができるのかである。つまり，中核病院とサテライトの医療機関が連携することによる医療情報のシステム化やネットワーク化，医師の人事ローテートシステムを通じながら病病連携や病診連携ができるのか，さらに，民間医療機関を含めた地域医療の連携システムを構築できるのかが注目されるのである。

8番目に，つがる広域連合への移行に伴い，これまで各自治体病院でとられていた地方公営企業法の一部適用を改め，広域連合立の病院・診療所はすべて地方公営企業法の全部適用を受けることになった。一部適用の場合には，病院の経営組織と一般行政職は密接不可分であったが，全部適用の場合は，一般行政職から切り離し，病院経営のために独自の権限を有する管理者をおくことになる。全部適用の場合，事務執行権限が管理者に直接付与され，人事・組織・財政などをより弾力的・効率的に行えること，経営責任が明確になること，自治体からの病院の独立性が高まることなどが，メリットとしてあげられている。人事権をもった管理者をおくことにより，中核病院であるつがる総合病院の医師が週1～2回診療所に行き，診療することもやりやすくなるだろう。その意味では管理者の役割が大変重要であるといえるが，問題は，このような管理者がどれだけ付与された執行権限を活用できるのか，どれだけ経営を意識することができ，どれだけ医師確保に力を傾注できるのか，病院のスタッフと意思疎通をどれだけ上手にできるのかにあり，これが経営成功の鍵を握っているといってよいのである。それができないのならば，一般行政との連携面で，一部適用の方がよい場合もあるだろう。全部適用のメリットを，果たして広域連合がどの程度活かすことができるのかが注目されるのである。

むすびにかえて

　以上，みてきたように，つがる西北五広域連合には課題が多いが，つがる西北五広域連合が課題の克服に努めながら運営体制を確立することができれば，青森県の他の保健医療圏域においても，広域連合方式の実施を考えるところが出てくる可能性がある。また，全国ベースで考えた場合においても，今後病院の大規模な改築や建てかえ時期を迎えるところが多数あることや，医師・看護師不足への対応が必要なこと，病診連携など効果的な医療提供システムの構築が重要なこと，地域実情を踏まえながら地域包括ケアを現実的に模索することが大切になることなどを考えると，青森県だけではなく，全国的にも病院事業の広域連合方式は検討に値すると思われる。今後のつがる

西北五広域連合,とりわけ中核病院であるつがる総合病院のオープン以後のつがる西北五広域連合の動向に注目していきたい。

注

1）横山純一『地方自治体と高齢者福祉・教育福祉の政策課題―日本とフィンランド』第5章,第6章,同文舘出版,2012年3月,同「フィンランドにおける高齢者福祉の変化（1990―2006）―1990年代前半の不況以後の高齢者介護サービスと福祉民営化,地域格差問題を中心に―」『開発論集』85号,北海学園大学開発研究所,2010年2月,同「フィンランドにおける2010年の国庫支出金改革と自治体財政の状況」『開発論集』87号,北海学園大学開発研究所,2011年3月。

2）横山純一『高齢者福祉と地方自治体』第4章,同文舘出版,2003年4月,同「福祉・医療に関する広域連合の展開と課題 ― 空知中部広域連合（介護・国保）と隠岐広域連合（医療・介護）について ― 」,日本地方財政学会編『地方財政のパラダイム転換』,勁草書房,2005年3月。

3）フィンランドの自治体連合の財政規模（2007年度決算）は87億9,614万ユーロで,福祉・保健・医療が67億3,795万ユーロ,教育・文化が14億7,500万ユーロ,廃棄物処理が7,687万ユーロ,公的な交通・運輸が1億9,385万ユーロであった。また,福祉・保健・医療のうち1次医療が8億9,929万ユーロ,2次以上の医療が49億7,116万ユーロ,教育・文化のうち職業専門学校が10億307万ユーロであった。注1）の横山前掲書ならびに2つの横山前掲論文を参照。また,フィンランドの自治体連合の2011年度決算による財政規模については,本書第1章を参照のこと。

4）自治体病院の機能再編成の経過については,つがる西北五広域連合『西北五地域における自治体病院機能再編成マスタープラン（改訂版）』（以下,『マスタープラン』と略す）,2009年3月,同『自治体病院機能再編成計画について』（以下,『再編成計画』と略す）,2011年,ならびに2012年1月と2012年8月に筆者が実施したつがる西北五広域連合における聞き取り調査にもとづく。

5）つがる西北五広域連合の概要については,主に2012年1月の筆者のつがる西北五広域連合における聞き取り調査にもとづくが,同広域連合の組織名簿（2011年11月30日現在）,同広域連合の規約も参照した。

6）出生率,死亡率,平均寿命等については青森県『青森県地域医療再生計画（西北五地域保健医療圏）』（以下,『地域医療再生計画』と略す）,2010年1月を参照。

7）『地域医療再生計画』を参照。

8）『再編成計画』を参照。

9）五所川原市立西北中央病院における医師1人当たりの患者数や救急外来の状況については,筆者が2012年1月に実施した西北中央病院における聞き取り調査による。

10）つがる市立成人病センターにおける聞き取り調査（2012年1月）ならびに同センター資料による。

11) つがる西北五広域連合における聞き取り調査（2012年1月）による。
12) 『再編成計画』を参照。
13) 『マスタープラン』を参照。
14) 『マスタープラン』を参照。
15) 公立金木病院組合『公立金木病院組合経営健全化計画書』，2010年3月ならびに公立金木病院における聞き取り調査（2012年1月）による。
16) 『地域医療再生計画』を参照。
17) 五所川原市立西北中央病院『平成23年度事業概要』，2011年を参照。
18) 『地域医療再生計画』を参照。
19) 『地域医療再生計画』を参照。
20) 『地域医療再生計画』を参照。
21) 青森県資料（平成22年度普通会計決算収支見込）にもとづく。
22) この点については，主に『マスタープラン』『地域医療再生計画』を参照。
23) 『マスタープラン』を参照。つがる総合病院は予定通り2013年度末にオープンした。
24) つがる西北五広域連合資料（病院建設に係る財源内訳）ならびに同広域連合における聞き取り調査（2012年1月）にもとづく。
25) 『マスタープラン』を参照。
26) つがる西北五広域連合における聞き取り調査（2012年8月）による。
27) つがる西北五広域連合労働組合『結成大会報告・議案集』2012年3月，ならびにつがる西北五広域連合における聞き取り調査（2012年8月）による。
28) つがる市立成人病センターにおける聞き取り調査（2012年8月）による。現在，計画通り鶴田町立中央病院とつがる市立成人病センターは，それぞれ広域連合立の鶴田診療所，つがる診療所として運営されている。しかし，診療所化に伴う課題も少なくないため，筆者は2015年度にあらためて調査をする予定である。
29) 『公立金木病院組合経営健全化計画書』を参照。
30) つがる市立成人病センターにおける聞き取り調査（2012年8月）ならびにつがる市資料（「つがる診療所の整備について」）を参照。建設工事費には，約6億円の診療所本体の建設工事費のほか，地質調査費，建築設計費，外構工事費，備品購入費，医療機器購入費，土地代等を含む。
31) 『マスタープラン』を参照。ただし，マスタープランの数値はその後修正が施されている。これについては，5（3）を参照。
32) 公立金木病院組合資料（訪問診療・訪問看護実施状況）ならびに公立金木病院組合における聞き取り調査（2012年1月）にもとづく。

第4章 65歳以上の高齢者の介護保険料の高額化と介護保険料負担段階の多段階化の問題点

はじめに

　筆者は，これまで高齢者介護について，その内実に立ち入りながら課題を明らかにしてきた[1]。本章では，介護保険の第5期（2012年度～2014年度）において，地方自治体の政策対応の面から注目されている65歳以上の者の介護保険料（以下1号保険料と略す）の上昇抑制について考察したい[2]。

1　介護保険料（1号保険料）の大幅上昇と保険料負担問題

　介護保険は，1割の利用者負担のほかは保険料と税（公費）を運営財源とし，保険料と税の比率を1対1とする制度設計がなされている。つまり，利用者負担を除いた介護保険財政の中で，65歳以上の者の介護保険料（1号保険料）が21％，40～64歳の者の介護保険料（2号保険料）が29％（第5期の場合）[3]，国財源が25％，都道府県財源が12.5％，市町村財源が12.5％となっているのである（特別養護老人ホーム等の施設分については国財源が20％，都道府県財源が17.5％）。

　1号保険料の基準額（全国，加重平均・月額）は，介護保険のスタート時に比べて大きく上昇している。第1期（2000～02年度）が2,911円，第2期（2003～05年度）が3,293円，第3期（2006～08年度）が4,090円，第4期（2009～11年度）が4,160円であったが，第5期（2012～14年度）は第4期に比べて約20％増加して4,972円となった。保険者（市町村，広域連合）は1,566存在するが（東日本大震災の影響により第4期と同額の保険料基準額に据え置いた宮城県の4保険者と福島県の9保険者，2012年3月末日時点で第5期保

険料基準額が決定していない1保険者を除く），このうち保険料基準額を引き上げた保険者が93.5％（1,464保険者）にのぼったのである[4]。

そして，第5期には，各都道府県内の保険者平均が月額5,000円を超過した都道府県が25と過半数を占めた。第4期には月額5,000円を超過した都道府県が皆無だったため，保険料の急上昇が把握できるのである。最高は沖縄県の5,880円，2位は新潟県の5,634円であった（**図表4－1**）。保険料基準額の分布状況をみれば，保険者の約3分の1が5,000円を超過している（**図表4－2**）。保険料基準額（月額）が実に6,500円を超過している保険者もみられ，新潟県関川村が6,680円，島根県隠岐広域連合が6,550円，新潟県上越市が6,525円，群馬県上野村と福岡県嘉麻市が6,500円となっている（**図表4－3**）。

第5期保険料で注目すべきは，都市部で月額5,000円を超過した保険者が多くみられることである。北海道と東北の主な市を調べてみると，函館市が5,020円，旭川市が5,679円，小樽市が5,460円，北見市が5,234円，青森市が5,546円，弘前市が6,170円，盛岡市が5,245円，仙台市が5,142円，秋田市が5,314円，福島市が5,100円となっている[5]。これまでは高額な保険料となって注目された自治体には，例えば2期目の北海道鶴居村などのように，当該自治体の高齢者数人が特別養護老人ホーム等の施設に入所すると保険料が一気にはね上がる小規模自治体が多かったが[6]，現在は，都市部で5,000円を超過している保険者が多く，いよいよ介護保険料5,000円時代に入ったということができるのである。これまでは，高齢者の年金水準を考慮に入れれば，1号保険料基準額は最大でも月額5,000円を超過しないのが妥当だろうと考えられてきたから，第5期の介護保険では，1号保険料の上昇が最大の注目点の1つであったといえよう。今日，1号保険料高額化の問題と，低所得高齢者の保険料軽減，保険料の自治体間格差が大きな課題として浮上しているのである。

図表4-1　第5期計画期間における1号保険料の各都道府県平均保険料基準額

(単位：円)

都道府県名	保険料額（月額）		都道府県名	保険料額（月額）	
	第4期 (2009-20011)	第5期 (2012-2014)		第4期 (2009-20011)	第5期 (2012-2014)
北海道	3,984	4,631	滋賀県	3,971	4,796
青森県	4,999	5,491	京都府	4,332	5,280
岩手県	3,990	4,851	大阪府	4,588	5,306
宮城県	3,999	4,896	兵庫県	4,312	4,982
秋田県	4,375	5,338	奈良県	4,017	4,592
山形県	3,902	4,784	和歌山県	4,625	5,501
福島県	3,717	4,705	鳥取県	4,488	5,420
茨城県	3,717	4,528	島根県	4,274	5,343
栃木県	3,730	4,409	岡山県	4,469	5,224
群馬県	3,997	4,893	広島県	4,462	5,411
埼玉県	3,722	4,506	山口県	3,996	4,978
千葉県	3,696	4,423	徳島県	4,854	5,282
東京都	4,045	4,992	香川県	4,198	5,195
神奈川県	4,106	4,787	愛媛県	4,626	5,379
新潟県	4,450	5,634	高知県	4,388	5,021
富山県	4,574	5,513	福岡県	4,467	5,165
石川県	4,635	5,546	佐賀県	4,338	5,129
福井県	4,253	5,266	長崎県	4,721	5,421
山梨県	3,948	4,910	熊本県	4,357	5,138
長野県	4,039	4,920	大分県	4,155	5,351
岐阜県	3,937	4,749	宮崎県	4,150	5,142
静岡県	3,975	4,714	鹿児島県	4,172	4,946
愛知県	3,941	4,768	沖縄県	4,882	5,880
三重県	4,189	5,314	全国平均	4,160	4,972

(注)　各都道府県内の保険者（市町村，広域連合）ごとの保険料基準額を平均（加重平均）したものである。

〔出所〕　厚生労働省「第5期計画期間における介護保険の第1号保険料について（平成24年3月末時点で額の決定している保険者の集計値）」，2012年。

図表4-2 保険者(市町村, 広域連合)の1号保険料基準額(月額)の分布状況

区　分	保険者数
2,501円以上～3,000円以下	10 （ 0.6%）
3,001円以上～3,500円以下	28 （ 1.8%）
3,501円以上～4,000円以下	142 （ 9.1%）
4,001円以上～4,500円以下	348 （22.2%）
4,501円以上～5,000円以下	532 （34.0%）
5,001円以上～5,500円以下	333 （21.3%）
5,501円以上～6,000円以下	155 （ 9.9%）
6,001円以上～6,500円以下	15 （ 1.0%）
6,501円以上～	3 （ 0.2%）
合　計	1,566 （100%）

(注) 百分率については，四捨五入をしている。
〔出所〕 厚生労働省「第5期計画期間における介護保険の第1号保険料について（平成24年3月末時点で額の決定している保険者の集計値）」，2012年。

図表4-3 1号保険料基準額の高額保険者と低額保険者

(単位：円)

保険者名（都道府県名）	第5期保険料基準額(月額)
関　川　村（新潟県）	6,680
隠岐広域連合（島根県）	6,550
上　越　市（新潟県）	6,525
上　野　村（群馬県）	6,500
嘉　麻　市（福岡県）	
宮　古　島　市（沖縄県）	6,400
石　垣　市（沖縄県）	6,352
糸　満　市（沖縄県）	6,270
豊　後　大　野　市（大分県）	6,250
新　居　浜　市（愛媛県）	6,247
奥　尻　町（北海道）	2,800
津　別　町（北海道）	
三　島　村（鹿児島県）	
檜　枝　岐　村（福島県）	2,880
中　札　内　村（北海道）	2,900
浜　中　町（北海道）	
音　成　子　府　村（北海道）	3,000
平　取　町（北海道）	
長　野　原　町（群馬県）	
東　白　川　村（岐阜県）	

〔出所〕 厚生労働省「第5期計画期間における介護保険の第1号保険料について（平成24年3月末時点で額の決定している保険者の集計値）」，2012年。

2　1号保険料上昇抑制のための厚生労働省の対策（1）
―財政安定化基金の取り崩しと介護給付費準備基金の取り崩し

　このような保険料問題に，厚生労働省が手を打ってこなかったわけではない。むしろ，第5期の保険料が，高齢化の進展等により月額5,000円を超過するだろうと予想し，都道府県や保険者に次のような取り組みを行うように求めていた[7]。つまり，財政安定化基金の取り崩しや介護給付費準備基金の取り崩し，負担能力に応じた保険料負担の取り組み（保険料負担段階の多段階設定）を進めることによって，高齢者の第5期保険料の上昇抑制と低所得高齢者の保険料軽減を意図したのである。以下，これらの取り組みについて述べていこう。

（1）財政安定化基金の取り崩しによる保険料上昇抑制

　財政安定化基金は，都道府県に設置され，国，都道府県，市町村が3分の1ずつ拠出する。そして，都道府県が各都道府県内の保険者の介護保険財政に不足が生じた場合に，この財政安定化基金から資金の貸付・交付を行う。2011年6月に成立した改正介護保険法附則第10条により，2012年4月1日から財政安定化基金を取り崩すことが可能になった。また，財政安定化基金を取り崩したときは，1号保険料の上昇抑制を図るため，その取り崩した額の3分の1に相当する額を市町村に交付するものとされた。さらに，同基金を取り崩したときは，国および都道府県がその取り崩した額の3分の1に相当する額を介護保険に関する事業に要する経費に充当するように努めるものとされた。

（2）介護給付費準備基金の取り崩しによる保険料上昇抑制

　介護保険制度では，計画期間内に必要となる保険料を各計画期間における保険料でまかなうことを原則としている。このため，介護給付費準備基金の剰余額は，当該計画期間終了時に歳入として繰り入れ，次期計画期間の保険料上昇抑制に充当することが求められている。その反対に，保険料収入が不足した場合は，財政安定化基金からの貸付や交付を活用することになってい

る。介護給付費準備基金の適正な水準は各保険者が決定するが，保険料上昇抑制のために介護給付費準備基金の剰余金が充てられることを，厚生労働省は各保険者に要望したのである。

3　1号保険料上昇抑制のための厚生労働省の対策（2）
―負担能力に応じた保険料負担段階の設定（保険料負担段階の多段階設定）

　第5期の介護保険料の負担段階設定については，次のように，厚生労働省は各保険者に被保険者の負担能力に応じたきめ細かい段階設定を要望した。

（1）第5段階以上の多段階設定

　2006年度から始まる第3期以降は，どの保険者においても，これまで（第1期と第2期）の5段階の保険料負担段階を6段階にすることが決定された（標準6段階の設定）。さらに，各保険者において，各保険料負担段階の保険料率の設定および市町村民税課税層の段階数を増やすことが可能になった。そこで，厚生労働省は，第5期での保険料の大幅上昇が予想されるので，負担能力に応じて保険料を賦課する観点から基本は6段階になっている保険料負担段階を，地域の実情に応じて，市町村民税課税層である保険料負担段階（第5段階以上）についての多段階設定を要請したのである。

（2）第3段階の細分化

　保険料負担段階が第3段階の対象者は，市町村民税世帯非課税者であって，公的年金収入金額と合計所得金額の合計額が80万円を超過している者等とされている。しかし，この負担段階の高齢者の収入金額にはかなりの開きがあるため，第5期以降は，保険者の判断で保険料負担段階が第3段階の所得区分を細分化することができるものとした。

（3）特例第4段階の継続について

　第4期には保険料負担段階が第4段階の高齢者（世帯の中に市町村民税課税者がいるが本人は市町村民税非課税の高齢者）のうち，公的年金収入金額と合計所得金額の合計額が80万円以下の被保険者について，保険者の判断に

より，基準額に乗じる割合を軽減することができるようにした。第5期についても，引き続き当該保険料負担段階を設定することを可能にした。

以上が，厚生労働省の介護保険料の上昇抑制方策である。その一方で，厚生労働省は，いわゆる3原則，つまり，保険料の全額免除，収入のみに着目した一律減免，保険料減免分に対する一般財源の投入については望ましくないという姿勢を堅持している。

4 財政安定化基金の取り崩しと介護給付費準備基金の取り崩しによる保険料上昇抑制策の効果

では，このような保険料上昇抑制策の効果はどの程度だったろうか。

まず，財政安定化基金の取り崩しによる保険料の上昇抑制効果であるが，都道府県や市町村による違いがあるけれども，財政安定化基金の取り崩しによる保険料軽減額は少額であった。厚生労働省の資料によれば，財政安定化基金取り崩しによる全国の保険者への交付額は約550億円で，保険料軽減額（月額）はわずか52円と見積もられていたのである[8]。個別に保険者をみていくと，例えば，東京都内の区市町村の財政安定化基金取り崩しによる保険料軽減額（月額）は約68円であった[9]。また，札幌市に交付される額は2012年度からの3年間で約8億6,000万円となっており，その全額が1号保険料の上昇抑制に使われる予定であるが（**図表4-4**），これによる保険料基準額（月額）の引き下げ効果はわずか60円にすぎなかった[10]。自民党の麻生政権のときには介護報酬の引き上げ（2009年度）が行われ，これに伴う保険料の上昇に対応するために約1,200億円の介護従事者処遇改善臨時特例交付金が投入された[11]。このような方策と比較すると，民主党政権下の介護保険料対策はまことに貧弱であったといわざるを得ないのである。

さらに，そもそも，この財政安定化基金の取り崩しは保険料の上昇抑制を意図したというよりも，会計検査院の指摘への厚生労働省の対応という性格をもっていた。つまり，会計検査院が24都道府県で調査を行い，造成額に対する貸付・交付の割合が，第1期では17都道府県，第2期では19都道府県において30％を下回り，多くの都道府県で基金需要に対応した規模を大きく上回る基金保有額になっていることを把握した。そこで，会計検査院は2008年

図表4−4　第5期計画期間中における札幌市介護保険会計の収支見込み

〈歳出〉　　　　　　　　　　　　　　　　　　　　　　　　　　　　（単位：百万円）

	2012年度	2013年度	2014年度	計
保険給付費	104,110	110,833	118,533	333,476
地域支援事業費	1,758	1,922	1,981	5,661
計	105,868	112,755	120,514	339,137

〈歳入〉

	2012年度	2013年度	2014年度	計
第1号保険料	21,342	22,158	22,990	66,490
第2号保険料	30,317	32,272	34,505	97,094
国負担分	24,738	26,445	28,341	79,524
道負担分	15,459	16,380	17,421	49,260
札幌市負担分	13,330	14,201	15,175	42,706
北海道介護保険財政安定化基金	682	181	—	863
札幌市介護給付費準備基金	—	1,118	2,082	3,200
計	105,868	112,755	120,514	339,137

〔出所〕　札幌市資料，2012年。

　5月，会計検査院法36条の規定にもとづき，厚生労働省に対し，基金規模縮小や都道府県に適切な拠出率を定めるように助言するなどの措置を講ずるように要求したのである[12]。

　次に，介護給付費準備基金であるが，これは多額に保有している自治体とほとんど保有していない自治体とで，保険料上昇の抑制効果は異なる。介護給付費準備基金がかなりある札幌市の場合は（2011年度末で32億円）（**図表4−4**），介護給付費準備基金を全額取り崩して保険料上昇抑制に活用し，保険料基準額（月額）を225円引き下げることができた[13]。これに財政安定化基金による保険料上昇抑制額60円を含めれば，保険料基準額を285円上昇抑制することができたことになる。当初，札幌市の保険料基準額は月額4,941円と見込まれていたが，これらの措置のおかげで4,656円に抑えることができたのである[14]。

　これに対し，旭川市は介護給付費準備基金が少なかったために，保険料基準額が月額5,679円になった。また，北斗市は，普通会計（一般財源）から介護給付費準備基金に2億円を積み，これを保険料の上昇抑制に使用した。

このような方法は、「保険料減免分に対する一般財源の投入は望ましくない」という厚生労働省のとなえる3原則の1つから逸脱することになるが、保険料の上昇抑制をするには、やむを得ない措置であった。第5期の北斗市の保険料基準額（月額）は5,280円であったが、このような一般財源の投入がなかった場合は、さらにいっそう保険料は上昇していたことだろう[15]。

以上みてきたように、財政安定化基金による効果は小さかった。また、介護給付費準備基金は自治体によってその残高に大きな違いがあったため、効果は自治体によって異なっていた。したがって、このような2つの基金を活用しての介護保険料の上昇抑制策には明らかに限界があり、大きな成果は得られなかったということができる。先にみたように、実際、保険料基準額が月額5,000円を超過した保険者が多かったのである。そして、第4期に比べて第5期の保険料が急上昇した保険者や、保険料基準額（月額）が5,000円を超過するような保険者の場合は、一般財源の投入という方法は選択肢の1つとして必要なものであったし、その選択はやむを得なかったものといってよいのである。

5　1号保険料の多段階の保険料負担段階の設定と効果

次に1号保険料についての多段階の保険料負担段階の設定に関する問題である。第3期以降、市町村民税の課税層の保険料負担段階を増やす自治体が都市部を中心に増大している。さらに、第5期ではいっそうの多段階化を進める自治体が増えるとともに、非課税層の各負担段階の軽減措置を拡大したり、課税層により多くの負担を求める自治体が増えている。例えば、札幌市では8段階を設定しているが、第3段階、第4段階、第5段階に軽減措置を実施している（**図表4－5**）。このうち第3段階の軽減措置は第5期になってから導入された。本来第3段階の高齢者（市町村民税が世帯非課税）の保険料は保険料基準額の0.75倍であるが、前年の公的年金収入金額と合計所得金額の合計が80万円超120万円以下の高齢者を対象に軽減措置を実施し、保険料基準額の0.65倍を設定したのである。さらに、第4期では最高段階の高齢者の保険料は保険料基準額の1.75倍であったが、新たに段階を設け、前年の

図表4−5 札幌市における65歳以上の者の介護保険料段階のイメージ

段階		対象者	単身	複数	負担割合
第1段階		生活保護を受給している方，中国残留邦人等の方々のための支援給付を受けている方，老齢福祉年金受給者で世帯全員が市町村民税非課税の方	―	―	基準額×0.5
第2段階		世帯全員が市町村民税非課税で，本人の前年の公的年金収入金額と合計所得金額の合計が80万円以下の方	市町村民税非課税，年金収入70万円	夫：年金収入70万円，市町村民税非課税→第2段階 妻：年金収入70万円，市町村民税非課税→第2段階	
第3段階	軽減措置	世帯全員が市町村民税非課税で，本人の前年の公的年金収入金額と合計所得金額の合計が80万円を超え120万円以下の方	市町村民税非課税，年金収入100万円	夫：年金収入100万円，市町村民税非課税→第3段階軽減 妻：年金収入70万円，市町村民税非課税→第2段階	基準額×0.65（新設）
		世帯全員が市町村民税非課税で，本人の前年の公的年金収入金額と合計所得金額の合計が120万円を超える方	市町村民税非課税，年金収入140万円	夫：年金収入200万円，市町村民税非課税→第3段階 妻：年金収入70万円，市町村民税非課税→第2段階	基準額×0.75
第4段階	軽減措置	世帯の中に市町村民税課税者がいる方で，本人が市町村民税非課税で，本人の前年の公的年金収入金額と合計所得金額の合計が80万円以下の方	―	夫：年金収入230万円，市町村民税課税→第5段階軽減 妻：年金収入70万円，市町村民税非課税→第4段階軽減	基準額×0.90
		世帯の中に市町村民税課税者がいる方で，本人が市町村民税非課税で，本人の前年の公的年金収入金額と合計所得金額の合計が80万円を超える方	―	夫：年金収入230万円，市町村民税課税→第5段階軽減 妻：年金収入140万円，市町村民税非課税→第4段階	基準額（月額4,656円）
第5段階	軽減措置	本人が市町村民税課税で，前年の合計所得金額が125万円未満の方	市町村民税課税，年金収入200万円	夫：年金収入230万円，市町村民税課税→第5段階軽減 妻：年金収入70万円，市町村民税非課税→第4段階軽減	基準額×1.15
		本人が市町村民税課税で，前年の合計所得金額が125万円以上200万円未満の方	市町村民税課税，給与収入250万円	夫：給与収入250万円，市町村民税課税→第5段階 妻：年金収入140万円，市町村民税非課税→第4段階	基準額×1.25
第6段階		本人が市町村民税課税で，前年の合計所得金額が200万円以上350万円未満の方	市町村民税課税，給与収入400万円	夫：給与収入400万円，市町村民税課税→第6段階 妻：無収入，市町村民税非課税→第4段階軽減	基準額×1.50
第7段階		本人が市町村民税課税で，前年の合計所得金額が350万円以上500万円未満の方	市町村民税課税，給与収入600万円	夫：給与収入600万円，市町村民税課税→第7段階 妻：無収入，市町村民税非課税→第4段階軽減	基準額×1.75
第8段階		本人が市町村民税課税で，前年の合計所得金額が500万円以上の方	市町村民税課税，給与収入800万円	夫：給与収入700万円，市町村民税課税→第8段階 妻：無収入，市町村民税非課税→第4段階軽減	基準額×2.00（新設）

〔出所〕 札幌市資料，2012年。

図表4－6 札幌市の65歳以上の者の介護保険料所得段階別推計人数

(単位：人，（ ）内：構成比)

段　階		2012年度	2013年度	2014年度	合　計
第1段階		23,878 (5.7％)	25,848 (5.9％)	27,931 (6.1％)	77,657 (5.9％)
第2段階		90,834 (21.7％)	95,400 (21.8％)	100,132 (21.9％)	286,366 (21.8％)
第3段階	軽減措置	29,015 (6.9％)	31,668 (7.2％)	34,481 (7.5％)	95,164 (7.2％)
		32,163 (7.7％)	35,103 (8.0％)	38,222 (8.4％)	105,488 (8.0％)
第4段階	軽減措置	63,106 (15.1％)	63,076 (14.4％)	62,876 (13.8％)	189,058 (14.4％)
		31,809 (7.6％)	33,672 (7.7％)	35,617 (7.8％)	101,098 (7.7％)
第5段階	軽減措置	39,182 (9.4％)	42,182 (9.6％)	45,347 (9.9％)	126,711 (9.7％)
		54,793 (13.1％)	57,055 (13.0％)	59,376 (13.0％)	171,224 (13.0％)
第6段階		37,922 (9.1％)	38,065 (8.7％)	38,121 (8.3％)	114,108 (8.7％)
第7段階		7,007 (1.7％)	6,851 (1.6％)	6,662 (1.5％)	20,520 (1.6％)
第8段階		8,685 (2.1％)	8,490 (1.9％)	8,256 (1.8％)	25,431 (1.9％)
合　計		418,394	437,410	457,021	1,312,825

(注) 端数処理の関係で割合の合計は100％にはならない。
〔出所〕札幌市資料，2012年。

合計所得金額が500万円以上の富裕な高齢者については保険料基準額の2.0倍とした。以上から，札幌市では，国の要望に沿う形で保険料負担段階を見直し，実質的には，その保険料負担段階は11段階（8段階11区分）になっているのである（**図表4－5**）。

なお，札幌市は，2012年度から2014年度までの所得段階別被保険者数の分布を推計している（**図表4－6**）。第1段階が5.9％，第2段階が21.8％，第3段階が15.2％，第4段階が22.1％，第5段階が22.7％，第6段階が8.7％，第7段階が1.6％，第8段階が1.9％となっている。このうち第3段階の軽減措

置の対象者は第3段階全体の47.4％，第4段階の軽減措置の対象者は第4段階全体の65.1％，第5段階の軽減措置の対象者は第5段階全体の42.5％となっている。軽減措置の対象者数がかなりの数にのぼっていることが把握できる。そして，このことによる減収分を補うために，課税層の保険料負担段階を4つにするとともに，保険料負担段階の最高段階の保険料については保険料基準額の2.0倍とした。富裕な高齢者層の保険料を引き上げることによって，低所得高齢者層の保険料を引き下げる方法がとられているのである。

6 保険料に関する都市自治体へのアンケート調査の実施

　以上のような保険料の負担段階の多段階設定については，都市部の多くの自治体が採用している。なかには，保険料負担段階を18段階や17段階にしている自治体もみられる。例えば，埼玉県川口市は18段階（16段階18区分），千葉県市川市と京都府城陽市は17段階にしているのである。川口市では最高段階の保険料は保険料基準額（月額4,760円）の2.2倍，市川市（保険料基準額月額4,660円）では2.4倍，城陽市（同4,880円）では2.3倍になっており，最高段階の対象者については川口市では本人が市民税課税者で合計所得金額が800万円以上，市川市と城陽市では1,000万円以上となっている。さらに，東京都世田谷区は保険料負担段階が15段階で，最高段階の保険料は保険料基準額の3.2倍，東京都中野区は保険料負担段階が14段階で，最高段階の保険料は保険料基準額の3.0倍となっている[16]。

　そこで，筆者は，道府県庁所在市（46保険者，東京は除く），東京都内の区市（49保険者），大阪府内の市（31保険者，守口市と門真市と四条畷市は3市で広域連合を形成している）に介護保険料に関するアンケート調査を行った[17]。アンケートでは，高齢者数（率）や後期高齢者数（率），保険料負担段階を何段階に設定しているのか，保険料基準額や最高段階の保険料額はいくらなのか等について問うとともに，多段階の保険料負担段階についての担当者（保険者）としての見解や，将来の介護財源のありかた，利用者負担と介護サービスとの関係等について質問したのである。このようなアンケートにおける質問項目は，**図表4-7**に掲げた。アンケートの回収率は，道府県

庁所在市が71.7%（回答があったのは33保険者），東京都内の区市が59.1%（同29保険者），大阪府内の市が70.9%（同22保険者）であった。

　まず，アンケート調査の集計結果に入る前に，**図表4－8**の保険料基準額の分布状況をみてみよう。道府県庁所在市においては，1市を除いて45市が4,501円以上5,000円以下，5,001円以上5,500円以下，5,501円以上6,000円以下のどれかに所属している。このうち5,001円以上6,000円以下が33保険者と多く，全体の71.7%を占めている。道府県庁所在市では，明らかに介護保険料月額5,000円時代に突入しているのである。これに対して東京都内の区市と大阪府内の市は，道府県庁所在市よりも保険料基準額が低く，5,001円以上6,000円以下は，東京都内の区市では全体の44.8%（22保険者），大阪府内の市では51.6%（16保険者）となっている。しかし，東京，大阪ともに，保険者の大半が月額5,000円を超過するのはそう遠くない時期に訪れるだろうし，実際，東京都の特別区だけをとってみれば，月額保険料が5,000円を超過している区が約69.5%（16保険者）存在している。また，新潟市や大阪市の場合は，保険料基準額（月額）が6,000円にとどきそうなところまできているのである（新潟市5,950円，大阪市5,897円）[18]。

図表4－7　アンケート調査の内容（質問内容）

> アンケート調査へのご協力のお願い
> 　介護保険制度が施行されてから13年がたとうとしています。この間に，高齢化がいっそう進み，介護の総費用が増大し，介護保険料が上昇しました。2012年度から第5期が始まりましたが，第4期に比べて65歳以上の高齢者の介護保険料が大きく増大し，都市部を中心に月額5千円を超過する介護保険料基準額になった自治体が少なくありません。このようななか，主に低所得高齢者の保険料軽減を目的として，多段階の保険料設定が多くの自治体で行われ，制度はより複雑なものになってきています。
> 　高齢者の現状の年金額では今後ますます介護保険料の負担は重くなっていきますし，多段階の保険料設定は制度の複雑さを促進するものになる可能性があります。私たちは，今後，介護制度の充実に努めなければならないと考えますが，その際に介護保険料の問題を今後どのようにしていくのかが重要な論点の一つになると思われます。
> 　そこで，都市部の自治体を主な対象に，介護保険料を中心としたアンケートを実施することになりました。高齢者の介護保険料については自治体ごとに異なる

し，介護保険料の段階設定も自治体の判断によるところが大きいため，この自治体向けのアンケートは重要なものと考えています。お忙しいなか恐縮ですが，ぜひ，アンケートにご協力いただければ幸いと存じます。

　ご回答をいただきましたら，同封いたしました返信用封筒にて，2013年3月末日までに返却いただければと存じます。

2013年3月5日
北海学園大学法学部教授
横山純一

　参考までに，アンケートを実施する横山純一の最近の介護関係の著書としては，下記のものがあります。横山は，地方財政論と福祉財政論を専門とし，日本とフィンランドの財政・高齢者介護の研究を行っています。

　横山純一『地方自治体と高齢者福祉・教育福祉の政策課題──日本とフィンランド』同文舘出版，2012年3月。

1　貴自治体の人口構成と高齢化についておききします。
　(1) 貴自治体の総人口　　　　（　　　　人）（　　年　　月現在）
　(2) 貴自治体の65歳以上人口（　　　　人）（　　年　　月現在）
　(3) 貴自治体の75歳以上人口（　　　　人）（　　年　　月現在）
　(4) 高齢者比率　　（　　　％）
　(5) 後期高齢者比率（　　　％）

2　貴自治体の介護保険料（1号保険料）についておききします。
　(1)　貴自治体の第1期から第5期までの介護保険料基準額（月額）はいくらでしょうか。
　第1期（　　　　円）
　第2期（　　　　円）
　第3期（　　　　円）
　第4期（　　　　円）
　第5期（　　　　円）

　(2)　貴自治体の第3期，第4期，第5期の介護保険料は何段階何区分でしょうか。なお，区分がない場合は段階だけでお答えください。
　第3期（　　　段階　　　区分）
　第4期（　　　段階　　　区分）
　第5期（　　　段階　　　区分）

なお，介護保険料の段階区分に関する住民向けの図表等説明資料がありましたら，回答紙に同封してお送りいただければ幸いと存じます。

(3) 貴自治体の第5期の最高段階の高齢者の月額保険料はいくらでしょうか。また，貴自治体の場合，最高段階とは第何段階でしょうか。

（　　　　　　　円）
（　　　　　　段階）

3　介護保険スタート時には5段階であった介護保険料段階が，第3期以降段階数が増えてきています。自治体の中には，保険料段階が18段階（16段階18区分）としているケースもみられます。また，最高段階の保険料（富裕な高齢者の保険料）が保険料基準額の3倍を超過しているケースもみられます。そこで，多段階の保険料設定等についておききします。

(1) このような多段階の保険料設定についてどのように考えておられますか。つぎの中から1つを選び，該当するものに〇をつけてください。その他を選択された場合は，具体的にお書きいただければと思います。

　ア　低所得者の保険料負担軽減のため多段階の保険料設定は必要で，さらに進める。
　イ　低所得者の保険料負担軽減のため多段階の保険料設定は現状では必要だが，制度を複雑化させるなど課題があるので，将来的には制度改正が必要である。
　ウ　低所得者の保険料負担軽減のための多段階の保険料設定は制度を複雑化させるなど課題があるので，できるだけ早く保険料の多段階設定をやめ，公費を投入して低所得者の保険料負担軽減を図るようにするべきである。
　エ　低所得者の保険料負担軽減のための多段階の保険料設定は制度を複雑化させるなど課題があるので，これ以上行なうべきではない。このことによって低所得者の保険料負担軽減が進まなくなってもしかたがない。
　オ　その他（自由記述）

(2) 高齢化が進み，介護の総費用が増大する中，低所得高齢者に限らず高齢者の保険料を引き上げるのは難しくなってきているとの声もあります。将来的な介護制度や介護財源はどのようなものが望ましいでしょうか。つぎの中から1つを選び，該当するものに〇をつけてください。

　ア　現行の税と保険料が1対1の状況を変え，たとえば税7保険料3のように税の比重を高めることによって，高齢者の保険料上昇を抑制する。
　イ　保険方式の介護制度を廃止し，北欧諸国のように全面的に税方式の介護制度にする。
　ウ　現行の税と保険料が1対1の状況を変えずに，20歳からの保険料徴収を

実現し，高齢者の保険料上昇の抑制を図る。
　　エ　現行の税と保険料が１対１の状況を変えずに，一部の介護サービスを介護保険からはずしたり，利用者負担を増やすことにより高齢者の保険料上昇の抑制を図る。
　　オ　その他（自由記述）

4　利用者負担や介護サービス水準についておききします。つぎの中から１つを選び，該当するものに○をつけてください。

　　ア　現行よりもサービス水準を引き上げ，利用者負担１割を維持する。
　　イ　現行のサービス水準を維持し，利用者負担１割を維持する。
　　ウ　一部の介護サービスを介護制度からはずすことや一部サービスの水準を引き下げるが，利用者負担１割を維持する。
　　エ　現行よりもサービス水準を引き上げ，利用者負担を引き上げる。
　　オ　現行のサービス水準を維持し，利用者負担を引き上げる。
　　カ　一部の介護サービスを介護制度からはずすことや一部サービスの水準を引き下げるが，利用者負担を引き上げる。
　　キ　その他（自由記述）

5　第５期の場合，一部の自治体では介護保険料の上昇に対して介護保険料の軽減のために公費を用いたり，自治体独自の利用者負担軽減を行っているケースがみられます。そこで，この点についておききします。
　(1)　貴自治体では，高齢者の保険料上昇抑制のために，公費（税）を投入していますか。つぎの中から１つ選び，該当するものに○をつけてください。
　　ア　公費投入をしていない。
　　イ　自治体内のすべての高齢者の介護保険料軽減のために公費を投入した。
　　ウ　低所得高齢者の介護保険料軽減のために公費を投入した。
　(2)　貴自治体では，低所得高齢者の利用者負担軽減のための独自施策を行っていますか。具体的に独自施策についてご記入ください。さらに，独自施策についての住民向け説明資料等をお送りいただければ幸いに存じます。なお，この場合の独自施策には，社会福祉法人等による利用者負担軽減制度，高齢介護サービス費の支給制度，施設の居住費と食費の軽減はふくみません。
（自由記述

　　　　　　　　　　　　　　　　　　　　　　　　　　　　　　　　　　　）

貴自治体名をお書きください（　　　　　　　）
ご協力ありがとうございました。厚く御礼申し上げます。

図表4−8 道府県庁所在市，東京都内の区市，大阪府内の1号保険料基準額（月額）の分布状況

区　　分	道府県庁所在市	東京都内の区市	大阪府内の市
2,501円以上～3,000円以下	0	0	0
3,001円以上～3,500円以下	0	0	0
3,501円以上～4,000円以下	0	1	0
4,001円以上～4,500円以下	1	9	2
4,501円以上～5,000円以下	12	17	13
5,001円以上～5,500円以下	19	20	15
5,501円以上～6,000円以下	14	2	1
6,001円以上～6,500円以下	0	0	0
6,501円以上～	0	0	0
合　　計	46	49	31
最高額の市 最低額の市	新潟市5,950円 宇都宮市4,058円	荒川区5,792円 羽村市4,000円	大阪市5,890円 泉大津市4,380円

(注) 1) 道府県庁所在市に東京都は含まれていない。
　　 2) 道府県庁所在市のうち，佐賀市は佐賀中部広域連合に加入しているため，佐賀中部広域連合の数値。
　　 3) 大阪府内の市のうち，守口市，門真市，四条畷市はくすのき広域連合を形成しているため，くすのき広域連合の数値を用いた。
〔出所〕厚生労働省「第5期計画期間における介護保険の第1号保険料について（平成24年3月末時点で額の決定している保険者の集計値）」，2012年。

7　保険料に関する都市自治体へのアンケートの集計結果（1）

　では，アンケートの集計結果を述べてみよう。
　まず，**図表4−9**により，高齢者比率，後期高齢者比率をみてみると，アンケートに回答した保険者が都市ということもあり，高齢者比率が25％以上の保険者は少なく，道府県庁所在市が9（回答した保険者の27.3％），東京都内の区市が1（3.4％），大阪府内の市が2（9.1％）であった。後期高齢者比率が13％以上の保険者も，道府県庁所在市が6（回答した保険者の18.2％），東京都内の区市が0（0％），大阪府内の市が1（4.5％）であった。ところが，後期高齢者数が前期高齢者数を上回る区市についてみてみると，道府県庁所在市で18，東京都内の区市で10と多く，道府県庁所在市では回答した保険者の54.5％，東京都内の区市では34.5％にのぼった（大阪府内の市は皆無）。加

齢とともに要介護になる可能性が増すのであり，後期高齢者数が多くなることは自治体の介護施策や介護保険財政に影響してくる。全国的にみた場合，2017年に後期高齢者数が前期高齢者数を上回る見込みだが（内閣府「高齢白書」各年版参照），アンケートに回答した道府県庁所在市の半分以上において，すでに後期高齢者数が前期高齢者数を上回っているのである。また，東京の場合，東京特別区だけでみれば，実に約6割の区において後期高齢者数が前期高齢者数を上回っている。まさに，高齢者介護が都市部の問題として，改めて強く認識されなければならないのであり，都市高齢者向けの対策や将来ビジョンが打ち出されなければならないのである。

図表4－9　アンケートに回答した区市の高齢者比率，後期高齢者比率の状況

	道府県庁所在市 33	東京都内の区市 29	大阪府内の市 22
高齢者比率が25％以上の保険者数	9	1	2
後期高齢者比率が13％以上の保険者数	6	0	1
後期高齢者数が前期高齢者数を上回っている保険者数	18	10	0
備　　考		後期高齢者数が前期高齢者数を上回っている区市のうち区は8である。	

〔出所〕　筆者によるアンケート調査（2013年3月）にもとづく。

次に，多段階の保険料負担段階の設定の問題である。**図表4－10**は，最高段階の保険料額や，最高段階の保険料と保険料基準額との関係等を示したものである。**図表4－10**をみると，東京都内の区市と大阪府内の市とではかなり異なった様相が示されているし，東京都内の区市の場合には，きわめて特徴的な多段階の保険料負担段階の設定が行われていることが把握できる。

つまり，東京都内の区市では，最高段階の保険料が月額1万円以上の保険者数が，アンケートに回答した区市全体の86％（25保険者）にのぼり，さらにこのうちの5保険者（17％，すべて特別区）においては最高段階の保険料

図表4-10 アンケートに回答した区市の最高段階の1号保険料ならびに最高段階の保険料額と保険料基準額との関係

	道府県庁所在市 33	東京都内の区市 29	大阪府内の市 22
最高段階の保険料が月額10,000円以上の保険者数	21	25	5
最高段階の保険料が月額15,000円以上の保険者数	0	5	0
最高段階の保険料（月額）が保険料基準額の2.0倍を超過（2.0倍は含まない）している保険者数	8	25	3
最高段階の保険料額（月額）と保険者名（東京都内の区市のみ5保険者名）	13,405円 福岡市	世田谷区16,316円，中野区15,791円，中央区15,780円，墨田区15,120円，足立区15,040円	11,938円 吹田市
最高段階の保険料額の保険料基準額に対する倍率が最高の保険者名と倍率の数値	2.5倍 福岡市	3.2倍 世田谷区	2.3倍 吹田市

〔出所〕 筆者によるアンケート調査（2013年3月）にもとづく。

（月額）が1万5,000円を超過している。最高額は世田谷区の1万6,316円，次が中野区の1万5,791円であった。また，最高段階の保険料額が保険料基準額の2.0倍を超過している保険者も25（86％）存在している。最高段階の保険料の保険料基準額に対する倍率は，世田谷区が3.2倍と最も高く，3.0倍の中央区，中野区，目黒区がこれに続いている。これに対して大阪府内の市では，東京都内の区市のような際立った形では多段階の保険料負担段階がとられていない。最高段階の保険料（月額）が1万円以上の保険者数は5で，回答のあった保険者全体の22.7％にすぎないし，最高段階の保険料（月額）が1万5,000円を超過している保険者は皆無である。また，最高段階の保険料額が保険料基準額の2.0倍を超過している保険者も3保険者（13.6％）にすぎない。最高段階の保険料の保険料基準額に対する倍率については，吹田市が

最高で2.3倍であった。また，最高段階の保険料額の第1位は吹田市の1万1,938円であった。ただし，大阪府内で最大の人口数をかかえ，第5期の保険料基準額が府内で最高であった大阪市（月額5,897円）からのアンケートへの回答がなかったため，大阪市に関する検証作業を今後行わなければならないと，筆者は考えている。

　道府県庁所在市についてみてみると，最高段階の保険料が月額1万円以上の保険者数は21（回答のあった保険者全体の63.6％）存在した。月額1万5,000円以上の保険者は存在しなかった。最高段階の保険料額が保険料基準額の2.0倍を超過している保険者数は8（24.2％），最高段階の保険料額の保険料基準額に対する倍率については福岡市が最高であり，2.5倍であった。さらに，最高段階の保険料額がトップだったのも福岡市（1万3,405円）であった。

　さらに，保険者が採用した保険料の負担段階数を示した**図表4－11**をみてみよう。保険料の負担段階数については，道府県庁所在市が最も多様で，7つの段階数を採用した保険者から15の段階数を採用した保険者までに分けられる。この中で，11の段階数と12の段階数を選択した保険者が最も多く，この2つの負担段階数を採用した保険者数は18で，回答した道府県庁所在市全体の54.5％を占めている。15段階を採用したのは高松市と甲府市であった。これに対し，大阪府内の市は，10の段階数と11の段階数を採用した保険者が最も多く，この2つの段階数を採用した保険者は11で回答した保険者の50％を占めている。大阪府内の市の場合，段階数が15が最高となっているが，15の段階数を採用したのは堺市，箕面市，吹田市であった。

　また，東京都内の区市は，道府県庁所在市や大阪府内の市に比べて負担段階数が多いのが特徴である。14の段階数と15の段階数を採用している保険者の合計が15にのぼり，回答した保険者の51.7％を占めているのである。段階数が17の保険者（東村山市）や16の段階数を採用した保険者（中野区と小平市）もあった。さらに，東京の区市では，保険料負担段階数を10段階以下としている保険者は皆無であった。**図表4－10**でみたように，東京都内の区市では，最高段階の保険料額が高く，かつ保険料基準額に対する最高段階の保険料額の倍率が高かったが，このことはこのような多段階の保険料負担段階

図表4-11 アンケートに回答した区市の1号保険料の負担段階（区分）数

段階（区分）数	道府県庁所在市	東京都内の区市	大阪府内の市
7段階	2	0	0
8段階	2	0	0
9段階	2	0	2
10段階	4	0	6
11段階	10	2	5
12段階	8	4	3
13段階	2	5	3
14段階	1	9	0
15段階	2	6	3
16段階	0	2	0
17段階	0	1	0
合　計	33	29	22
最高段階の市	高松市　甲府市	東村山市	堺　市　吹田市　箕面市

（注）　保険料の負担段階設定で，例えば，8段階10区分などのように，1つの負担段階を2つに区分する方法を採用している保険者が多数あるが，本表では区分は1つの負担段階として計上している。例えば，8段階10区分の場合は10段階としている。
〔出所〕　筆者によるアンケート調査（2013年3月）にもとづく。

の設定と密接に関係しているのである。

　なお，多段階の保険料負担段階の設定については，最高段階の保険料額や，保険料基準額に対する最高段階の保険料額の倍率だけではなく，第1段階（生活保護世帯および老齢福祉年金受給者で世帯全員が市町村民税非課税の者）や第2段階（世帯全員が市町村民税非課税で，本人の前年の公的年金収入金額と合計所得金額の合計が80万円以下の者）など，低所得の高齢者の保険料額や，保険料基準額に対する第1段階や第2段階の保険料額の倍率も重要であり，考察されなければならない。この点は，筆者のアンケートでは明らかにすることができなかったが，愛知県保険医協会の調査によれば，次のことが示されている[19]。つまり，愛知県の保険者（35市，15町村，1広域連合）のうち，第1段階の保険料額の保険料基準額に対する倍率は，ほとんどの保険者が0.4～0.5倍となっている中で，刈谷市が0.1倍，豊明市が0.2倍，日進市

が0.3倍，安城市が0.35倍となっている。第2段階についても，ほとんどの保険者が0.4〜0.5倍となっている中で，豊明市と東郷町が0.3倍，刈谷市が0.35倍となっている。これらの市町村では，第1段階と第2段階の保険料額を低く設定しているのである。

8 保険料に関する都市自治体へのアンケートの集計結果（2）

では，このような多段階の保険料負担段階の設定について，区市の担当者はどのように考えているのだろうか。図表4－12をみてみよう。「多段階の保険料設定についてどのように考えているのか」という設問に「多段階の保険料設定は必要で，さらに進める」と回答した保険者は15で，回答のあった保険者全体のわずか17.8％にすぎなかった。これに対し，多段階保険料の課題や問題点を指摘して制度改正を求める見解が多数示された。「多段階の保険料設定は現状では必要だが，制度を複雑化させるなど課題があるので，将来的には制度改正が必要である」が52保険者（回答のあった保険者全体の61.9％），「多段階の保険料設定は制度を複雑化させるなど課題があるので，できるだけ早く保険料の多段階設定をやめ，公費を投入して低所得者の保険料負担軽減を図るようにすべきである」が7保険者（8.3％）あったのである。制度改正の必要性を考えている両者を合計すれば，59保険者になり，回答のあった保険者全体の実に70.2％に達しているのである。なるほど多段階の保険料負担段階の設定は，所得累進性を高めるのに有効な面もあるけれども，「これ以上の多段階化は軽減効果が見込めないので公費投入による低所得者の保険料軽減が必要」（東京・区）「多段階設定は細分化しすぎると問題。国や都の費用負担による低所得者対策が別途必要である」（東京・市），「低所得者には定額制を導入すべきである」（大阪・市）という意見があがっていたのである。

次に，「高齢化が進み，介護の総費用が増大する中，高齢者の保険料を引き上げるのが難しくなってきているとの声もある。将来的な介護制度や介護財源はどのようなものが望ましいと考えるのか」という設問を行った。これに対しては，「現行の税と保険料が1対1の状況を変え，例えば税7保険料

3のように税の比重を高めることによって，高齢者の保険料上昇を抑制する」との回答が42保険者（50.0％），「保険方式の介護制度を廃止し，北欧諸国のように全面的に税方式の介護制度にする」が6保険者（7.1％）あった。現行の税と保険料の比率を変化させ，いっそう公費（税）の割合を高めることが望ましいという見解が過半数を占めたのである。これに対し，現行の税と保険料が1対1の状況を変化させないという意見は22保険者（26.1％）で，このうち「税と保険料が1対1の状況を変えずに，一部の介護サービスを介護保険からはずしたり，利用者負担を増やすことにより高齢者の保険料上昇の抑制を図る」が18保険者（21.4％），「税と保険料が1対1の状況を変えずに，20歳からの保険料を徴収し高齢者の保険料上昇の抑制を図る」が4保険者（4.7％）であった。

「保険料基準額が月額5,000円を超え，これ以上の負担は難しい。だからといって一律にサービスを切り捨てることは避けるべきで，公費の割合を高める必要がある」（東京，市），「保険料の引き上げはサービスを利用していない高齢者からの苦情があり，利用者負担増では別途低所得者対策が必要になるので，公費の割合を高める方策がよい」（東京，区）という意見に代表されるように，現行のサービスと利用者負担を維持し，かつサービスを利用していない高齢者への配慮も行う中で，公費の割合の増加を求める意見が多かったのが特徴であった。また，現行の保険方式を抜本的に改め，介護制度の税方式への転換を求める意見が一定数あったことが注目される。介護保険制度は2000年4月にスタートして以来10年以上が経過したが，その実務に携わってきた担当者レベルの意見として，保険制度を抜本的に見直し，税方式の制度がよいという意見が出ていることは，それだけ現状の介護保険制度に課題が多いことを示しているものと解釈できるだろう。

さらに，税と保険料の割合を1対1のままとして，高齢者の保険料の上昇抑制を図る意見の中では，介護保険がスタートする前から検討されてきた20歳からの保険料徴収を進めるという考え方が，担当者レベルでは賛成が大変少なかったことが注目される。また，利用者負担の増加を図る考え方では，2つの考え方がみられた。つまり，利用者負担を2割にすべきという意見がある一方で，「高所得者の利用者負担増で保険料上昇抑制を図る」（大阪，

市)「利用者負担を2割にするのならば,低所得者の利用者負担については別途対策が必要である」(大阪・市)という意見があったのである。

なお,オを回答した保険者が10(11.9％)存在した。このうちの4保険者は,アからエのどれか1つを選択することができないとするもので,「公費の割合拡大,保険料徴収年齢の拡大,利用者負担増加,介護サービスの見直しのいずれか判断に迷う」(道府県庁所在市),「税の比重を高める,35歳くらいからの保険料徴収,サービス内容の見直し,利用者負担の見直しを同時並行的に行う」(東京・市),「国費等の比重を高めるとともに利用者負担を引き上げる」(東京・市),「ア～エのようなさまざまな方法を議論していく必要がある」(東京・区)という意見であった。

3つ目に,「利用者負担とサービス水準をどのように考えるのか」という設問を行った。

利用者負担については現行の1割を維持しようとする意見が多く,「現行のサービス水準を維持し,利用者負担1割を維持する」が34保険者（40.4％)，「現行よりもサービス水準を引き上げ,利用者負担1割を維持する」が4保険者（4.7％),「一部の介護サービスを介護制度からはずすことや一部サービスの水準を引き下げるが,利用者負担1割を維持する」が4保険者（4.7％)で,利用者負担1割維持派は42保険者（50.0％)とほぼ半分を占めたのである。このうち,現行のサービスを維持するか,現行のサービス水準を高くすると回答した保険者は38（45.2％)にのぼり,現行のサービス水準と同等かもしくはそれ以上を多くの保険者が求めていることが把握できるのである。

さらに,「利用者負担を引き上げる」と回答した保険者は20保険者（23.8％)あったが,このうち「現行よりもサービス水準を引き上げ,利用者負担を引き上げる」が3保険者（3.5％),「現行のサービス水準を維持し,利用者負担を引き上げる」が12保険者（14.2％),「一部の介護サービスを介護制度からはずすことや一部サービスの水準を引き下げるが,利用者負担を引き上げる」が5保険者（5.9％)であった。利用者負担引き上げを考えている保険者のうち,大部分は現行のサービス水準と同等かもしくはそれ以上を求めているのである。

図表4－12　多段階の保険料負担段階等に関する担当者（保険者）からの回答結果

「多段階の保険料設定についてどのように考えておられますか」							
	ア	イ	ウ	エ	オ	未回答	計
道府県庁所在市	4	19	6	0	2	2	33
東京都内の区市	10	14	1	0	1	3	29
大阪府内の市	1	19	0	0	1	1	22
合　計（構成比）	15 (17.8%)	52 (61.9%)	7 (8.3%)	0 (0%)	4 (4.7%)	6 (7.1%)	84 (100%)

「将来的な介護制度や介護財源はどのようなものが望ましいでしょうか」							
	ア	イ	ウ	エ	オ	未回答	計
道府県庁所在市	16	2	1	8	5	1	33
東京都内の区市	12	2	2	7	4	2	29
大阪府内の市	14	2	1	3	1	1	22
合　計（構成比）	42 (50.0%)	6 (7.1%)	4 (4.7%)	18 (21.4%)	10 (11.9%)	4 (4.7%)	84 (100%)

「利用者負担や介護サービス水準等についておききします」									
	ア	イ	ウ	エ	オ	カ	キ	未回答	計
道府県庁所在市	2	13	2	1	3	4	6	2	33
東京都内の区市	0	12	1	1	4	1	7	3	29
大阪府内の市	2	9	1	1	5	0	3	1	22
合　計（構成比）	4 (4.7%)	34 (40.4%)	4 (4.7%)	3 (3.5%)	12 (14.2%)	5 (5.9%)	16 (19.0%)	6 (7.1%)	84 (100%)

（注）　端数処理の関係で割合の合計は100％にならない。
〔出所〕　筆者によるアンケート調査（2013年3月）にもとづく。

　また，低所得高齢者の利用者負担には対策が必要と考える保険者が多く，「高齢者の負担軽減を図るため，国の公費負担を増やし，現行のサービス水準を維持もしくは引き上げる一方で，利用者負担を引き下げる」（道府県庁所在市）という意見や，「所得に応じた応能的利用者負担が必要である」（東京・市），「現行のサービス水準を維持し，低所得高齢者には利用者負担引き下げを行う」（大阪・市）という意見があったのである。

　なお，「国において介護財源のありかたを検討すべきと考える」（道府県庁所在市），「介護財源については回答を遠慮させていただく」（東京・区），「利

用者負担とサービス水準は国が定めるべきもの」(道府県庁所在市)等，国の動向や国の議論をみて判断していきたいという考え方も，それほど数は多くはなかったがみられた。

❾ 保険料負担段階の多段階設定,将来の介護財源のありかた,将来の利用者負担と介護サービスの関係

これまで述べてきた3つの設問への担当者(保険者)の回答についてまとめれば，その多くは次のように考えている。

(ア) 多段階の保険料負担段階については，制度が複雑なものになっているうえ，軽減効果があまり高くないなど課題や問題点があり，将来的には制度改正が必要であると考えている。

(イ) 将来の介護財源については，1号保険料基準額が月額約5,000円になり，高齢者の保険料の引き上げが難しくなってきているので，保険料に比べて税の割合を高める必要があり，公費投入額を増やすことが必要であると考えている。

(ウ) 将来の利用者負担と介護サービスの関係については，「可能な限り現行のサービス水準を維持し，利用者負担1割を維持すべきである」(道府県庁所在市)という意見に代表されるように，現行のサービス水準の維持と，利用者負担1割を堅持しようと考えている。また，多くの担当者(保険者)が低所得高齢者の利用者負担軽減の必要性についても考えている。

筆者もまた，上記のような考え方に基本的に賛成である。多段階の保険料負担段階の設定は，なるほど高齢者の負担能力に応じた賦課ができることや，高額所得の高齢者の保険料収入を用いて低所得高齢者の保険料軽減ができるなどの利点はあるけれども，デメリットも少なくない。つまり，多段階にすればするほど制度が複雑化することや，多段階にすればするほど課税層の高齢者，とくに介護サービスを受けていない高齢者の反発や制度への不信・不安を招く可能性が出てくるだろうこと，また，高額所得を得ている高齢者数が少ない町村部では，多段階の保険料負担段階を設定しても低所得高齢者の軽減にほとんどつながらないために実施に移すのを断念したところが少なく

ないこと，高額所得高齢者が多い都市部においても，14段階や15段階というような著しい細分化を行えば，これ以上の軽減効果を見込めないなどの限界が出てくるだろうこと，先の札幌市の事例でも把握できるように第3段階，第4段階，第5段階をそれぞれ2つずつに区分しても，このような細分化により軽減される保険料の金額は月額で400円程度にすぎないため効果が薄いこと等，課題や問題点が多いのである。したがって，多段階の保険料負担段階の設定には，明らかに限界があるといえるのである。

やや厳しい表現を使えば，多段階の保険料負担段階の設定は，保険料が上昇する中でのその場しのぎの対策以上のものではないし，かえって保険制度本来の趣旨を変容させるものになってしまっているのである。保険料の高額化が進む中で，低所得の高齢者対策を保険制度の枠内で行うことが，ますます難しくなってきていることが認識されるべきであろう。そこで，当面は，公費投入を増やして対応することが求められる。そして，現行のサービス水準を落とさず，利用者のニーズを反映した効果的なサービス提供を図る一方で，現行の利用者負担を堅持する方策が展開されなければならないだろう。

これに対し，介護保険制度の枠組みを維持しながら，公費投入の増加をできるだけ避けようとするならば，利用者負担の増加よりは，「20歳以上40歳未満」層からの介護保険料の徴収の方が現実味を増すことになるだろう。利用者負担の引き上げでは，引き上げによる利用抑制の問題が生じることや，引き上げによって得られる収入額がそれほど大きくないからである。しかし，若年性認知症などにより介護サービスを受けることができる一部の「40～64」歳を除けば，基本的に65歳にならなければ受給資格が得られない現行の介護保険の仕組みを考えれば，介護サービスを使わない若年世代の理解を得るのは容易ではない。また，近年，非正規労働者が増大するなど雇用構造が激変している状況があるので，若年世代の介護保険料の未納者が続出する可能性が高い。さらに，少子化による「20歳以上40歳未満」層の人口減少傾向が続いているため中長期的な財源確保面で限界がある。したがって，このような方法は抜本策にはなりえない。当面は保険方式を維持して税（公費）の投入を増加させる以外には方法はないように思われる。

実際，本書の第5章で述べる第6期（2015～2017年度）の介護保険料にお

いては，標準保険料負担段階を9段階とする一方で，低所得高齢者についてはいっそうの保険料軽減を税金を用いて行うことになった。その意味では，このような公費投入は筆者のアンケートに回答した現場担当者（保険者）の意見が反映したともいえ，評価できる。

ただし，このような方法による公費投入は，なし崩し的・その場しのぎ的なものとの批判がどうしてもつきまとう。しかし，今後の介護保険料の上昇は不可避であるので，公費投入もいっそう進むことになるだろう。そうなった場合に，例えば，介護保険財政の財源の4分の3が税収入であるようになってしまえば，もはや実質的に保険方式の意味をなさなくなってしまうし，制度への国民の信頼感を薄めてしまうことになるおそれがある。そこで，将来的には，高齢者介護では，保険方式を廃止し，北欧諸国など世界で広く行われている税方式による運営に切りかえることが大切なのでないかと考えるのである。最終的には，税方式を採用する中で，利用者のニーズにあったサービス提供に努めながら，サービス水準を高めていくことが求められていると，筆者は考えるのである。

むすびにかえて

高齢者介護と高齢者医療は，今後の高齢化の進行の中で，需要が確実に計算できるし，日本各地域で事業の展開を見込むことができる。さらに，介護従事者の処遇改善を抜本的に行うのならば，雇用の増加や地域経済への波及効果も大きくなるだろう。そこで，高齢者のニーズを的確に把握し，ニーズにあった事業展開ができれば，高齢者介護と高齢者医療は内需型産業としての発展可能性が十分にある。その意味で，高齢者介護と後期高齢者医療の制度設計の見直しが重要になる。財源をどのように投入していくのかが大切であるし，国，自治体，事業者の役割分担や，地方分権的な政策方向性についての国民的な議論が必要だろう。加算措置の増加で複雑化している介護報酬の現状をみれば，事業者は国の方針（介護報酬）にしか目がいかない。いくら地方分権が叫ばれても，実質的には国による事業者への政策誘導が進んでいるのである。将来的には地方分権をめざした税方式と「分権的規制」にも

とづく高齢者介護施策の展開が求められているといえるのである。

> **注**

1）横山純一『地方自治体と高齢者福祉・教育福祉の政策課題――日本とフィンランド』第1章，第3章，同文舘出版，2012年3月。
2）本章は，横山純一「介護保険制度と介護保険財政の課題と展望」『検証社会保障・税一体改革』（地方自治総合研究所地方財政研究会編），128～149ページ，地方自治総合研究所，2012年12月をベースにし，これに筆者が2013年3月に道府県庁所在市，東京都内の区市，大阪府内の市に対して実施した介護保険料や介護財源に関するアンケート調査で得られた回答を集計し，内容分析したものを加えたものである。
3）介護保険がスタートした第1期（2000～02年度）は，65歳以上の者の保険料が17％，40～64歳の者の保険料が33％であった。以後，高齢者人口の増加に伴い，第2期は前者が18％，後者が32％，第3期は前者が19％，後者が31％，第4期は前者が20％，後者が30％と変化してきている。
4）厚生労働省「第5期計画期間における介護保険の第1号保険料について（平成24年3月末時点で額の決定している保険者の集計値）」，2012年3月。
5）注4）に同じ。
6）横山純一『現代地方自治の焦点』第5章，同文舘出版，2006年2月を参照。鶴居村の保険料は約6,000円であった。
7）厚生労働省資料「第5期保険料設定について」，2012年を参照。
8）注4）に同じ。
9）東京都福祉保健局「都内区市町村の第5期（平成24～26年度）介護保険料について」，2012年4月。
10）介護保険料に関する札幌市資料，2012年による。
11）注1）の横山純一前掲書，第3章，同「介護従事者の賃金労働条件改善の取り組みと課題―介護報酬改定（2009年度）と介護職員処遇改善交付金を中心に」『自治総研』，2009年10月号，地方自治総合研究所，2009年10月を参照。
12）会計検査院『平成19年度決算検査報告』を参照。
13）注10）に同じ。
14）注10）に同じ。
15）介護保険料に関する北斗市資料による。
16）介護保険料に関する川口市，市川市，城陽市，東京都世田谷区，東京都中野区資料。
17）アンケートは2013年3月に実施した。アンケートは，実際には，道府県庁所在市，東京都内の区市，大阪府内の市のほかに，東京都内の町村，大阪府内の町村，愛知県内の市町村に対しても実施した。ただし，本章では多段階の保険料負担段階や介護財源を主にあつかっているため，これと最も密接に関連しているのは都市部であ

ると考え，道府県庁所在市，東京都内の区市，大阪府内の市の回答のみを分析した。また，アンケートでは，低所得高齢者の利用者負担の軽減策など自治体の独自施策についても設問を設けたが，在宅サービスを中心に軽減策を実施していると回答した自治体が多数存在した。

18) 大阪市の数値は大阪府福祉部「大阪府内の第1号被保険者の保険料基準額一覧（第5期，平成24〜26年度），2012年4月。
19) 愛知県保険医協会・愛知社保協「介護保険料額と保険料段階数」，2012年3月。

第5章 2015年度介護保険制度の改正と第6期介護保険の課題
―地域包括ケア，給付の抑制，利用者負担引き上げ，保険料問題，補足給付の見直しを中心に―

はじめに

　2014年6月18日に，「地域医療・介護総合確保推進法案」(「地域における医療及び介護の総合的な確保を推進するための関係法律の整備等に関する法律案」)が参議院本会議において自民・公明両党の賛成多数で可決され，成立した。

　同法案は，医療と介護を一体的に扱いながら，その効率化をねらった大きな改革案で，介護保険法の改正など関連する法案は全部で19本にのぼっている。医療については，医療死亡事故の第3者機関への届け出や，患者の受け入れ態勢を整えるために都道府県に基金を設置すること，在宅医療の推進，急性期医療をはじめとする医療機能の分化とそれにもとづく病院再編などが盛り込まれている。とくに問題となるのは在宅医療の推進のもと，入院医療の短縮化がめざされていることで，患者の在宅復帰を急げば行き場のない患者が増加する可能性が高まることが懸念されるのである。

　本章では，このような医療法改正についても言及したかったが，紙数の都合もあり，介護保険法の改正に的を絞って述べていきたい。周知のように，介護保険制度は2000年4月に施行されたが，2006年4月に予防給付の新設などの大改正が行われた。今回の改正は2006年の改正を上回る大改革ともいうべきもので，介護保険事業における給付の抑制と利用者負担の引き上げが明確に意図されている。今回の改正が実施に移されるのは，介護保険の第6期(2015〜2017年度)が始まる2015年度(2015年4月)からのものが多いが，2014年4月に消費税の増税(5％から8％への引上げ)が行われたばかりであるにもかかわらず，給付が抑制されて利用者負担が引き上げられることに

は，介護サービスの利用者と家族，介護サービス事業者を中心に国民の強い反発が予想されるのである。

2015年度介護保険制度改正の特徴と主な内容

2014年の改正介護保険法にもとづく2015年度からの介護保険制度改正（以下，今回の改正と略す）の主な内容は，次のようになる。まず，要支援向けサービス（予防給付によるサービス）のうち，訪問介護と通所介護を介護保険本体の給付（予防給付）から外し，市町村が取り組む地域支援事業に移行する。次に，小規模通所介護を地域密着型サービスへ移行する。第3に，特別養護老人ホームの入所要件を厳格化し，原則，新規入所者を要介護度3以上に限定する。第4に，一定以上の所得のある利用者の自己負担を引き上げる。第5に，65歳以上の高齢者が支払う介護保険料（以下，1号保険料と略す）の負担段階をこれまでに比べていっそう多段階に設定することを進めるとともに，低所得高齢者の1号保険料の軽減に公費（税）を投入し，軽減割合を拡大する。第6に，特別養護老人ホーム等の施設を利用する低所得高齢者の食費・居住費補助の対象を縮小するために，「補足給付」の要件に資産などを追加する。第7に，居宅介護支援事業所の指定権限を市町村に移譲する。第8に，サービス付き高齢者向け住宅に住所地特例を適用する。このような改革の施行期日については**図表5－1**に示した。居宅介護支援事業所の指定権限の市町村への移譲以外は，いずれも第6期に行われる。

なお，今回の改正では，以上述べた個別事項の改正のほかに，もう1つ大きな特徴がある。それは，第5期で開始された地域包括ケア実現のための方向性を承継しながら，在宅医療・介護連携等の取り組みをいっそう進めて，2025年を目途に地域包括ケアの完成がめざされていることである。このために中長期的な視点から介護保険事業計画を策定することが市町村に求められている。先に述べた個別事項の改正についても，地域包括ケアの構築との関連性が高いものが少なくないのである。

以下，訪問介護と通所介護の市町村事業への移行と地域包括ケアを中心に，今回の改正について検討しよう[1]。

図表5－1　介護・医療関係の改正事項の施行期日

施行期日	改正事項
①公布の日	○診療放射線技師法（業務実施体制の見直し） ○社会福祉士及び介護福祉士法等の一部を改正する法律（介護福祉士の資格取得方法の見直しの期日の変更）
②2014年4月1日又はこの法律の公布の日のいずれか遅い日	○地域における公的介護施設等の計画的な整備等の促進に関する法律（厚生労働大臣による総合確保方針の策定，基金による財政支援） ○医療法（総合確保方針に即した医療計画の作成） ○介護保険法（総合確保方針に即した介護保険事業計画等の作成）
③2014年10月1日	○医療法（病床機能報告制度の創設，在宅医療の推進，病院・有床診療所等の役割，勤務環境改善，地域医療支援センターの機能の位置づけ，社団たる医療法人と財団たる医療法人の合併） ○外国医師等が行う臨床修練に係る医師法第十七条等の特例等に関する法律（臨床教授等の創設） ○良質な医療を提供する体制の確立を図るための医療法等の一部を改正する法律（持分なし医療法人への移行）
④2015年4月1日	○医療法（地域医療構想の策定とその実現のために必要な措置，臨床研究中核病院） ○介護保険法（地域支援事業の充実，予防給付の見直し，特養の機能重点化，低所得者の保険料軽減の強化，介護保険事業計画の見直し，サービス付き高齢者向け住宅への住所地特例の適用） ※なお，地域支援事業の充実のうち，在宅医療・介護連携の推進，生活支援サービスの充実・強化及び認知症施策の推進は2018年4月，予防給付の見直しは2017年4月までにすべての市町村で実施 ○歯科衛生士法，診療放射線技師法，臨床検査技師等に関する法律（業務範囲の拡大・業務実施体制の見直し） ○歯科技工士法（国が歯科技工士試験を実施）
⑤2015年8月1日	○介護保険法（一定以上の所得のある利用者の自己負担の引上げ，補足給付の支給に資産等を勘案）
⑥2015年10月1日	○医療法（医療事故の調査に係る仕組み） ○看護師等の人材確保の促進に関する法律（看護師免許保持者等の届出制度） ○保健師助産師看護師法（看護師の特定行為の研修制度）
⑦2016年4月1日までの間にあって政令で定める日	○介護保険法（地域密着型通所介護の創設）
⑧2018年4月1日	○介護保険法（居宅介護支援事業所の指定権限の市町村への移譲）

〔出所〕「全国介護保険・高齢者保健福祉担当課長会議資料」2014年2月25日。

2 高齢者のおかれている状況と高齢者介護の現状

　2015年度介護保険制度改正の分析に入る前に，高齢者のおかれている状況や高齢者介護の現状についてみてみよう。

　まず，高齢者人口である[2]。2013年10月1日現在の65歳以上の高齢者人口が過去最高の3,190万人（男性1,370万人，女性1,820万人）となり，総人口に占める割合（高齢者比率）は25.1％となった（**図表5-2**）。このうち65～74歳の前期高齢者人口が1,630万人（男性772万人，女性858万人）で，前期高齢者比率は12.8％，75歳以上の後期高齢者人口が1,560万人（男性598万人，女性962万人）で後期高齢者比率は12.3％であった。国民の4人に1人が65歳以上の高齢者，国民の8人に1人が75歳以上の高齢者となっている計算である。そして，2017年には後期高齢者数が前期高齢者数を上回ると見込まれており，さらに，2025年には前期高齢者数が1,479万人，後期高齢者数が2,179万人（後期高齢者比率は18.1％）となり，後期高齢者数が前期高齢者数を約700万人上回るものと予想されているのである。また，2040年には高齢者比率が36％を超過する見込みである。

　地域別に高齢化の状況をみてみると，2040年に都道府県のうち5道県（北海道，青森県，秋田県，徳島県，高知県）で高齢者比率が40％を超過すると予想され，最も高い秋田県は43.8％になるものと見込まれている。また，首都圏など3大都市圏でも高齢化が進み，千葉県や神奈川県，埼玉県では2013年と2040年を比較すると，高齢者比率は約12ポイントの上昇になっている（**図表5-3**）。

　このような高齢化の進行の中，世帯主が65歳以上の単独世帯や65歳以上の夫婦のみの世帯が増加することが確実視されている。つまり，世帯主が65歳以上の単独世帯は2010年の498万世帯から2035年の762万世帯に，65歳以上の夫婦のみの世帯は2010年の540万世帯から2035年の625万世帯に増加する見込みとなっているのである。世帯主が65歳以上の単独世帯と65歳以上の夫婦のみの世帯の世帯数全体に占める割合は，20.0％（2010年）から28.0％（2035年）に上昇し，2035年には実に3.5世帯に1世帯の割合で世帯主が65歳以上の高

図表5-2 高齢化の推移と将来推計

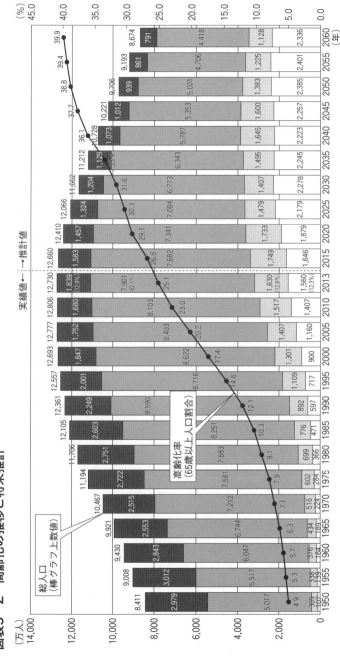

(注1) 2010年までは総務省「国勢調査」、2013年は総務省「人口推計」(2013年10月1日現在)、2015年以降は国立社会保障・人口問題研究所「日本の将来推計人口(2012年1月集計)」の出生中位・死亡中位仮定による推計結果。
(注2) 1950年～2010年の総数は年齢不詳を含む。高齢化率の算出には分母から年齢不詳を除いている。
[出所] 内閣府「高齢社会白書(平成26年版)」2014年7月。

図表5－3　都道府県別高齢化率の推移

	2013年			2040年	高齢化率の伸び（ポイント）
	総人口（千人）	65歳以上人口（千人）	高齢化率（％）	高齢化率（％）	
北海道	5,431	1,469	27.0	40.7	13.7
青森県	1,335	373	27.9	41.5	13.6
岩手県	1,295	372	28.7	39.7	11.0
宮城県	2,328	553	23.8	36.2	12.4
秋田県	1,050	331	31.6	43.8	12.2
山形県	1,141	332	29.1	39.3	10.2
福島県	1,946	524	26.9	39.3	12.4
茨城県	2,931	728	24.8	36.4	11.6
栃木県	1,986	480	24.2	36.3	12.1
群馬県	1,984	512	25.8	36.6	10.8
埼玉県	7,222	1,661	23.0	34.9	11.9
千葉県	6,192	1,505	24.3	36.5	12.2
東京都	13,300	2,914	21.9	33.5	11.6
神奈川県	9,079	2,033	22.4	35.0	12.6
新潟県	2,330	655	28.1	38.7	10.6
富山県	1,076	309	28.7	38.4	9.7
石川県	1,159	302	26.1	36.0	9.9
福井県	795	214	27.0	37.5	10.5
山梨県	847	225	26.5	38.8	12.3
長野県	2,122	600	28.3	38.4	10.1
岐阜県	2,051	539	26.3	36.2	9.9
静岡県	3,723	966	26.0	37.0	11.0
愛知県	7,443	1,662	22.3	32.4	10.1
三重県	1,833	480	26.2	36.0	9.8
滋賀県	1,416	319	22.5	32.8	10.3
京都府	2,617	676	25.8	36.4	10.6
大阪府	8,849	2,184	24.7	36.0	11.3
兵庫県	5,558	1,408	25.3	36.4	11.1
奈良県	1,383	369	26.7	38.1	11.4
和歌山県	979	288	29.4	39.9	10.5
鳥取県	578	163	28.2	38.2	10.0
島根県	702	217	30.9	39.1	8.2
岡山県	1,930	524	27.1	34.8	7.7
広島県	2,840	743	26.2	36.1	9.9
山口県	1,420	429	30.2	38.3	8.1
徳島県	770	224	29.1	40.2	11.1
香川県	985	277	28.1	37.9	9.8
愛媛県	1,405	404	28.8	38.7	9.9
高知県	745	232	31.1	40.9	9.8
福岡県	5,090	1,230	24.2	35.3	11.1
佐賀県	840	219	26.1	35.5	9.4
長崎県	1,397	390	27.9	39.3	11.4
熊本県	1,801	491	27.2	36.4	9.2
大分県	1,178	337	28.6	36.7	8.1
宮崎県	1,120	310	27.6	37.0	9.4
鹿児島県	1,680	467	27.8	37.5	9.7
沖縄県	1,415	260	18.4	30.3	11.9

（注）2013年は総務省「人口推計」，2040年は国立社会保障・人口問題研究所「日本の地域別将来推計人口（2013年3月推計）」。
〔出所〕　内閣府『高齢社会白書（平成26年版）』2014年7月。

齢者の単独世帯か65歳以上の高齢者夫婦のみの世帯になるのである[3]。

　65歳以上の高齢者の子どもとの同居率をみてみると，1980年にはほぼ70％であったものが，1999年には50％を割り，2012年には42.3％にまで落ち込んでいる[4]。このように子どもとの同居率が大幅に低下する中で，とりわけ1人暮らしの高齢者の増加率が高くなっている[5]。つまり，65歳以上の1人暮らしの高齢者数は，1980年には男性が約19万人（65歳以上の男性高齢者人口に占める割合が4.3％），女性が約69万人（65歳以上の女性高齢者人口に占める割合が11.2％）であったものが，2010年には男性が約139万人（同11.1％），女性が約341万人（同20.3％）となっているのである。そして，2035年には男性の1人暮らし高齢者数が261万人，女性の1人暮らし高齢者数が501万人になると予想されている。今後も女性の1人暮らしの高齢者数が男性の1人暮らし高齢者数を上回る状況が続くけれども，伸び率では男性の1人暮らし高齢者数が女性の1人暮らし高齢者数を上回るものと見込まれているのである。さらに，ヨーロッパ諸国や韓国と比べ，日本の高齢者は別居している子どもとの接触頻度が低いのが特徴である。

　また，65歳以上の高齢者のうち，認知症高齢者の日常生活自立度Ⅱ以上の高齢者数が2010年は280万人（65歳以上の高齢者数に占める割合が9.5％）であったが，2025年には470万人（同12.8％）に増加すると予想されている[6]。現在，老老介護が深刻な問題となって注目されているが，今後は老老介護とともに認認介護が大きな社会問題となる可能性が高いのである。さらに，1人暮らし高齢者，とくに男性1人暮らし高齢者の介護や生活の質にかかわる問題（生活の質の低下）が深刻なものになるおそれが高いのである。

　高齢者の収入や所得についてみてみると[7]，高齢者世帯（65歳以上のみで構成するか，またはこれに18歳未満の未婚者が加わった世帯）の年間所得（2011年の平均所得）は303.6万円となっており，全世帯平均（548.2万円）の半分強になっている。また，世帯主の年齢が65歳以上の世帯の平均と全世帯平均（いずれも2人以上の世帯，単身は除外）の貯蓄額を比較すると，前者の方が貯蓄額が大きい。ただし，前者の貯蓄の目的の大部分が「病気や介護の備え」，「生活維持」となっており（**図表5－4**），近年厳しくなってきている年金支給状況を反映し，つつましやかな生活をして老後の備えを行ってい

ることが示されているのである。さらに，着目しなければならないことは，高齢者においては他の世代に比べて所得格差が大きいことである。高額所得の高齢者が存在する一方で，少額の年金で暮らす高齢者が少なくないのである。生活保護を受給している高齢者についてみると，年々増加しており，2011年における65歳以上の生活保護受給者数は78万人で，2002年（45万人）よりも1.7倍増加しているのである。65歳以上人口に占める65歳以上の生活保護受給者の割合は2.63％であり，全人口に占める全生活保護受給者の割合（1.58％）をはるかに上回っているのである（図表5－5）。

要介護度別認定者数の推移を示した図表5－6をみてみよう。要介護・要支援の認定者数は，介護保険がスタートした2000年4月には218万人であったが，

図表5－4 高齢者の貯蓄の目的

（注） 対象は，全国60歳以上の男女。
〔出所〕 内閣府『高齢社会白書（平成26年版）』2014年7月。

図表5－5 高齢者の生活保護受給者の動向

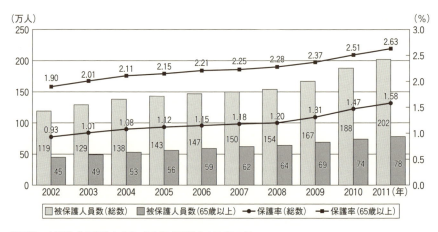

〔出所〕 内閣府『高齢社会白書（平成26年版）』2014年7月。

図表5-6 要介護度別認定者数の推移

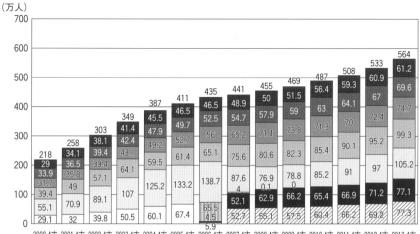

（注1） 陸前高田市，大槌町，女川町，桑折町，広野町，楢葉町，富岡町，川内村，大熊町，双葉町，浪江町は含まれていない。
（注2） 楢葉町，富岡町，大熊町は含まれていない。
〔出所〕「社会保障審議会介護保険部会（第54回）資料」2013年12月20日。

2013年4月には2.6倍の564万人になった。2013年4月における要介護5は61万人，要介護4は69万人，要介護3は74万人，要介護2は99万人，要介護1は105万人，要支援2は77万人，要支援1は77万人である。この中では要支援の伸びが最も大きく，2000年4月に比べて2013年4月には5.3倍の伸びとなっている。また，中重度（要介護3以上）の高齢者数が介護保険スタート時には94万人だったが，2013年には200万人を突破していることが注目される。

そして，このような高齢化に伴う要介護・要支援認定者数の増加により介護給付費が増加した。介護の総費用は2000年度に3.6兆円であったが，2013年度には2.6倍の9.4兆円に増加した。これに伴い，65歳以上の高齢者が支払う介護保険料は2,911円（第1期，月額保険料基準額，全国平均）から4,972円（第5期）に上昇した（**図表5-7**）。なお，介護の総費用に影響を与える要因の1つである介護報酬は各期ごとに改定されるが，マイナス改定の場合が多く，プラス改定の場合も高い改定率ではなかった。

図表5-7　介護給付と65歳以上の者の介護保険料の推移

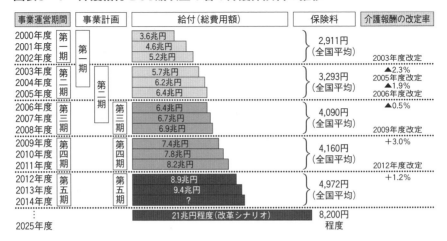

（注1）　2011年度までは実績であり，2012〜2013年度は当初予算である。
（注2）　2025年度は社会保障に係る費用の将来推計について（2012年3月）にもとづく。
（注3）　2025年度は2012年度の賃金水準に換算した値である。
〔出所〕　「社会保障審議会介護保険部会（第54回）資料」2013年12月20日。

3　今回の介護保険制度改正の内容の検討と分析[8]

（1）予防給付によるサービス（訪問介護サービス，通所介護サービス）の市町村事業への移行

　介護保険制度の改正により，2006年度から要介護と要支援を分け，要介護者についてはこれまでと同様にケアマネジャーが作成するケアプランにもとづく介護給付によるサービス，要支援者については新たに設けられた予防給付（地域包括支援センターの保健師等が作成する予防プランにもとづく）によるサービスが提供されることになった。このような予防給付の新設の際に介護予防が強調されたが，要支援者の支給限度額の引き下げが行われたことから判断できるように，給付の抑制が主たる目的の1つであった改正であったということができる。予防給付は介護給付と同様に，サービスの種類・内容・人員基準・運営基準・介護報酬単価・利用料などが全国一律になってい

る介護保険の事業である。

　今回の改正では，予防給付のうち訪問介護サービスと通所介護サービスを全国一律の基準から外し，市町村事業（地域支援事業）に移行させることになった。予防給付によるサービスには訪問看護，福祉用具等もあるが，今回の改正では変化がなく，これらについては予防給付によるサービス提供が継続されることになっている。

　訪問介護サービスと通所介護サービスが市町村事業に移行することに伴って，要支援者と要支援以外の者（2次予防事業対象者，例えば自立と判定されていても今後要支援，要介護になるおそれのある者等）を対象とする介護予防・生活支援サービス事業と，すべての高齢者が利用できる体操教室等の普及・啓発等を内容とする一般介護予防事業によって構成される，介護予防・日常生活支援総合事業（2012年度創設，以下，総合事業と略す）の見直しが行われる。

　総合事業の実施については市町村の任意で,2012年度は27保険者（市町村，広域連合），2013年度は44保険者が実施しているにすぎなかった。今回の改正では，この総合事業を2017年4月までにすべての市町村が実施することとなったのである。訪問介護サービスと通所介護サービスは，生活支援サービス（配食・見守りサービス）と並んでこのような新しい総合事業の中心的な役割を担うことになる。このような新しい総合事業は介護予防・生活支援サービス事業と一般介護予防事業に分かれるが，前者が中心になる。介護予防・生活支援サービス事業を利用できるのは，要支援者と要支援以外の介護予防・生活支援サービス事業の対象者である。

　要支援者は地域包括支援センターの保健師等によるケアマネジメントにもとづき総合事業のサービスと予防給付によるサービス（訪問看護など）を組み合わせて利用できる。また，要支援者が訪問看護等の予防給付サービスを利用しないで新しい総合事業の介護予防・生活支援サービスを利用することもできる。この場合は，要支援以外の者と同様に基本チェックリスト該当で利用できる。一般介護予防事業は，要支援以外の高齢者を元気高齢者と2次予防事業対象者に分けていた現在のシステムを改め，両者を区分せずに扱い，要支援者を含むすべての高齢者を対象に，地域リハビリテーション活動支援

図表5-8 新しい地域支援事業の全体像

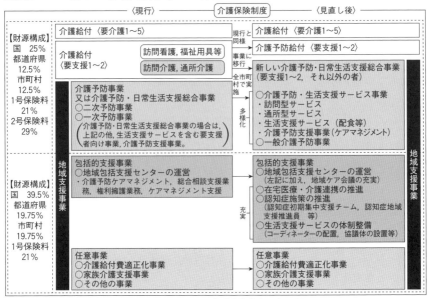

〔出所〕「全国介護保険・高齢者保健福祉担当課長会議資料」2014年2月25日。

事業など地域においてリハ職を活用して自立支援に資する取り組みや，体操教室等の普及・啓発等を推進して介護予防を機能強化する。

このような新しい総合事業を推進するために，国は指針を策定し市町村による事業の円滑な実施を支援し，基盤整備を推進することになった。また，総合事業に移行することにあたり，総合事業の事業費の上限は，事業への移行分をまかなえるように見直しを図るとされた。なお，このような新しい総合事業の財源構成はこれまでと同様である。総合事業を含む地域支援事業の全体像は**図表5-8**のとおりである。

厚生労働省は，このような新しい総合事業（これまでよりも機能が強化された総合事業）により，支援を必要とする高齢者が要支援認定を受けなくともサービスを受けることができるため地域で暮らしやすくなるとしている。さらに，訪問介護サービスと通所介護サービスが市町村事業になることによって，既存の介護事業所によるサービスに加えて，町内会，老人クラブ，NPO，民間企業，ボランティア，コミュニティサロンなど地域の多様な主

図表5-9　2012年度介護予防サービス費用額

	年間累計費用額 (百万円)	要支援1	要支援2	構成比
総　数	468,512	149,199	318,578	
介護予防居宅サービス	411,670	125,859	285,133	87.9%
介護予防訪問介護	108,378	41,797	66,369	23.1%
介護予防訪問入浴介護	197	21	175	0.04%
介護予防訪問看護	11,935	2,828	9,069	2.5%
介護予防訪問リハビリテーション	3,474	751	2,718	0.7%
介護予防通所介護	172,355	49,272	122,864	36.8%
介護予防通所リハビリテーション	62,677	15,255	47,357	13.4%
介護予防福祉用具貸与	18,190	5,134	13,036	3.9%
介護予防短期入所生活介護	3,824	671	3,115	0.8%
介護予防短期入所療養介護	533	73	448	0.1%
介護予防居宅療養管理指導	3,235	1,314	1,909	0.7%
介護予防特定施設入居者生活介護	26,871	8,743	18,073	5.7%
介護予防支援	48,554	21,578	26,946	10.4%
介護予防地域密着型サービス	8,288	1,763	6,499	1.8%
介護予防認知症対応型通所介護	507	175	330	0.1%
介護予防小規模多機能型居宅介護	5,304	1,588	3,701	1.1%
介護予防認知症対応型共同生活介護	2,477	—	2,468	0.5%

（注）総数には，月の途中で要支援から要介護に変更となった者を含む。
〔出所〕「社会保障審議会介護保険部会（第54回）資料」2013年12月20日。

体を活用することができるようになる。単価設定においても全国一律単価ではなく，市町村独自の単価設定，例えば住民主体によるサービスでは低廉なサービス単価の設定が可能になり，利用者の利用料負担の軽減も実現できることとなるとしている。しかし，このような市町村事業への移管には，次にみるように課題が多い。

　2012年度の介護予防サービスの費用額は4,685億円で，このうち訪問介護が1,083億円，通所介護が1,723億円，両者の合計は2,806億円で，介護予防サービス費用額全体の約6割を占めている（**図表5-9**）。また，介護保険全体の給付費に占める割合は3％を少し上回る程度である。介護予防サービス費の多くを占める訪問介護と通所介護の市町村事業への移管により，サービスの提供方法や提供主体の多様化，市町村独自の単価設定などを通じて費用の

削減が意図されているということができるのである。衆議院の厚生労働員会においては，野党から「（今回の改正は）要支援切りだ」との厳しい批判が出されたのである。

さらに，筆者は次の点についても心配している。それは，サービス提供の担い手がどの程度生まれるのかが不透明なことである。低廉なサービス単価では民間事業者の参入は難しくなる。住民主体によるサービスについても，都市部では町内会の未加入率が高いし，過疎地域の町村では人口減少と高齢化で町内会自体が成り立たないケースが出てきている。NPOについても，近年の傾向としては介護関係のNPOの伸び率が低くなってきている。費用の効率性が前面に出てきている中で，担い手不足が懸念されるのである。また，市町村事業に積極的に取り組む市町村とそうではない市町村との格差や，住民主体によるサービスが活発に行われる地域とそうではない地域の格差が大きくなることも予想される。さらに，広大な面積の市町村が多い北海道では，高齢者宅を訪問する際に移動時間がかかることも，住民主体によるサービスの円滑な進行を難しくしているということができるのである。

さらに，根本的なことをいえば，住民主体によるサービスで，どの程度までホームヘルパーの仕事の代わりができるのだろうかという疑問がある。要支援者向けの訪問介護は家事援助と身体介護に分かれる。**図表5－10**の要支援者向けの訪問介護に関する「2010年度財務省予算執行調査結果」によれば，生活援助が訪問介護全体の93％を占めている。その生活援助の64％が掃除で，次は買い物・薬の受け取り（16％），3位は一般的な調理，配下膳（11％）となっている。身体介護では清拭・入浴・身体整容（50％）がトップで，これに体位変換・移動・移乗介助・外出介助（22％），自立生活支援のための見守り的援助（18％）が続いている。このほかにも排泄・食事介助，服薬介助，洗濯，衣類の整理，被服の補修など要支援者向けの訪問介護は幅広い。これまで事業所のホームヘルパーが調理や掃除などで高齢者の支援に工夫を凝らしている場合が多くみられるだけに，筆者には気がかりなのである。

なお，今回の改正では，市町村の総合事業の実施方法として，市町村の事務負担の軽減等を図るために，予防給付と類似した指定事業者制を導入することとなった。これにより，事業者と市町村の間で毎年度委託契約を締結す

図表5-10　介護予防訪問介護利用者(445名)における利用行為内容別の割合
　　　　　（利用時間で算出）

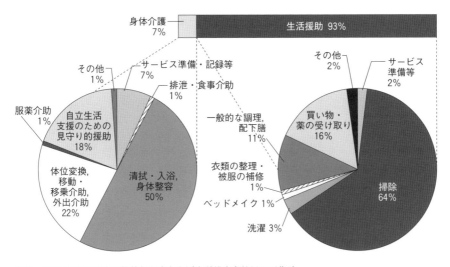

（注）「2010年度財務省予算執行調査」を厚生労働省老健局で再集計。
〔出所〕「社会保障審議会介護保険部会（第54回）資料」2013年12月20日。

ることが不要となる。指定事業者は，予防給付の場合は都道府県だが，総合事業の場合は市町村となる。施行時には，原則，都道府県が指定している予防給付の事業者（訪問介護，通所介護）を，市町村の総合事業の指定事業者とみなす経過措置を講じ，市町村の事務負担を軽減して円滑な実施を図ることとされている。しかし，今回の改正は住民主体によるサービスに力点がおかれた改正であるので，市町村自らが事業を直接実施したり，事業者への委託，事業者への補助といった方法がとられる必要性が高くなるだろう。そうなれば委託費・補助費等は市町村が独自に設定することになるので，その面での知恵と工夫が市町村に求められることになるだろう。ましてや市町村自らが事業を実施する場合は，いっそうの創意・工夫が求められるだろう。

　現在，社会福祉協議会が積極的に事業展開を行っている市町村が少なからずあり，社会福祉協議会と市町村のコラボレーションにより住民主体によるサービスが充実する可能性が高い市町村も一部にあるが，現時点では，全国のほとんどの市町村が新しい総合事業に対して戸惑い困惑している状況であ

る。現状のままでは，たとえ2年の経過措置（2017年4月までに実施）をとって開始を遅らせても，市町村が事務負担軽減ばかりに目を向けるのであれば，また，市町村が新事業のキーとなる自覚がなければ，要支援者のサービス受給は円滑に進まないだろう。

（2）小規模通所介護の地域密着型サービスへの移行

　近年，通所介護事業所が顕著に増加している。このことから前回同様，否，前回を上回る通所介護抑制の流れが出てきている。今回の改正では，通所介護事業所のうち，とくに10人以下の小規模型の通所介護事業所の扱いがメインであった。つまり，小規模型の通所介護事業所を，市町村が指定・監督する地域密着型サービスへ移行させる，もしくは大規模型通所介護事業所や通常規模型通所介護事業所のサテライト型事業所に移行させるか，小規模多機能型居宅介護のサテライト型事業所に移行させることが意図されているのである（**図表5－11**）。

　これまで通所介護事業所は都道府県が指定してきた。そして，通所介護の事業所は2006年4月に1万9,341ヶ所であったものが，2012年度末には3万5,453ヶ所に増大した。このうち小規模型の通所介護事業所は，2006年4月には7,075ヶ所であったが，2012年度末には1万7,963ヶ所となり，2.5倍の伸びを示して通所介護事業所全体の伸びを大きく上回った。今回の改正はこのような顕著な増加がみられる小規模型通所介護事業所を抑制する方向がみてとれるのである。

　地域密着型サービスは都道府県ではなく，市町村が事業所の指定・監督権限を有している。したがって，介護保険法の改正によって2006年4月から地域密着型サービスとなったグループホームがそうであったように，当該市町村の整備目標数値の設定（介護保険事業計画による管理）により，新たな通所介護事業所の開設が認められないケースが出てくるものと予想されるのである。

　なお，通所介護には長時間型と短時間型があるが，長時間型が主流となっている。長時間の通所介護の場合は，その中の一定部分の時間で機能強化訓練が行われる。今回の改正のようなコスト重視や効率化の方針が優先されれ

ば，次期の介護報酬算定では，通所介護事業所にとって厳しい数値が出ることが予想される。

通所介護の役割は大きい。なるほど通所介護を利用する高齢者の中には，介護予防事業で対応することの方が望ましいケースもみられるし，近年は過度のニーズの掘り起こしがみられる場合も少なくない。しかし，通所介護は介護する家族の負担軽減にもつながるのであり，今後，在宅介護に力点をおくのならば，利用者や家族のニーズを十分に踏まえた通所介護の役割とありかたの検討が必要だと思われるのである。

図表5－11　小規模型通所介護の移行について

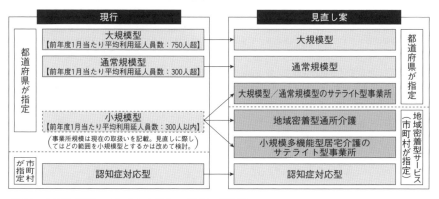

(注1) 地域密着型サービスとした場合の市町村の事務等。
　　　○事業所の指定・監督
　　　○事業所指定，基準・報酬設定を行う際，住民，関係者からの意見聴取
　　　○運営推進会議への参加等
(注2) 地域密着型サービスは，市町村の判断で公募により事業者を指定できる。
〔出所〕「社会保障審議会介護保険部会（第54回）資料」2013年12月20日。

（3）特別養護老人ホームの入所要件を厳格化し，原則，要介護3以上の者を入所要件とする

今回の改正では，原則，特別養護老人ホームの新規入所者を要介護3以上の高齢者に限定した。これにより，特別養護老人ホームは，在宅での生活が困難な中重度の要介護者を支える施設としての性格をいっそう鮮明にした。なお，既入所者については今回の改正は適用されないし，新規の入所を希望

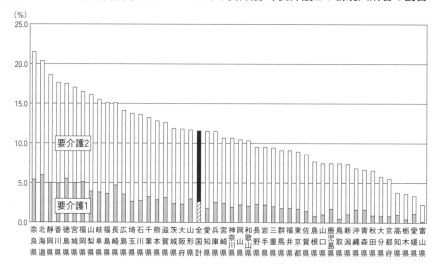

図表5-12　特別養護老人ホームにおける要介護1,要介護2の新規入所者の割合

(注)　2011年度における特別養護老人ホームの新規入所者のうち，要介護2，要介護1の割合である。
〔出所〕「社会保障審議会介護保険部会（第54回）資料」2013年12月20日。

する軽度（要介護1，要介護2）の要介護者についても，特別養護老人ホーム以外での生活が著しく困難であると認められる場合は，市町村の関与のもとで特例的に入所が認められる。

　要介護度別の特別養護老人ホーム入所者の割合をみてみると，2000年には，要介護5が22.9％，要介護4が28.7％，要介護3が19.0％で，要介護5，要介護4，要介護3の合計利用者の全利用者に占める割合は70.6％であった。入所者の平均要介護度は3.35であった。2011年には，要介護5が35.8％，要介護4が32.0％，要介護3が20.3％で，要介護5，要介護4，要介護3の合計利用者の全利用者に占める割合は88.1％であった。入所者の平均要介護度は3.89であった。都道府県別に要介護2と要介護1の新規入所者の割合をみれば，要介護2と要介護1の入所者の割合が20％を超過している道県（奈良県，北海道）がみられる一方で，高知，栃木，愛媛，富山の4県では要介護2と要介護1の入所割合が5％未満となっている（**図表5-12**）。しかし，このような都道府県間の差がみられるものの，全体的にみれば，明らかに特別養護老人ホームの利用者の中重度化が進んでいることが把握できるのであり，

図表5-13 介護サービス受給者数の推移（1ヵ月平均）

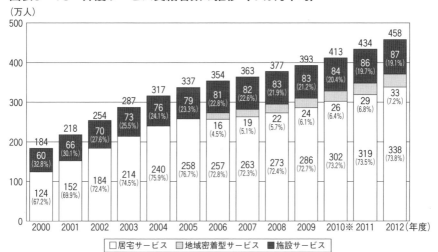

(注1) （ ）は各年度の構成比。
(注2) 各年度とも3月から2ヵ月サービス分の平均（ただし，2000年度については，4月から2ヵ月サービス分の平均）。
(注3) 2006年度の地域密着型サービスについては，4月から2ヵ月サービス分の平均。
(注4) 受給者数は，居宅サービス，地域密着型サービス，施設サービス間の重複利用がある。
(注5) 東日本大震災の影響により，2010年度の数値には福島県内5町1村の数値は含まれていない。
〔出所〕 厚生労働省『平成24年度介護保険事業状況報告（年報）』2012年。

　今回の改正は，高齢者の入所待ちの状況が続く特別養護老人ホームにおいて，このような中重度者利用優先の流れをいっそう進めようとするものである。
　なお，新規に特別養護老人ホームに入所を希望する軽度（要介護2，要介護1）の高齢者の入所が必要と考えられるケースについて，厚生労働省は今後詳細を検討するとしているが，次のようなケースを事例として掲げている。つまり，知的障がい，精神障がい等を伴って地域での安定した生活を続けることが困難な場合，家族等による虐待が深刻であり心身の安全・安心の確保が不可欠の場合，認知症高齢者であり常時の適切な見守りと介護が必要な場合を掲げているのである。実際，要介護2以下の在宅生活困難者が少なからず存在するのであり，その居場所確保が求められているのである。居場所の1つとしてサービス付き高齢者向け住宅があげられているが，利用者負担が高いためなかなか解決にはつながらない。在宅での生活を継続するしくみをつくることができるのかが重要な課題となっているということができるので

ある。

　介護サービス利用者の状況（2012年度）をみてみると，居宅サービスと地域密着型サービスの合計利用者数は371万人，施設サービス利用者数は87万人であった（**図表5－13**）。介護サービス利用者全体に占める居宅・地域密着型サービス利用者の割合は81％，施設サービス利用者の割合は19％であった。そして，**図表5－13**から介護保険開始時に比べ，施設サービス利用者の比重が低下してきていることが把握できる。これは，特別養護老人ホームへのニーズが高いにもかかわらず特別養護老人ホームの整備があまり進んでいないこと，2005年10月から食費と居住費が介護保険給付対象から外されて特別養護老人ホーム等の施設利用者の全額自己負担となったこと，2006年度から地域密着型サービスが開始されたこと，多様な居宅サービスが展開されてきたこと等が，その要因となっているのである。

　このような利用者の状況をふまえたうえで保険給付費についてみてみると，居宅・地域密着型サービスが4,073億円（64％），施設サービスが2,309億円（36

図表5－14　年度別（居宅，地域密着型，施設別）給付費の推移（1ヵ月平均）

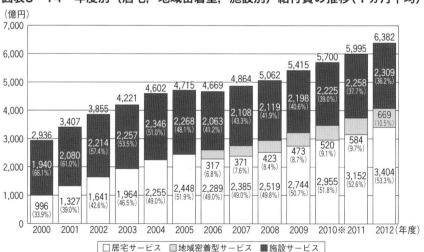

（注1）（　）は各年度の構成比。
（注2）高額介護サービス費，高額医療合算介護サービス費，特定入所者介護サービス費を含まない。
（注3）東日本大震災の影響により，2010年度の数値には福島県内5町1村の数値は含まれていない。
〔出所〕厚生労働省『平成24年度介護保険事業状況報告（年報）』2012年。

%）となっていて施設サービスの方がコスト高になっていることが把握できる（**図表5-14**）。そして，介護保険開始時に比べて施設サービス給付費の比重の低下がみられるのである。

　厚生労働省は，今回の改正で割高な施設給付費の抑制をいっそう図ろうとしている。しかし，高齢者の介護は財政面からのアプローチだけではまったく不十分である。とりわけ認知症の高齢者における弾力的な入所対応や，当該高齢者のおかれた状況（家族や住居，地域など）についての配慮が求められているといえるのである。

（4）一定以上の所得のある高齢者の自己負担の引き上げ

　利用者負担はこれまで一律1割であったが，今回の改正で，一定以上の所得がある高所得高齢者については利用者負担を2割にすることになった。利用者負担を2割とする高齢者は，モデル年金（厚生年金198万円，夫が平均標準報酬36.0万円で40年間就業し，妻がその期間すべて専業主婦であった世帯が年金を受け取り始める場合の給付水準で2013年4月〜9月分の年金額によるもの）と平均消費支出（無職高齢者単身世帯，170万円）の水準を上回り，かつ負担可能な水準として，被保険者の上位20％に該当する合計所得金額160万円以上（単身で年金収入のみで280万円以上）の者を予定している（**図表5-15**）。その際に，利用者負担は個人単位で適用されるために，夫婦であっても配偶者の収入は関係なく，個人の年金収入等にもとづいて本人のみが2割負担となる。**図表5-15**のように妻の基礎年金収入が79万円であれば，妻は1割負担のままである。利用者負担を2割にする高齢者をどの程度にするのかをめぐっては，住民税課税層の上位半分（単身で年金収入のみで290万円以上）とする案も考えられていたが，被保険者の上位20％とする案が採用されたのである。

　厚生労働省は，要介護者の所得分布は被保険者の所得分布に比べて低いので，被保険者の上位20％に相当する基準を設定した場合でも，実際に影響を受けるのは，在宅サービス利用者の15％，特別養護老人ホーム入所者の5％，老人保健施設入所者の12％であると推定している。利用時に影響を受ける高齢者は40万人から50万人程度になるものと予測されている。

図表5-15　利用者負担の見直しにおいて2割負担とする所得水準について

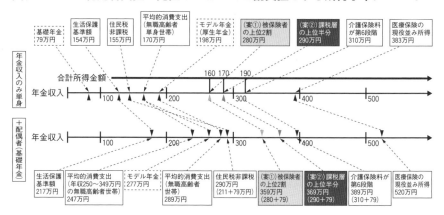

(注1)　夫婦世帯については，夫が厚生年金，妻が国民年金の収入のみと仮定。単身世帯は，年金収入のみと仮定。
(注2)　モデル年金とは，厚生年金は，夫が平均的な収入（平均標準報酬36.0万円）で40年間就業し，妻がその期間すべて専業主婦であった世帯が年金を受け取り始める場合の給付水準であり，上記は2013年4月～9月分の年金額によるもの。
(注3)　夫婦世帯で夫の介護保険料が第6段階となる場合389万円は，夫の年金収入を310万円とし，妻は基礎年金79万円とした場合の合計額。
(注4)　医療保険の現役並み所得は，収入基準の金額（世帯合計520万円，単身383万円）
(注5)　平均的消費支出は，2012年家計調査による。単身世帯は65歳以上の無職単身世帯の消費支出。夫婦世帯は，高齢者世帯（男65歳以上，女60歳以上の者のみからなる世帯で少なくとも1人は65歳以上）のうち世帯主が無職の世帯（世帯人員の平均は2.04人）の消費支出であり，それぞれ2012年平均の一月当たりの消費支出を12倍したもの。
(注6)　生活保護基準額は，一級地1の生活扶助の額と，東京都の住宅扶助の上限額を1年分足し上げた数値。
(注7)　今回の改正では案①が採用された。
〔出所〕　「社会保障審議会介護保険部会（第54回）資料」2013年12月20日。

　一定以上の所得のある高齢者の利用者負担の引き上げ（2割負担）については，懸念すべき点が少なくない。まず，被保険者の中で所得が上位2割に入っている者のみが対象となったが，同じような所得水準であっても高齢者の生活状況はかなり異なることである。貯蓄がどの程度あるかや持家の有無などにより高齢者の生活状況はかなり異なるので，2割の利用者負担になったことによりサービスの利用を抑制する高齢者がかなりの程度出るおそれがあるのである。次に，高齢者医療では自己負担が重くなるのは「現役並み所得」の高齢者が対象で年金収入が383万円以上であるが，介護の線引きは，それよりもかなり低いことである。第3に，今回の改正が介護保険導入以来今日まで堅持されてきた利用者負担1割の原則を大きく崩す第1歩となる可

能性があることである。今後,高所得者と同様に一般の高齢者についても2割の利用者負担を導入する考え方が浮上するおそれがあるし,高所得高齢者への3割の利用者負担導入の考え方が出てくる可能性も否定できないのである。

　一般高齢者の年金収入が高くない現状や,介護保険料の高額化が進んでいることを踏まえれば,今後の利用者負担の動向について,慎重に検討がなされなければならないのである。

(5) 第1号被保険者の介護保険料段階の多段階設定のいっそうの推進と低所得高齢者の保険料軽減の拡大[9]

　介護保険がスタートして以来,第1号被保険者(65歳以上の高齢者)に賦課される保険料の介護給付費に占める割合は各期ごとに1ポイントずつ増加してきた。第1期(2000〜2002年度)が17%,第2期(2003〜2005年度)が18%,第3期(2006〜2008年度)が19%,第4期(2009〜2011年度)が20%,第5期(2012〜2014年度)が21%である。また,第5期の介護保険料段階は6段階が標準となっているが,市町村は自らの判断で,保険料段階の多段階設定と保険料基準額に対する割合の変更を行うことができるシステムになっている。このため,図表5－16のように,第3段階と第4段階に特例段階を設けたり(特例第3段階,特例第4段階),住民税課税層の各段階(第5段階以上)を細かく区分して多段階設定を行っている市町村が多いし,基準額に対する割合の変更も多様に行われている。

　さらに,本書の第4章で示したように,図表5－16を上回って多段階設定を行っている市町村も都市部を中心に少なくない。段階数がきわめて多い市町村をあげれば,埼玉県川口市が18段階(16段階18区分),京都府城陽市と千葉県市川市が17段階となっている。また,最高段階の保険料額の保険料基準額に対する倍率が著しく高いのは,東京都世田谷区(3.2倍,段階数は15段階),東京都中野区(3.0倍,段階数は14段階)である。第4章の図表4－5のように札幌市は8段階10区分を採用している。第3段階,第4段階のほかに,住民税課税層の段階である第5段階にも特例段階を設けて,保険料の軽減措置をとっているのである。また,第8段階を設けて介護保険料額を保険料基準額の2.0倍としているのである。なお,札幌市では介護保険料所得段

**図表5-16　第5期の65歳以上の者の介護保険料段階設定
　　　　　（標準的な段階設定）**

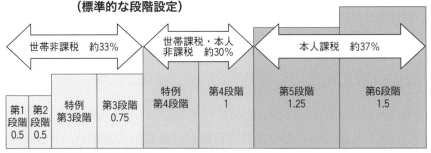

(注1)　第5期は標準6段階である。
(注2)　0.5, 1.25等は第4段階の保険料額（保険料基準額）に乗ずる数値で，これにより各段階の保険料額が求められる。
〔出所〕「社会保障審議会介護保険部会（第54回）資料」2013年12月20日。

階別人口を，**図表4-6**のように推計している。

　2013年度の全国の被保険者数をみてみると（標準6段階の場合），第1段階（生活保護受給者等）が82万人（被保険者数に占める割合が3％），第2段階（世帯全員が住民税非課税かつ本人年金収入等が80万円以下）が484万人（同16％），第3段階（世帯全員が住民税非課税かつ本人年金収入等が80万円超）が380万人（同13％），第4段階（本人が住民税非課税だが世帯に住民税課税者がいる）が901万人（同30％），第5段階（本人が住民税課税かつ所得金額が190万円未満）が717万人（同24％），第6段階（本人が住民税課税かつ所得金額等が190万円以上）が414万人（同14％）である。高齢者の約62％が住民税非課税層になっているのである。

　今回の改正では，所得水準に応じたきめ細かな保険料の設定を行う目的で，また，多くの市町村において保険料の多段階設定が行われている現状を踏まえ，これまでの標準6段階から標準9段階への見直しが行われることになった。これに加えて，これまでと同様に，市町村の判断で保険料段階の多段階設定（9段階を超過する保険料段階の設定）と保険料基準額に対する割合の変更ができるものとされた。

　図表5-17をみてみよう。今回の改正で標準9段階となるが，標準9段階のうち新第5段階が保険料基準額になる。新第6段階から新第9段階までは住民税課税層の保険料段階で，新第6段階が基準額の1.2倍，新第7段階が

図表5-17 今回の改正による65歳以上の者の介護保険料（第6期）段階設定（標準的な段階設定）

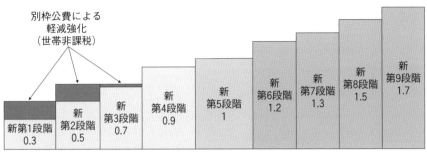

（注1） 今回の改正により標準9段階になる。
（注2） 新第9段階の乗率1.7は、現在の全保険者の最上位段階の乗率の中央値である。
（注3） 新第1段階を7割軽減の0.3とすることから、最上位を7割加算の1.7とするとバランスがよい。
（注4） 新第4段階の乗率0.9は、現在の全保険者の特例第4段階の部分の乗率（特例未実施を含む）の中央値である。
〔出所〕「社会保障審議会介護保険部会（第54回）資料」2013年12月20日。

基準額の1.3倍、新第8段階が基準額の1.5倍、新第9段階が基準額の1.7倍の保険料額となる。第5期の標準段階のもとでは最高段階が基準額の1.5倍の保険料額であったが、これが1.7倍になったのであり、全体的に住民税課税層の高齢者の保険料は基準額に対する比率において高くなったのである。

また、新第1段階から新第3段階までは住民税世帯非課税層である。これまでの第1段階と第2段階を統合して新第1段階がつくられ、基準額の0.3倍が保険料額となる。さらに、これまでの特例第3段階が標準化されて新第2段階となり、新第2段階の保険料額は基準額の0.5倍となる。また、新第3段階が基準額の0.7倍の保険料額となる。新第4段階と新第5段階は世帯課税・住民税本人非課税の高齢者が属するが、新第4段階はこれまでの特例第4段階が標準化されたもので基準額の0.9倍の保険料額となった。このように、住民税非課税層の各段階において保険料の軽減が行われていることが把握できる。しかし、保険料基準額に対する倍率面で下がってはいるものの、第6期の保険料基準額が上昇するだろうことを考慮にいれれば軽減額は微小にとどまるだろう。

このような中、第6期において標準9段階を上回る多段階設定を行う市町村や保険料基準額に対する割合の独自設定を行う市町村がどの程度出るのか

図表5-18　第6期計画期間における1号保険料の各都道府県平均保険料基準額

	第5期保険料基準額(月額) (前回公表数値) (円)	第6期保険料基準額(月額) (円)	保険料基準額の伸び率 (％)
全国1,579保険者	4,972	5,514	10.9%
北海道	4,631	5,134	10.9%
青森県	5,491	6,175	12.5%
岩手県	4,851	5,574	14.9%
宮城県	4,846	5,451	12.5%
秋田県	5,338	6,078	13.9%
山形県	4,784	5,644	18.0%
福島県	4,748	5,592	17.8%
茨城県	4,528	5,204	14.9%
栃木県	4,409	4,988	13.1%
群馬県	4,893	5,749	17.5%
埼玉県	4,506	4,835	7.3%
千葉県	4,423	4,958	12.1%
東京都	4,992	5,538	10.9%
神奈川県	4,787	5,465	14.2%
新潟県	5,634	5,956	5.7%
富山県	5,513	5,975	8.4%
石川県	5,546	6,063	9.3%
福井県	5,266	5,903	12.1%
山梨県	4,910	5,371	9.4%
長野県	4,920	5,399	9.7%
岐阜県	4,749	5,406	13.8%
静岡県	4,714	5,124	8.7%
愛知県	4,768	5,191	8.9%
三重県	5,314	5,808	9.3%
滋賀県	4,796	5,563	16.0%
京都府	5,280	5,812	10.1%
大阪府	5,303	6,025	13.6%
兵庫県	4,982	5,440	9.2%
奈良県	4,592	5,231	13.9%
和歌山県	5,501	6,243	13.5%
鳥取県	5,420	6,144	13.4%
島根県	5,343	5,912	10.6%
岡山県	5,224	5,914	13.2%
広島県	5,411	5,796	7.1%
山口県	4,978	5,331	7.1%
徳島県	5,282	5,681	7.6%
香川県	5,195	5,636	8.5%
愛媛県	5,379	5,999	11.5%
高知県	5,021	5,406	7.7%
福岡県	5,165	5,632	9.0%
佐賀県	5,129	5,570	8.6%
長崎県	5,421	5,770	6.4%
熊本県	5,138	5,684	10.6%
大分県	5,351	5,599	4.6%
宮崎県	5,142	5,481	6.6%
鹿児島県	4,946	5,719	15.6%
沖縄県	5,880	6,267	6.6%

(注1)　5期の宮城県・福島県については、前回公表（平成24年3月）後に設定した被災保険者の保険料で再計算をしているため、前回公表額と一致しない。
(注2)　端数処理等の関係で、各自治体の公表している額と一致しない場合がある。
〔出所〕厚生労働省老健局介護保険計画課資料，2015年4月。

図表5-19　保険者(市町村, 広域連合)の1号保険料基準額(月額)の分布状況

保険料基準額	保険者数	割合
2,501円以上～3,000円以下	2	0.1%
3,001円以上～3,500円以下	4	0.3%
3,501円以上～4,000円以下	20	1.3%
4,001円以上～4,500円以下	91	5.8%
4,501円以上～5,000円以下	334	21.2%
5,001円以上～5,500円以下	457	28.9%
5,501円以上～6,000円以下	456	28.9%
6,001円以上～6,500円以下	155	9.8%
6,501円以上～7,000円以下	47	3.0%
7,001円以上～7,500円以下	8	0.5%
7,501円以上～8,000円以下	3	0.2%
8,001円以上～	2	0.1%
合　計	1,579	100.0%

	全国合計	
	保険者数	割合
第5期から保険料基準額を引き上げた保険者	1,488	94.2%
第5期から保険料基準額を据え置いた保険者	64	4.1%
第5期から保険料基準額を引き下げた保険者	27	1.7%
合　計	1,579	100.0%

〔出所〕厚生労働省老健局介護保険計画課資料, 2015年4月。

が注目される。第5期の保険料では，愛知県の刈谷市は低所得の高齢者の保険料軽減に取り組んだ[10]。東京都世田谷区は最高段階の保険料を保険料基準額の3.2倍にした。さらに北海道の一部の市町村にみられるように，保険料軽減を，市町村予算で行うケースもあった。第5期保険料は全国平均で月額4,972円となり，いよいよ保険料（保険料基準額）が月額5,000円となる時代が到来した。

そして，2015年4月から始まる第6期の保険料はいっそう上昇した。保険者ごとの保険料基準額を平均した額（月額，加重平均）は，第5期が4,972円だったのに対し，第6期は約11％アップの5,514円になった。6,000円を超

図表5-20　1号保険料基準額の高額保険者と低額保険者

保険料基準額の低額保険者　　　　　　　　　　　　　　保険料基準額の高額保険者
（単位：円）　　　　　　　　　　　　　　　　　　　　　　　　　　　　　　　（単位：円）

保険者名		第6期基準額（月額）
鹿児島県	三島村	2,800
北海道	音威子府村	3,000
北海道	中札内村	3,100
福島県	檜枝岐村	3,340
北海道	興部町	3,500
北海道	平取町	
北海道	登別市	3,700
北海道	奥尻町	
北海道	遠軽町	
千葉県	四街道市	
高知県	大豊町	
愛知県	大口町	3,750
北海道	礼文町	3,800
北海道	津別町	
群馬県	草津町	
福井県	池田町	
神奈川県	綾瀬市	3,894
北海道	様似町	3,900
千葉県	酒々井町	
奈良県	御杖村	

保険者名		第6期基準額（月額）
奈良県	天川村	8,686
福島県	飯舘村	8,003
奈良県	黒滝村	7,800
岡山県	美咲町	
福島県	双葉町	7,528
福島県	三島町	7,500
福島県	大熊町	
福島県	葛尾村	
青森県	三戸町	7,450
鹿児島県	瀬戸内町	7,300
青森県	田子町	7,250
高知県	東洋町	7,212
岡山県	吉備中央町	7,200
青森県	南部町	7,000
福島県	楢葉町	
福島県	浪江町	
群馬県	上野村	
山形県	真室川町	6,997
青森県	六戸町	6,980
埼玉県	東秩父村	6,977

〔出所〕 厚生労働省老健局介護保険計画課資料，2015年4月。

過した都道府県は7県で，最大は沖縄県の6,267円，次は和歌山県の6,243円であった（**図表5-18**）。保険料基準額が5,001円以上6,000円以下の保険者が最も多く，保険者全体の約58％を占めた。さらに，6,000円を超過した保険者は保険者全体の13.6％を占め，そう遠くない時期には月額6,000円時代が到来することを予感させている（**図表5-19**）。保険料基準額が最も高かったのは，奈良県の天川村の8,686円，最も低かったのは鹿児島県の三島村の2,800円であった（**図表5-20**）。

また，北海道内の市町村・広域連合の第6期の保険料基準額は5,134円となり，第5期（4,631円）を10.9％上回ることになった。第5期に比べて保険料を引き上げた市町村・広域連合が142，据え置いたのが10，引き下げたのが4であった。北海道の市町村・広域連合の45％にあたる70の保険者が第6期の月額保険料基準額が5,000円以上となっている。最高額は上ノ国町の6,150円，最低額は音威子府村の3,000円であった。このような中，保険料の多段階設定も行われており，最高が15段階の帯広市で，13段階の北見市，江別市がこれに続いている。第6期では，保険料の大幅引き上げを抑えるために，普通会計から財源を投入する保険者も増大しているのである[11]。

（6）低所得の施設利用者の食費・居住費の補助対象の縮小のため，補足給付の中に資産要件を追加する

　現在，低所得の施設利用者の食費・居住費については，利用者負担第1～第3段階の高齢者を対象に，所得に応じた負担限度額が設定されている。そして，標準的な費用額（基準費用額）と負担限度額の差額を介護保険から特定入所者介護サービス費として給付が行われているが，これを補足給付といっているのである。介護保険開始時から第5期までは，このような補足給付の実施に際しては課税所得のみが勘案されており，資産や非課税収入があっても給付の対象になっている。

　しかし，今回の改正では，預貯金が1,000万円超ある単身者や，2,000万円超ある夫婦の場合は補足給付の対象から外された。さらに，施設入所に際して行われることが多い世帯分離については，世帯分離をした場合でも配偶者の所得は勘案するものとし，配偶者が課税されている場合は補足給付の対象外とした。また，給付額の決定にあたっては，非課税年金（遺族年金，障害年金）も収入として勘案されることになった。なお，不動産を勘案することも検討されたが，今回の改正では行わず，引き続き検討されることとなった。

　第5期における補足給付の状況は，次のようになっている。負担軽減となる低所得者は**図表5－21**のとおりである。具体的に特別養護老人ホームのユニット型個室の利用者負担をみてみると（**図表5－22**），利用者負担段階が第2段階の高齢者の場合，居住費が3.5万円，食費が3.0万円の補足給付が行わ

れるために，この高齢者の負担額は5.2万円になる（居住費が2.5万円，食費が1.2万円，利用者負担が1.5万円）。また，特別養護老人ホームの多床室を利用する利用者負担段階が第2段階の高齢者の場合は，食費について3.0万円の補足給付が行われるので，負担額が3.7万円になる（居住費が1.0万円，食費が1.2万円，利用者負担額が1.5万円）。このような高齢者が一定の預貯金や有価証券をもっていると，今回の改正により，ユニット型個室の特別養護老人ホーム入所費が13万円，多床室の特別養護老人ホーム入所費が8万円となるのである。

補足給付の認定者数と補足給付費は次のとおりである（**図表5-23**）。まず，

図表5-21　負担軽減となる低所得者（補足給付）

	主な対象者
第1段階	・生活保護受給者 ・市町村民税世帯非課税の老齢福祉年金受給者
第2段階	・市町村民税世帯非課税であって，課税年金収入額＋合計所得金額が80万円以下
第3段階	・市町村民税世帯非課税であって，利用者負担第2段階該当者以外
第4段階〜	・市町村民税本人非課税であって，世帯に課税者がある者 ・市町村民税本人課税者

（注1）　食費・居住費について，利用者負担第1〜第3段階の者を対象に，所得に応じた負担限度額が設定されている。
（注2）　標準的な費用の額（基準費用額）と負担限度額との差額を介護保険から特定入所者介護サービス費として給付している。
〔出所〕「社会保障審議会介護保険部会（第54回）資料」2013年12月20日。

図表5-22　特別養護老人ホームの利用者負担（補足給付）

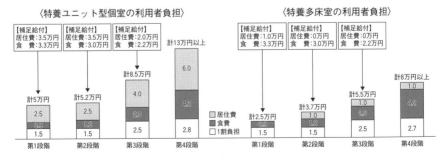

〔出所〕「社会保障審議会介護保険部会（第54回）資料」2013年12月20日。

図表5−23　補足給付の認定者数と給付費

(1)　認定者数（2011年度末）　〈万人〉

		合計	第1段階		第2段階		第3段階	
合計		103	7.3	7%	70	68%	26	25%
	介護老人福祉施設	30	1.9	6%	22	73%	6.6	22%
	介護老人保健施設	16	1.3	8%	11	69%	4.0	25%
	介護療養型医療施設	3.9	0.4	10%	2.6	67%	0.9	23%
	地域密着型老人福祉施設	0.8	0.0	0%	0.6	75%	0.2	25%
	短期入所生活介護等	52	3.7	7%	34	65%	14	27%

(2)　給付費（2011年度）　〈百万円〉

食費		220,392
	介護老人福祉施設	122,449
	介護老人保健施設	63,573
	介護療養型医療施設	14,574
	地域密着型介護老人福祉施設入所者生活介護	3,685
	短期入所生活介護等	16,111
居住費（滞在費）		63,973
	介護老人福祉施設	40,635
	介護老人保健施設	11,562
	介護療養型医療施設	1,080
	地域密着型介護老人福祉施設入所者生活介護	3,488
	短期入所生活介護等	7,208
合計		284,365

（注）　認定者数は，境界層認定の関係で，食費に係る認定数と居住費に係る認定数に若干の相違があるが，万人単位の数字は同じ。
〔出所〕「社会保障審議会介護保険部会（第54回）資料」2013年12月20日。

認定者だが，2011年度末の認定者数は103万人で，第1段階が7.3万人（7％），第2段階が70万人（68％），第3段階が26万人（25％）となっていて，第2段階に属する高齢者が多い。次に，補足給付費については，食費が2,203億9,200万円，居住費が639億7,300万円，合計2,843億6,500万円である。特別養護老人ホームに入所している高齢者への補足給付費が57％（1,630億8,400万円），続いて老人保健施設利用高齢者の補足給付費が26％（751億3,500万円）を占めている。

では，高齢者の貯蓄等の状況はどうであろうか。高齢者単身世帯の貯蓄等の保有状況は，収入が150万円未満の世帯で貯蓄等が1,000万円以上の世帯の占める割合は11％，収入が150万円〜200万円の世帯で貯蓄等が1,000万円以上の世帯の占める割合は25％であった。また高齢者夫婦世帯の場合は，収入200万円未満の世帯で貯蓄等が2,000万円以上の世帯の占める割合は約8％，200万円以上300万円未満の世帯では約12％であった[12]。さらに，年金の受給状況をみると（**図表5−24**），老齢年金受給者（65歳以上）のうち年金額（年額）が100万円未満が43.3％，150万円未満が59.3％，遺族年金額（年額）については，100万円未満が47.4％，150万円未満が79.7％であった。障害年金

額（月額）については，月10万円未満が90.7％を占めていた。

このような補足給付の見直しにより，約700億円の給付費削減効果，65歳以上の者の保険料1人当たりでは月額37円の保険料軽減の効果をもつものと，厚生労働省は試算している。

しかし，今回の改正には問題点が少なくない。果たして実務的に住民の預貯金，有価証券の把握が十分に行われるのかについて疑義があるのである。市町村には住民の預貯金や有価証券に関する情報はないし，情報を十分に把握する能力も手段ない。これでは，利用者の申告に頼らざるを得なくなるのであり，利用者間の公平性の確保が危うくなることが懸念されるのである。保険料軽減効果は決して高くはないだけに慎重な検討が求められるのである。

図表5-24　年金の受給状況

(1)　老齢年金受給者の公的年金の受給状況　〈人〉

年金額（年）	50万円未満	50～100万円	100～150万円	150～200万円	200～250万円	250～300万円	300～350万円	350万円以上	合計
老齢年金受給者（65歳以上）	1,482	4,146	2,078	1,601	1,723	1,266	484	198	12,978
	11.4%	31.9%	16.0%	12.3%	13.3%	9.8%	3.7%	1.5%	

(2)　遺族年金の受給状況　〈千人〉

年金額（年）	50万円未満	50～100万円	100～150万円	150～200万円	200万円～	合計
遺族年金受給者（65歳以上）	896	888	1,217	655	106	3,762
	23.8%	23.6%	32.3%	17.4%	2.8%	

(3)　障害年金の受給状況　〈千人〉

年金額（月）	～6万円	6～8万円	8～10万円	10～12万円	12～14万円	14～16万円	16～18万円	18万円～	合計
障害年金受給者（65歳以上）	4	183	240	14	11	8	5	6	471
	0.8%	38.9%	51.0%	3.0%	2.3%	1.7%	1.1%	1.3%	

（注）　基本データは老齢年金受給者実態調査（2011年無作為抽出による調査），遺族年金受給者実態調査（2010年無作為抽出による調査），障害年金受給者実態調査（2009年無作為抽出による調査）である。
〔出所〕「社会保障審議会介護保険部会（第54回）資料」2013年12月20日。

（7）居宅介護支援事業所の指定権限を市町村に移す

現在，大都市等の特例により，指定都市と中核市については，居宅介護支援事業者の指定権限が移譲されているが，今回の改正により，指定都市，中

核市以外の市町村にも，都道府県から指定権限が移譲されることになった。これについては，介護保険の第7期（2018年4月1日）から施行されることになっている。

(8) 高齢者用サービス付き住宅に居住地特例を入れる

　介護保険では高齢者が居住する市町村が保険者になるが，介護保険施設等（特別養護老人ホーム，老人保健施設，介護療養型医療施設，有料老人ホーム，軽費老人ホーム，養護老人ホーム）の所在する市町村の1号保険料が高くなるなど介護保険財政に影響が及ぶため，特例として，入所者が入所前にいた市町村の被保険者になるしくみである住所地特例が設けられている。これまでは，サービス付き高齢者向け住宅は有料老人ホームに該当する場合でも住所地特例が適用されていないが，今回の改正では，このようなサービス付き高齢者向け住宅が所在する市町村の介護保険財政に配慮し，また，その他の有料老人ホームとの均衡を踏まえ，有料老人ホームに該当するサービス付き高齢者向け住宅についても，住所地特例の対象とすることになった。例えば，A村に自宅があり，B市の有料老人ホームに該当するサービス付き高齢者向け住宅に入所している高齢者の場合，今回の改正後，住所はB市で住民税納税はB市，行政サービスもB市だが，介護保険の保険者はA村，介護保険料，介護給付ともにA村となるのである。

　なお，これまでの住所地特例では，保険者が転居前の市町村であることから，対象者は，これまで転居後の市町村（住所地の市町村）が提供する地域密着型サービスや地域支援事業を利用できなかったが，今回の改正により，住所地特例の対象者にかぎり，住所地市町村の指定を受けた地域密着型サービスや住所地市町村の地域支援事業を利用することができることとされたのである。

地域包括ケアシステムの構築について

　今回の地域医療・介護総合確保推進法案では，2025年を目途に，地域包括ケアシステムの構築を実現したいとしている。つまり，団塊の世代が75歳以

上になる2025年を目途に，重度な要介護状態となっても高齢者が住み慣れた地域で最後まで暮らし続けることができるようにすること，今後認知症高齢者の大幅な増加が見込まれるため認知症高齢者の地域での生活を支えるようにすること，今後高齢化がいっそう進むが75歳以上の高齢者が急増する大都市部，75歳以上人口の増加は緩やかだが人口は減少する町村部という具合に高齢化の進展状況には地域差が大きいため，市町村や都道府県が地域の特性に応じたシステムを構築することが必要なこと，以上のことにより地域包括ケアシステムが重要になるのであり，2025年を目途に地域包括ケアを完成させたいとしているのである。

では，地域包括ケアシステムとは何か。介護保険の第5期に向けた2011年の介護保険法の改正では目立った改正は行われなかったが，地域包括ケアが強調されたことが注目された。地域包括ケアとは要約して述べれば，高齢者が自宅や地域で安心して暮らし続けることができるようにするために，介護サービス，保健・医療サービス，福祉サービス，インフォーマルサービスを有機的に結びつけることによって，高齢者のニーズや状態の変化に対応するトータルなケアサービスのことである。そして，このようなフォーマルとインフォーマルを包括する各種サービスの有機的な連携を通じて，施設ではなく在宅での暮らしを高齢者に徹底しようという考え方になっている。地域包括ケアシステムは，おおむね30分以内に必要なサービスが提供される日常生活圏域（具体的には中学校区）を単位として想定されている。

しかし，実際には課題が多い。例えば，健康管理や療養指導などを継続的に行えるようにするには地域での医療サービスや往診体制，訪問看護サービスの充実を図ることが必要になると思われるが，現状では，在宅医療についての診療報酬が引き上げになり都市部では訪問診療が進みつつあるが，町村部を中心に訪問診療の人的な資源に限界があることや，在宅医療に対する医師の意識の問題等があり，在宅医療を行うことが難しい地域が少なくない。また，地域包括ケアの重要な一翼を担うと期待されている訪問看護サービスについても，担い手不足や訪問介護に比べて高い利用料金がネックになっているのが実情である。24時間対応型随時訪問介護サービスを提供する事業者については，一部の都市にしかいないのが現状である。さらに，相談，安否

確認，声かけ，見守りなどの地域福祉にかかわる住民活動については，その活動の質・量において自治体間で大きな差があるし，同一自治体の中でも地域による差が大きいケースがみられる。また，都市部では町内会の加入率が低下して5割を切っている地域があるし，農村部では過疎化が進み，集落の人口が極少数になって町内会が維持できない地域も多くなっている[13]。

そして，重要なことは，地域包括ケアを担う中核部分と期待されている地域包括支援センターについては，関係する団体や組織とのネットワーク形成や地域のニーズ調査，地域の課題把握，地域ケア会議の実施など多様な役割が求められているが，果たして地域包括支援センターがこのような役割の多くを担うことができるのかどうかである。地域包括ケアが導入されたことによって，地域包括支援センターは，2006年の開設時のような予防プラン作成や介護予防の取り組み，総合相談の実施と関係機関との連携，権利擁護事業の取り組み，ケアプランをつくるケアマネジャーへの指導・助言などを主な任務とするものから大きく変化した。しかし，現状では自治体の中には地域包括支援センターの運営を民間に丸投げしているところもあるし，自治体直営の地域包括支援センターの場合でも特定の保健師に任せきりにしているケースもある。また，予防プランづくりにのみ追われたり，権利擁護事業への取り組みが希薄な地域包括支援センターも存在する。

このような地域包括支援センターの運営内容の自治体間の差異が目立つ状況の中で，地域包括ケアの導入により，地域包括支援センターは，在宅医療や訪問看護が継続して必要な要介護度の高い高齢者から，例えばごみ処理が苦手で「ゴミ屋敷」の住民になってしまった要介護認定で「自立」の1人暮らしの男性高齢者，ならびにその近隣住民や町内会，NPOまでを対象にしなければならなくなったのである。そのことは，在宅医療を展開する医師から高齢者，近隣住民や町内会，NPOまでを対象としてかかわらなければならないことを意味している。そして，さまざまな団体や組織，個人との幅広い連携が求められ，その核に地域包括支援センターがなることが期待されている。要するに，地域包括ケアではまちづくり的なことが期待されているのであり，したがって，市町村は地域包括支援センターをまちづくりの重要な要素として位置づける必要があるのである。そこで，職員体制の見直しや職

員の意識改革，市町村の積極的な取り組み姿勢と意欲，財源面での支援が重要になるのである。

　さまざまな団体や組織，個人との幅広い連携の核となり，コーディネートの役割を果たす機能が地域包括支援センターに求められるのであれば，地域包括支援センターは市町村直営で運営する必要があるだろう。コーディネートの役割を民間にゆだねても成果が上がるとは思えない。実際，筆者は，この間，各地域でのシンポジウムや民間の関係職員（医師，看護師，保健師，MSW，社会福祉士など）との話し合いを通じ，コーディネートの役割やネットワークの核となる部分は市町村が担うべきであるとの意見を多数聞いてきた。地域包括ケアについて，市町村は民間に丸投げすることなく創意工夫を行って政策形成を行うべきであるし，財源をしっかりと振り向けることが大切である。さらに，地域包括支援センターの職員体制の大幅な見直しや，地域包括支援センターの職員の意識改革が必要である。また，市町村の各部門の担当者の意識改革も不可欠で，縦割りを超えて活動する気構えをもつとともに，しなやかに発想する伸びしろのある職員像が求められているのである。

　現時点では，地域包括支援センターの運営方法や地域包括ケアの内容については，まずごく一部の市町村や地域での優れた実践が注視されるべきであろう。そして，それ以外の多くの地域では，地域の実態と課題把握に努めるとともに，連携の工夫と，在宅医療を担う医師・訪問看護師等の確保など，各種サービスの担い手や事業者の確保に力点がおかれるべきであろう。現在，2006年の開設時の地域包括支援センターの役割をそのまま踏襲して予防プランセンターになっている地域包括支援センターが少なくない。地域包括支援センターの職員や市町村職員は地域包括支援センターの新しい役割をしっかりと認識することが必要である。そして，今現在，何ができ，何ができないかをしっかりと見きわめ，自らの力量や地域の人的資源の状況を直視することが重要なのである。

　なお，地域包括ケアを考える際に留意すべきことは以上の点だけにとどまらない。根本的な問題が横たわっている。つまり，これまで高齢者夫婦だけの世帯では夫婦のどちらかが要介護2以上になった場合，介護する側の状況をも考えれば在宅では厳しくなるといわれてきた[14]。そのような認識や状況

があるにもかかわらず，今日，地域包括ケアによって在宅が奨励されていることをどのように考えたらよいのだろうかという問題が存在している。果たして地域包括ケアが進むと家族の負担は本当に軽減されるのか，どれくらい軽減されるのだろうか。そこのところがはっきり示されてこないと，地域包括ケアは割高な施設給付費や医療費の単なる抑制策になってしまうおそれがある。今後，やや長いスパンで，地域包括ケアの動向や，市町村の取り組みに注目し続けなければならないのである[15]。

5 2014年秋の消費税増税延期と低所得高齢者の介護保険料軽減策の大幅な縮小

　2014年秋の消費税の8％から10％への増税延期の余波はかなり大きいということができる。というのは，増税分を活用した低年金対策や無年金対策が凍結されるとともに，介護の充実策が大幅に縮小されて実施されることになったからである。

　2015年度予算案では，社会保障費が一般会計総額の3割を占め，過去最大の31兆円台に達した。保育所定員の拡大や学童保育の拡充などの子育て支援，市町村国保における都道府県移管を見据えた共同事業の拡充，大学生への奨学金の拡充など，2015年度の社会保障予算には評価すべき点が少なくないが，高齢者と低所得者には冷たい予算になってしまったのである。

　当初，政府は，消費税を8％から10％に増税し，社会保障充実策に消費税，地方消費税の増税分として1兆8,000億円を投ずる予定であった。しかし，消費税増税の延期により，投入額は1兆3,600億円（国負担額6,963億円，地方負担額6,564億円）に減少した。その結果，子ども・子育てや市町村国保の支援などについては予定通り施策が実施されることになったが，低所得高齢者の介護保険料軽減策の大幅な縮小，低年金対策と無年金対策の凍結が行われることになった。

　介護保険料（2015年4月からの第6期1号保険料）については，増税分から1,300億円を投じて高齢者の約3分の1を占める世帯非課税者の保険料軽減を行う予定だったが，約1,000億円減の220億円の投入にとどまった（国負担110億円，地方負担110億円）。保険料軽減の対象者数は1,100万人から650

万人に減少するとともに,軽減割合も減少した。低年金対策については,1,900億円を充当して所得の少ない年金受給者に毎月5,000円の上乗せ措置を実施する予定であったが見送られた。無年金対策については,75億円を計上して年金を受給するのに必要な保険料支払い期間の短縮（25年から10年へ）を図ろうとしたが,これも見送りとされた。

　低所得者の介護保険料軽減に税金（公費）を投入することは画期的なことであり,評価できるものである。しかし,対象者数と軽減額を大幅に圧縮したため,効果的な施策にはならなくなってしまった。厚生労働省は,低年金対策や無年金対策も含め,2017年度の10％増税時には施策を必ず実施すると表明しているが,当然のことである。ただし,対象となる高齢者の場合,厳しい生活を送っている者がほとんどであることを考えれば,増税の延期による不足分4,400億円程度の金額ならば,新規国債発行や他経費の圧縮で対応し,予定通り実施することも可能だったのではないだろうかと,筆者は考えている。

　さらに,2015年度予算案では,住宅扶助と冬季加算などの生活保護費の削減や,介護報酬のマイナス改定なども行われる。かつての民主党政権下での「子ども手当」（マニフェストでは月2万6,000円）に代表される「ばらまき福祉」は,現金給付から現物給付へという近年の流れに逆行し,しかも金額が莫大（文教予算や防衛予算よりもはるかに多い）で持続可能性に乏しく国民に不評であったが,自民党の安倍政権下で弱者への厳しい対応が続いていることも大いに問題なのである。

6 今後の高齢者介護の展望

　現在,日本は,国と地方をあわせて1,000兆円を超過する長期債務残高（2014年度末）を有し,国の財政再建が重要な課題になっている[16]。さらに,1990年代後半以降今日にかけて,社会保障給付費と社会保険料収入のかい離が大きくなってきている。1997年度の社会保障給付費が69.4兆円,社会保険料収入が54.8兆円であったのに対し,2010年度の社会保障給付費は104.7兆円,社会保険料収入は58.5兆円となっているのである。高齢化の進行により社会保

障給付費が伸びる中で，社会保険料収入の伸びが明らかに鈍化しているのである。その差を埋めるのは租税と患者負担（利用者負担）である。

　そして，すでに述べたように，2000年度に介護保険がスタートした当初の介護の総費用は3.6兆円であったが，高齢化が進んだために2013年度の介護の総費用は2.7倍の9.4兆円に増大している。このような中で，介護保険料（1号保険料月額，加重平均）が増加し，第1期の2,911円が第5期には4,972円に上昇している。また，介護保険財政への国，都道府県，市町村の負担分も増大している。

　今後の少子高齢化や，国の財政再建を考えれば，なるほど社会保障サービスの効果的・効率的な提供や給付面での工夫は必要なことではあるけれども，歳入面での対応がより重要になっているということができる。そこで，将来の軽減税率導入を視野にいれながら消費税の増税を行っていくことや，個人所得税等の直接税改革が模索されなければならないのである。

　さらに，保険から税に切り替える中で増税を考えることも重要である。とくに，介護や後期高齢者医療といったlong-term insuranceの税への切り替えが検討されなければならない。近年，日本では国民負担率の中で社会保障負担率が上昇する反面，租税負担率が低下している。1990年度の国民負担率は38.7％（租税負担率27.4％，社会保障負担率11.3％），2008年度が40.6％（租税負担率24.3％，社会保障負担率16.3％）となっているのである。個々人が負担しなければ給付に結びつかないのが社会保険であり，社会共通の費用をまかない社会連帯に結びつくのが租税であるとほぼいってよいであろう。保険では低所得者対策の不足や保険料未納者のペナルティなどが生じがちになる。また，20歳からの保険料徴収を強く求める意見が出されているし，高額所得高齢者への介護保険料の大幅な引き上げなどが行われている。しかし，理念がないまま，もっぱら財政の都合で当面をしのぐためになし崩し的にされたのでは，介護保険への国民の安心感は得られない。安心のセーフティネットを構築するためには，租税負担率の上昇こそが必要であり，とくに，ほころびの目立つ介護保険については，北欧諸国で採用されている税方式への転換が意味をもつだろう。

　現在，患者の窓口負担や介護の利用料負担，民間の各種保険への加入など，

国民負担率にあらわれない国民の負担が増大している。こうした利用者負担はある程度は必要であるが、基本的には「自助」の拡大ではない方向性が打ち出されるべきである。一定水準以上の社会保障がめざされるのならば、国民負担率の上昇は避けられないことが明確化されなければならないのである。今日、揺らいでいるセーフティネットを強固なものに張り替えるためにも、また国の財政再建のためにも歳入や国民負担率上昇の議論がなされなければならないのである。

　2014年4月に消費税が8％になったが、消費税は医療や介護の国負担分など国の社会保障費に充当されてはいるものの、医療や介護の全体の改善や充実に使われているわけではない。さらに、2014年秋の消費税増税（8％から10％への増税）延期の決定は、結果的に介護等の改善・充実を遅らせることになった。今後は、医療制度や介護制度の改善・充実に消費税が使われるようなシステム改革が求められているといえるのである。

　なお、介護については、今後のやり方次第では、強固な内需型産業に発展する可能性を秘めていることを指摘しておきたい。今日、グローバリゼーションが進んでいる。そして、たとえ経済成長が進んだとしても、国民にその果実がいきわたらないケースが生まれている。リストラが横行し、非正規労働者が増大していることからも、それは明らかである。今後、安い労働力の活用や消費地に近いところでの生産の推進のために、工場を海外に移転する企業はさらに増大するだろう。そこで、これまでよりも雇用面で輸出型産業に頼れる部分はいっそう少なくなるだろう。したがって、雇用確保のためにも強固な内需型産業が作り出されなければならない。

　強固な内需型産業になる可能性をもつものには、福祉・医療、観光、農産加工（6次産業）、新エネルギーなどをあげることができる。福祉・医療は診療報酬や介護報酬に依存し、農産加工はTPPとの関連の中で課題があり、新エネルギーは原子力発電への政府・企業・国民の姿勢によってその量的必要性や発展可能性が変わってくるなど、それぞれ課題があるが、この中で介護は最も有望なものの1つである。というのは、高齢化の進行とともに、介護は大都市や農山漁村問わず日本全国いたるところでニーズがあるからである。

したがって，今後，介護労働者の処遇改善が継続的，計画的に行われるのならば，日本において介護は有望な内需型産業に発展する可能性があるのである。そうなれば介護は雇用面にも貢献するだろうし，過疎地域の人口減少にも一定程度の歯止めをかける役割をもつことができるだろう。スウェーデンやフィンランドなどの北欧諸国においてもグローバリゼーションの流れが進み，大企業の工場の海外移転や農村地域から都市への人口移動が進んでいるが，介護や医療における雇用の充実（その多くが正規雇用，フルタイム雇用）が勤労世代の失業率を低下させるとともに，農村から都市への人口移動割合を低く抑え，さらに，そのことが農村自治体の高齢者比率が高くなることを抑制するように機能している[17]。

　今日，日本では，少子・高齢化の状況を逆手にとって，新しい雇用の取り組みが求められているのである。介護を有力な内需型産業として育てていく視点が求められているのである。税制，財政再建，社会保険料，社会保障制度，雇用，地域振興を相互に関連づけながら，10年後の日本のあるべき姿を大いに議論すべきときにきていることを実感する。それはとりもなおさず，内需型産業をどのように育て，税と社会保険料の関係をどのように整理・再構築するのか，所得再分配をどのように考え，セーフテイネットをどのように張りめぐらせればよいのかを，真摯に考察することであるということができよう。

注

1) 今回の介護保険制度の改正案の主な内容については，以下の資料を参照した。社会保障審議会介護保険部会（第53回）資料，2013年11月27日，社会保障審議会介護保険部会（第54回）資料，2013年12月20日，全国介護保険・高齢者保健福祉担当課長会議資料，2014年2月25日。
2) 内閣府『高齢社会白書（平成26年版）』2014年7月を参照。
3) 社会保障審議会介護保険部会（第54回）資料，2013年12月20日。
4) 注2)に同じ。
5) 注2)に同じ。
6) 注3)に同じ。
7) 注2)に同じ。
8) 注1)に掲げた3つの資料を参照。

9) 第5期における第1号被保険者の介護保険料の多段階設定についての詳細は，本書の第4章を参照のこと。また，横山純一「高齢者介護と地方自治体の課題——介護保険料問題と地域包括ケアに焦点をあてて——」日本地方自治学会編『参加・分権とガバナンス』2013年11月，敬文堂を参照。
10) 2013年3月に愛知県の市町村を対象に筆者が行った介護保険料に関するアンケート調査による。本書第4章を参照のこと。
11)「北海道新聞」2015年4月11日朝刊。
12) 注3）に同じ。基本データは2009年全国消費実態調査と2010年国民生活基礎調査である。
13) 筆者が産業面や福祉面などでまちづくりに長くかかわってきている北海道内のA市とB市（いずれも札幌市近郊の市），C市（地方中核市），D市（過疎化が進んでいる市）の事例。
14) 近年，筆者が行った複数のケアマネジャーからのヒアリングによる。
15) 筆者は2015年度に地域包括ケアに関する市町村調査を行う予定である。
16) 財務省『日本の財政関係資料』2014年10月。
17) 横山純一『地方自治体と高齢者福祉・教育福祉の政策課題—日本とフィンランド』第5章，第6章，2012年3月，同文舘出版。

第6章 市町村国保財政の現状と国保の都道府県移管の課題

1 問題の所在

　市町村が現在運営している国民健康保険（以下，市町村国保と略す）の都道府県への移管（国保保険者の都道府県移行）が，2018年4月に実施されることになった。2015年1月13日に，政府は医療保険制度改革の骨子を決定し，その中で，2015年度から市町村国保への財政支援を1,700億円拡充することや，後期高齢者医療制度において最大9割軽減している保険料の特例措置を2017年度から原則廃止すること，後期高齢者医療制度への現役世代の支援金において所得に応じて負担額を決める総報酬割を2017年度から全面導入すること，総報酬割の全面導入によって捻出できる国費（2,400億円）のうち1,700億円を市町村国保の財政支援に充当して2017年度に市町村国保への財政支援を3,400億円に拡充することなどとととともに，2018年度に市町村国保を都道府県に移管する（国保の財政運営の責任主体を都道府県とする）ことが示されたのである。そして，2015年1月下旬に始まった通常国会に，関連法の改正案が提出されたのである[1]。

　国民健康保険には国民健康保険組合と市町村国保の2種類があるが，加入者のほとんどが市町村国保である。2012年3月末現在，国民健康保険組合の加入者が312万人なのに対し，市町村国保は3,520万人となっているのである[2]。市町村国保の加入者は1970年ころまでは自営業者や農林水産業者が主体であったが，近年は年金生活者等の無職の者や非正規雇用の者が増加し，自営業者や農林水産業者の数をはるかにしのいでいる。また，市町村国保では加入者の平均年齢が高いため医療費が膨らみやすい。このため，赤字補てんの法定外繰入を行う市町村が少なくなく，市町村国保の財政基盤は脆弱である。

このような市町村国保の状況に対し，これまで対策が打たれてこなかったわけではない。高額医療費共同事業や保険財政共同安定化事業の実施，国庫支出金，都道府県調整交付金の交付等を通じて，市町村国保が抱える財政問題への対応がなされてきた。つまり，広域的な取り組みや都道府県の役割強化で，医療費負担の多い市町村の負担軽減や，小規模市町村の財政上のリスク回避等がある程度図られてきたのである。さらに，後に詳しく述べるように，2015年度からは保険財政共同安定化事業のいっそうの拡大が予定されている。しかし，今回の国保保険者の都道府県への移行の実施は，このような措置を超えて，財政運営の責任を担う主体（保険者）を都道府県にすることにより，財政規模を拡大し，財政基盤の安定を図ることがめざされているところに大きな特徴があるといえるのである。

　市町村国保の都道府県移管後の都道府県と市町村の役割は，おおよそ次のようになる。つまり，都道府県は国民健康保険財政の安定や医療提供体制の充実に，市町村は保険料（税）の徴収，資格管理，保険給付の決定，健康づくりに，それぞれ責任をもつとともに，都道府県には地域医療構想の策定や地域の実情に見合った医療提供体制の構築，地域包括ケアの実現努力が求められているのである。

　さらに，保険料（税）については，都道府県移管後もすべての市町村で一律の保険料（税）とはせずに，都道府県が市町村の集めるべき保険料（税）の総額を分賦金として割り当て，市町村は割り当てられた分賦金を踏まえて加入者から保険料（税）を徴収する。その際に，都道府県は，人口，年齢構成，医療費，所得水準などを考慮して，市町村ごとの保険料（税）の目安を示すことになっている。さらに，医療費抑制の努力によって医療費が削減された市町村や，保険料（税）納付率が高い市町村に対しては1人当たりの保険料（税）を下げることができる仕組みを導入するなど，移管後も地域差を認める仕組みとなっているのである。

　本章の目的は，市町村国保の抱えている問題を明らかにすることとともに，近年の共同事業（保険財政共同安定化事業など）と市町村国保の都道府県移管の仕組みを分析する。そして，そのうえで市町村国保の都道府県移管にかかわる課題を抽出し，今後の展望を示すことである。

そこで，本章では，まず，市町村国保の構造と特徴を概観した上で，市町村国保の加入者と保険料（税）の分析を行う。次に，市町村国保の財政状況について考察する。さらに，2012年4月5日に成立した国民健康保険法の改正（「国民健康保険法の一部を改正する法律」2012年4月6日公布，さかのぼって同年4月1日から施行）の概要を明らかにするとともに，2015年4月から実施される保険財政共同安定化事業の拡大や高額医療費共同事業，都道府県調整交付金について考察する。そのうえで，2015年1月下旬の法案に影響を及ぼした国保基盤強化協議会の2014年8月8日の「中間整理」を取り上げ，市町村国保の都道府県移管における都道府県と市町村の財源面での役割分担について検討する。そして，このような国保基盤強化協議会の「中間整理」を，保険者がどのように評価しているのかについて，北海道の市町村・広域連合の考え方を明らかにする。さらに，2018年度の市町村国保の都道府県への移管に伴う国の財政支援策や都道府県への移管にかかわる課題と展望について述べていくことにしたい。

2 市町村国保の構造と特徴

(1) 日本の公的医療保険の現状

　まず，日本の公的医療保険の現状についてみてみよう。2012年3月末現在の加入者数は1億2,887万人である[3]。

　図表6-1は，国民健康保険のうちの国保組合（加入者数312万人）や，船員保険（同13万人）などを除いた公的医療保険を示している。加入者数が多いのが市町村国保で，加入者数は3,520万人（2,036万世帯），保険者数は1,717である。協会けんぽが3,488万人（被保険者1,963万人，被扶養者1,525万人）でこれに続いている。組合健保は2,950万人（被保険者1,555万人，被扶養者1,395万人），共済組合は919万人（被保険者452万人，被扶養者467万人）である。

図表6-1　各保険者の比較

	市町村国保	協会けんぽ	組合健保	共済組合	後期高齢者医療制度
保険者数 （2012年3月末）	1,717	1	1,443	85 （2011年3月末）	47
加入者数 （2012年3月末）	3,520万人 （2,036万世帯）	3,488万人 被保険者1,963万人 被扶養者1,525万人	2,950万人 被保険者1,555万人 被扶養者1,395万人	919万人 被保険者452万人 被扶養者467万人 （2011年3月末）	1,473万人
加入者平均年齢 （2011年度）	50.0歳	36.3歳	34.1歳	33.4歳 （2010年度）	81.9歳
65～74歳の割合 （2011年度）	31.4%	4.7%	2.5%	1.6% （2010年度）	2.8%（※2）
加入者1人当たり 医療費 （2011年度）	30.9円	15.9円	14.2円	14.4円 （2010年度）	91.8円
加入者1人当たり 平均所得（※3） （2011年度）	83万円 1世帯当たり 142万円	137万円 1世帯当たり（※4） 242万円	198万円 1世帯当たり（※4） 374万円	229万円 1世帯当たり（※4） 467万円 （2010年度）	80万円
加入者1人当たり 平均保険料 （2011年度）（※5） 〈事業主負担込〉	8.2万円 1世帯当たり 14.2万円	9.9万円〈19.7万円〉 被保険者1人当たり 17.5万円〈35.0万円〉	10.0万円〈22.1万円〉 被保険者1人当たり 18.8万円〈41.7万円〉	11.2万円〈22.4万円〉 被保険者1人当たり 22.7万円〈45.5万円〉 （2010年度）	6.3万円
保険料負担率（※6）	9.9%	7.2%	5.0%	4.9%（2010年度）	7.9%
公費負担 （定率分のみ）	給付費等の50%	給付費等の16.4%	後期高齢者支援金等の負担が重い保険者等への補助（※8）	なし	給付費等の約50%
公費負担額（※7） 2013年度予算ベース	3兆4,392億円	1兆2,065億円	288億円		6兆5,347億円

(※1) 協会けんぽ，組合健保及び後期高齢者医療制度については速報値である。
(※2) 一定の障害の状態にある旨の広域連合の認定を受けた者の割合である。
(※3) 市町村国保および後期高齢者医療制度においては，「総所得金額（収入総額から必要経費，給与所得控除，公的年金等控除を差し引いたもの）及び山林所得金額」に「雑損失の繰越控除額」と「分離譲渡所得金額」を加えたもの。
市町村国保は「国民健康保険実態調査」，後期高齢者医療制度は「後期高齢者医療制度被保険者実態調査」によるもので，それぞれ前年の所得である。
協会けんぽ，組合健保，共済組合については「加入者1人当たり保険料の賦課対象となる額」（標準報酬総額を加入者数で割ったもの）から給与所得控除に相当する額を除いた参考値である。
(※4) 被保険者1人当たりの金額を表す。
(※5) 加入者1人当たり保険料額は，市町村国保・後期高齢者医療制度は現年分保険料調定額，被用者保険は決算における保険料額をもとに推計。保険料額に介護分は含まない。
(※6) 保険料負担率は，加入者1人当たり平均保険料を加入者1人当たり平均所得で除した額。
(※7) 介護納付金および特定健診・特定保健指導，保険料軽減分等に対する負担金・補助金は含まれていない。
(※8) 共済組合も補助対象となるが，2011年度以降実績なし。

〔出所〕厚生労働省保険局国民健康保険課「全国高齢者医療・国民健康保険主管課（部）長及び後期高齢者医療広域連合事務局長会議，厚生労働省保険局国民健康保険課説明資料」2014年2月17日。

2008年4月からスタートした後期高齢者医療制度は75歳以上の全国民を対象とするもので，加入者数は1,473万人である。後期高齢者医療制度が設立される以前には，市町村国保に加入している後期高齢者が多かったため，後

期高齢者医療制度の成立によって市町村国保加入者は大幅に減少した[4]。

（2）市町村国保の構造と特徴

　市町村国保は次のような構造と特徴を有している（**図表6-1**)[5]。
　まず，高齢者（65～74歳の前期高齢者）の加入が多く，年齢構成が高いことである。加入者の平均年齢は50.0歳，加入者のうち65～74歳が31.4％で，加入者の3人に1人が前期高齢者である。これに対し，組合健保の加入者の平均年齢は34.1歳で，加入者のうち65～74歳の割合は2.5％である。協会けんぽ，共済組合についても，加入者の平均年齢は30代半ば，65～74歳の割合は5％未満である。
　次に，年間医療費（加入者1人当たり）が高いことである。市町村国保の加入者1人当たり医療費は30.9万円と他の公的医療保険の2倍となっている。
　3つ目は市町村国保の加入者の所得水準が低いことである。市町村国保の加入者1人当たりの平均所得は83万円（1世帯当たり142万円）で，他の公的医療保険加入者よりもかなり低い。共済組合が229万円（1世帯当たり467万円），組合健保が198万円（同374万円），協会けんぽが137万円（同242万円）である。これは，市町村国保には無職世帯の割合が高いなど加入者構成によるところが大きいのである。
　4つ目は，保険料（税）負担率（加入者1人当たり平均保険料（税）を加入者1人当たり平均所得で除した額）が高いことである。市町村国保の加入者1人当たり平均保険料（税）は8.2万円（1世帯当たり14.2万円）で，組合健保や協会けんぽ等よりもやや低い（事業主負担を含まない場合の組合健保は加入者1人当たり10.0万円，被保険者1人当たり18.8万円）。しかし，市町村国保では加入者の所得水準が低いため，保険料（税）負担率は，組合健保が5.0％，協会けんぽが7.2％，共済組合が4.9％なのに対し，市町村国保は9.9％と高くなっているのである。
　5つ目は，保険料（税）の収納率が低下していることである。1961年度以降2012年度まででみた場合，収納率（全国平均）は2007年度まで一貫して90％台を維持していたが，2008年度に80％台に落ち込み，それ以降はずっと80％台で推移してきた。2013年度には全国平均で90.42％となり，かろうじて

90％台に回復したものの以前の水準には到達していない[6]。

6つ目は，小規模な保険者が多いことである。市町村国保の保険者数1,717のうち被保険者数3,000人未満の小規模な保険者が422と4分の1を占めている。とくに北海道では，小規模保険者の割合が高く，157保険者のうち87保険者が被保険者数3,000人未満の小規模保険者で，その割合は55.4％にのぼっている（2012年度末）[7]。このような小規模保険者の場合，高額医療が発生すれば財政運営が不安定になるリスクが高くなるのである。

7つ目は，市町村国保の財政の脆弱性を反映して，市町村における法定外繰入（市町村の一般会計から国保特別会計に入る法定外の繰入金）が多いことである[8]。2012年度の法定外繰入額は約3,900億円で，このうち，単年度の決算補てんを目的とするものが1,470億円，保険料（税）の負担緩和を図る目的のものが1,087億円となっている。さらに，単年度収支差でみると，赤字保険者の比重が高く，全保険者に占める赤字保険者の割合は47.7％（1,717保険者中819保険者）となっている。また，繰り上げ充用額（1会計年度経過後に至って歳入が歳出に不足するときは翌年度の歳入を繰り上げてこれに充てること）は1,200億円にのぼっている。

8つ目は，所得（保険料（税）収入），高齢者（医療需要）が地域的に偏在しているため，1人当たり医療費，1人当たり所得，1人当たり保険料（税）の地域格差が生じていることである。

3 市町村国保の加入者と保険料（税）等の分析

（1）加入者

図表6－2により，市町村国保の世帯主の職業別構成割合の推移をみてみよう。1965年は農林水産業者（構成割合38.9％）や自営業者（同23.5％）が多く，年金生活者などの無職の者（同6.1％）や被用者（同18.0％）が少なかったが，近年は農林水産業者の割合と自営業者の割合が大幅に減少する一方で，無職の者や被用者（非正規雇用が多いと思われる）など経済的弱者の比重が増大している。2007年は農林水産業者が3.4％，自営業者が12.1％，無職

図表6－2　市町村国保の世帯主の職業別構成割合の推移

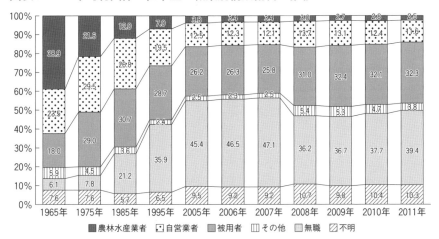

(注1)　擬制世帯を含む。
(注2)　2008年度以降は後期高齢者医療制度創設に伴い，無職の世帯割合が減少していることに留意が必要。
〔出所〕　図表6－1に同じ。

　の者が47.1％，被用者が25.8％，2011年は農林水産業者が2.5％，自営業者が11.6％，無職の者が39.4％，被用者が32.3％となっている。2008年4月1日に後期高齢者医療制度がスタートしたため，無職の者の割合が2007年に比べて2008年には11ポイント程度減少したが，その後再び上昇基調で推移している。また，近年の雇用流動化の進行の中で被用者の割合が増大し，2011年には32.3％となっている。

　さらに，市町村国保の被保険者の高齢化が進行している。被保険者（75歳未満）全体に占める65～74歳の割合は，1992年が19.7％，2012年が32.9％となっており，20年間で13ポイント程度増加している。これに対して0～19歳は，1992年が19.8％，2012年が11.6％となっており，8ポイント程度低下している（**図表6－3**）。

　また，低所得世帯の割合が増加しており，加入世帯の貧困化が進んでいる（**図表6－4**）。所得なし世帯（所得なし世帯の収入は給与収入世帯で65万円以下，年金収入世帯で120万円以下）は，1990年度の18.2％から2011年度の23.5％に，0円以上100万円未満世帯は，1990年度の23.1％から2011年度の26.7％

図表6－3　市町村国保の被保険者（75歳未満）の年齢構成の推移

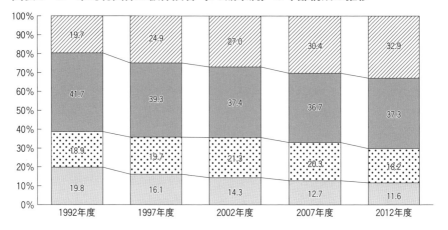

〔出所〕　図表6－1に同じ。

図表6－4　世帯の所得階層別割合の推移

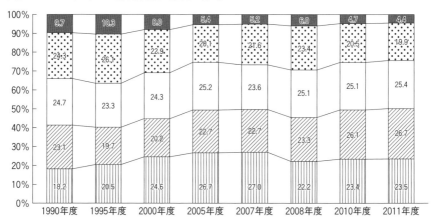

(注1)　国民健康保険実態調査報告による。
(注2)　擬制世帯主，所得不詳は除いて集計している。
(注3)　2008年度以降は後期高齢者医療制度が創設され，対象世帯が異なっていることに留意が必要。
(注4)　ここでいう所得とは「旧ただし書き方式」により算定された所得総額（基礎控除前）である。
(注5)　「所得なし」世帯の収入は，給与収入世帯で65万円以下，年金収入世帯で120万円以下。
〔出所〕　図表6－1に同じ。

に，それぞれ増大している。その反対に，500万円以上の世帯は9.7％（1990年度）から4.4％（2011年度）に，200万円以上500万円未満は24.3％（1990年度）から19.9％（2011年度）に，それぞれ減少しているのである。

（2）保険料（税）等

次に，保険料（税）について検討しよう。

市町村国保では，国民健康保険法第76条により，市町村は国民健康保険に要する費用を世帯主から徴収しなければならない。その際，国民健康保険料，もしくは地方税法にもとづく目的税である国民健康保険税のどちらを徴収するのかは，市町村の判断に任されている。現在，保険料の賦課・徴収が多い大都市部を除くと，ほとんどの市町村が保険税を徴収している。滞納の時効については保険税が5年，保険料が2年となっている。なお，国民健康保険料と国民健康保険税の2種類になったのは1951年からで，例えば，埼玉県内では，現在，全市町村が国民健康保険税を採用している[9]。

保険料（税）の賦課方法については，4つの賦課区分（所得割，資産割，被保険者均等割，世帯別平等割），3つの賦課区分（所得割，被保険者均等割，世帯別平等割），2つの賦課区分（所得割，被保険者均等割）のどれかを市町村が選択することになっている。その際に，賦課限度額，各賦課区分の構成割合，各賦課区分の料率を市町村は独自に決定できる。各賦課区分を世帯ごとに合算した額が賦課額となる。国民健康保険料（税）の賦課方式別の保険者数は**図表6-5**のようになっており，4方式を採用する保険者数が最も多く1,179保険者で，不均一課税の14保険者を除いた全保険者数（1,703保険者）の約70％を占めている。

保険料（税）は，次の3つの部分，つまり医療分，支援金分，介護納付金分で構成されている。医療費分は市町村国保の加入者の医療費に充てる部分，支援金分は後期高齢者医療制度の加入者の医療費に充当する部分である。介護納付金分は介護費に充当する部分で，世帯内の市町村国保加入者の中に40歳以上65歳未満の者（介護保険の第2号被保険者）がいる場合に2号被保険者が納付するものである。

さらに，**図表6-6**は北海道のある地域（オホーツク地域）の隣接する4町

村の国民健康保険税の賦課方法，各賦課区分の保険料（税）率，賦課限度額を比較してみたものである。医療費分と支援金分については4町村とも4つの賦課区分を採用しているが，介護納付金分については，4方式が1町1村，3方式が1町，2方式が1町となっている。保険料（税）率や賦課限度額については4町村でかなり異なっていることが把握できるのである。

また，保険料（税）には減免制度（法定減免と申請減免）や軽減措置が設けられている。市町村は申請減免の裁量をもち，条例で独自に決めることができる。例えば，山口県宇部市は，所得減で収入が生活保護基準の1.5倍以下で，前年よりも所得が30％以上減少した場合，所得割額を30％から100％の範囲で軽減するとしているのである[10]。

保険料（税）の収納率は，すでにみたように2008年度以降90％を切り，80％台になっていたが，2013年度に90.42％となりわずかながら回復した。2013年度の収納率ワースト1位が東京都の86.20％，収納率が最も高いのは島根県の94.95％であった。保険料（税）を滞納している世帯数（全国）は，2014年6月1日現在で約360万6,400世帯で，加入世帯の17.2％である[11]。

また，所得（保険料収入または保険税収入），高齢者（医療需要）が地域的に偏在しているため，1人当たり保険料（税），1人当たり所得，1人当たり医療費の地域格差が生じている。このような格差を都道府県内で比較してみれば[12]，1人当たり保険料（税）額の都道府県内格差については，最大が東京都の2.9倍（最高が千代田区の11万9,684円，最低が三宅村の4万1,949円），最小は富山県の1.3倍であった。ただし，注意しなければならないのは，この数値は同一の所得と同一の世帯構成をもった世帯について比較してみているわけではないことである。なお，都道府県別の1人当たり保険料（税）額は，全国平均が8万1,698円，最高が岐阜県の8万9,605円，最低は沖縄県の5万3,608円であった。

1人当たり所得の都道府県内格差については，最大が秋田県の7.2倍（最高が大潟村の226.5万円，最低が五城目町の31.5万円），最小は福井県の1.3倍であった。

1人当たり医療費の都道府県内格差については，最大が沖縄県の2.6倍（最高が渡名喜村の42万680円，最低が北大東村の15万9,177円），最小が栃木県

図表6-5　国民健康保険料（税）の賦課方式別保険者数

(2011年度末現在)

区分	保険者数	保険者数による構成比
四方式	1,179	69.2%
三方式	470	27.6%
二方式	54	3.2%
合　計	1,703	100.0%

(注1)　不均一課税の保険者（14保険者）を除く。
(注2)　計数は，四捨五入によっているので，端数において合致しないものがある。
(注3)　「2011年度国民健康保険事業年報」より。
(注4)　基礎賦課分（医療給付費等にかかるもの）の賦課方式別保険者数（基礎賦課分の他，後期高齢者支援金等，介護納付金にかかるものがある）。
〔出所〕　図表6-1に同じ。

図表6-6　北海道の4町村（A町，B町，C町，D村）の国保税の比較

【保険料（税）率の現況（2008年度）】						【賦課方式の現況（介護納付金分）】	
		A町	B町	C町	D村	4方式（所得割,資産割,均等割,平等割）	A町，D村
医療給付費分	所得割	5.50%	6.00%	3.80%	4.50%	3方式（所得割，均等割，平等割）	C町
	資産割	40.00%	50.00%	30.00%	31.00%	2方式（所得割，均等割）	B町
	均等割	29,000円	15,500円	23,000円	9,700円		
	平等割	35,000円	29,000円	22,000円	25,500円	【賦課限度額の現況（医療給付費分）】	
支援金分	所得割	1.15%	1.90%	1.20%	6.00%	法定限度額上限（470,000円）	A町，B町
	資産割	10.55%	10.00%	10.00%	40.00%	法定限度額未満（460,000円）	C町，D村
	均等割	7,700円	6,600円	7,000円	6,300円		
	平等割	6,800円	5,000円	6,000円	16,500円	【滞納繰越額（2006年度末時点）】※千円	
介護納付金分	所得割	0.62%	0.91%	0.35%	1.90%		A町　B町　C町　D村
	資産割	5.40%	—	—	12.00%	滞納繰越額	16,035　2,386　40,846　702
	均等割	5,300円	12,100円	5,000円	4,800円		
	平等割	4,000円	—	3,000円	8,700円		

(注)　4町村はいずれも国保税を徴収している。

〔出所〕　横山純一『地方自治体と高齢者福祉・教育福祉の政策課題―日本とフィンランド』同文舘出版，2012年3月。

の1.2倍であった。都道府県別の1人当たり医療費は，全国平均が30万8,669円，最高が山口県の37万7,135円，最低が沖縄県の25万9,549円であった。

市町村国保財政の状況

（1）医療費の動向と将来推計

2011年度の国民医療費は38.6兆円であった。1985年が16.0兆円であったの

図表6-7　医療費の将来推計

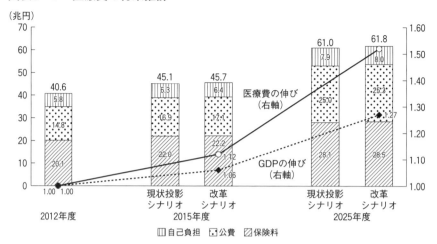

（注1）　社会保障に係る費用の将来推計の改定について（2012年3月）のバックデータから作成。
（注2）　「現状投影シナリオ」は，サービス提供体制について現状のサービス利用状況や単価をそのまま将来に投影（将来の人口構成に適用）した場合，「改革シナリオ」は，サービス提供体制について機能強化や効率化等の改革を行った場合（高齢者負担率の見直し後）。
（注3）　「現状投影シナリオ」「改革シナリオ」いずれも，ケース①（医療の伸び率（人口増減や高齢化を除く）について伸びの要素を積み上げて仮定した場合）。
（注4）　医療費の伸び，GDPの伸びは，対2012年度比。
〔出所〕　図表6-1に同じ。

で実に2.4倍の増加となっている。国民医療費の対GDP比も2010年度に7.8％となっている[13]。しかも，今後，国民医療費はGDPの伸びを大きく上回って増大すると見込まれている。これに伴い，医療保険料，公費，自己負担の規模も，GDPを大きく上回って増大する見込みである。「現状投影シナリオ」（サービス提供体制について現状のサービス利用状況や単価をそのまま将来の人口構成に適用した場合），「改革シナリオ」（サービス提供体制について機能強化や効率化等の改革を行った場合）のどちらの場合においても[14]，2025年度には，医療費が61兆円台と見込まれているのである（**図表6-7**）。そして，医療費を賄う財源としては，自己負担が約8兆円，公費が約25兆円，医療保険料が約28兆円と予想されているのである。

（2）市町村国保の財政状況

図表6-8は市町村国保の収支状況を示したものである。2011年度の財政規

図表6-8 市町村国保の収支状況

(億円)

	科　目	2011年度	2012年度（速報値）
単年度収入	保険料（税）	30,411	30,634
	国庫支出金	34,353	32,755
	療養給付費交付金	7,174	7,755
	前期高齢者交付金	29,569	32,189
	都道府県支出金	8,956	10,570
	一般会計繰入金（法定分）	4,282	4,230
	一般会計繰入金（法定外）	3,903	3,882
	共同事業交付金	14,767	15,331
	直診勘定繰入金	2	1
	その他	416	414
	合　計	133,832	137,761
単年度支出	総務費	1,891	1,835
	保険給付費	90,820	92,149
	後期高齢者支援金	15,915	17,442
	前期高齢者納付金	47	19
	老人保健拠出金	7	3
	介護納付金	6,887	7,407
	保健事業費	968	1,018
	共同事業拠出金	14,752	15,317
	直診勘定繰出金	47	46
	その他	1,477	1,954
	合　計	132,812	137,188
単年度収支差引額（経常収支）		1,020	573
国庫支出金精算額		▲ 534	▲ 94
精算後単年度収支差引額(A)		487	479
決算補填等のための一般会計繰入金(B)		3,509	3,534
実質的な単年度収支差(A)−(B)		▲ 3,022	▲ 3,055
前年度繰上充用金（支出）		1,527	1,190

(注1) 前期高齢者交付金，後期高齢者支援金，前期高齢者納付金及び老人保健拠出金は，当年度概算額と前々年度精算額を加えたもの。
(注2) 「決算補填等のための一般会計繰入金」とは，収入の「一般会計繰入金（法定外）」のうち決算補填等を目的とした額。
(注3) 翌年度に精算される国庫負担等の額を調整。
(注4) 決算補填等のための一般会計繰入金(B)は，2009年度から東京都財政調整交付金分を含めた計算となっている。
(注5) 2012年度は速報値である。
〔出所〕 図表6−1に同じ。

模（単年度収入）は13兆3,832億円であった。

収入では保険料（税）が 3 兆411億円となっている。市町村国保では財政移転が多いのが特徴で，国庫支出金が 3 兆4,353億円，都道府県支出金が8,956億円，療養給付費交付金が7,174億円，共同事業交付金が 1 兆4,767億円，前期高齢者交付金が 2 兆9,569億円となっている。近年は，都道府県単位の共同事業の充実等を反映して都道府県関係の支出金の伸びが目立っている。また，厳しい市町村国保財政を反映して一般会計繰入金（法定分，法定外分）が多く，8,185億円となっている。

支出では，当然のことながら保険給付費が 9 兆820億円と圧倒的に多い。保険給付費以外では，共同事業拠出金が 1 兆4,752億円，後期高齢者支援金が 1 兆5,915億円，介護納付金が6,887億円となっている。なお，直診勘定繰出金が47億円となっているが，これは国保診療所（市町村立診療所）にかかわるものである。

さらに，市町村国保の財政収入を考察するために，**図表6－9**をみてみよう。2014年度予算ベースで，医療給付費等総額は11兆4,100億円である。市町村国保の財政収入のうち，主に市町村間の財政力の不均衡（医療費，所得水準）を調整したり，災害等の特別な事情を考慮して交付される国調整交付金が7,600億円（ 9 ％，うち 7 ％が普通調整交付金， 2 ％が特別調整交付金），都道府県調整交付金が6,900億円（ 9 ％），医療費の一部を負担する療養給付費国庫負担金などの定率国庫負担が 2 兆4,400億円（2004年度まで40％，税源配分の三位一体改革によって2005年度から34％，現在は32％），前期高齢者交付金が 3 兆5,000億円（国保・被用者保険の65歳以上75歳未満の前期高齢者の偏在による保険者間の負担の不均衡を各保険者の加入者数に応じて調整），保険料が 3 兆2,000億円，法定外一般会計繰入が3,500億円である。

これに加えて，高額医療費共同事業，保険財政共同安定化事業，保険者支援制度，保険基盤安定制度に伴う財源がある。高額医療費共同事業は高額医療費の発生による国保財政の急激な影響の緩和を図るために，各市町村国保からの拠出金を財源として都道府県単位で費用負担を調整するもので，国と都道府県は市町村の拠出金に対して 4 分の 1 ずつ負担する。総額（事業規模）は3,410億円である。保険財政共同安定化事業は市町村国保間の保険料

図表6−9　国保財政の現状（2014年度予算案ベース）

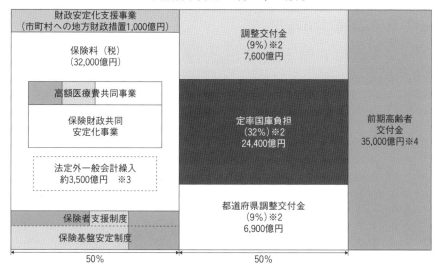

（※1）　2010年度から2014年度まで暫定措置。2015年度以降恒久化。
（※2）　それぞれ給付費等の9％，32％，9％の割合を基本とするが，定率国庫負担等のうち一定額について，財政調整機能を強化する観点から国の調整交付金に振りかえる等の法律上の措置がある。
（※3）　2012年度決算（速報値）における決算補塡等の目的の額。
（※4）　退職被保険者を除いて算定した前期高齢者交付金額であり，実際の交付額とは異なる。
〔出所〕　図表6−1に同じ。

（税）の平準化と市町村国保財政の安定を図るため，2006年10月から1件30万円超の医療費について，各市町村国保からの拠出金を財源として，都道府県単位で費用負担を調整するものである。都道府県負担はない。保険者支援制度は保険料（税）軽減の対象者数（低所得者数）に応じて保険料（税）額の一定割合を公費で支援するものである。総額（事業規模）は980億円で，国2分の1，都道府県4分の1，市町村4分の1の割合で負担する。保険基盤安定制度は低所得者の保険料（税）軽減相当額を公費で支援するもので，具体的には市町村が保険料（税）軽減相当額を市町村の一般会計から市町村国保特別会計に繰り入れ，都道府県がその繰入額の4分の3を負担する。総額（事業規模）は4,660億円で，負担割合は都道府県が4分の3，市町村が4分の1である。

以上のような財政システムにより，公費負担額は国が３兆3,300億円，都道府県が１兆1,500億円，市町村が1,400億円となっている。

（３）北海道の国保財政の状況

　市町村国保財政を，さらに詳しく検討するために，**図表6－10**により北海道の国保財政の状況についてみよう。

　医療給付費等の総額は5,079億円であった（2012年度決算ベース）。市町村国保の財政収入のうち，前期高齢者交付金が1,522億円，前期高齢者交付金を除いた金額は3,557億円であった。この3,557億円のうち国調整交付金が401億円（医療給付費等総額から前期高齢者交付金を差し引いた金額に占める割合は11.3％），定率国庫負担が1,110億円（同31.2％），都道府県調整交付金が

図表6－10　北海道の国保財政の現状（2012年度決算ベース）

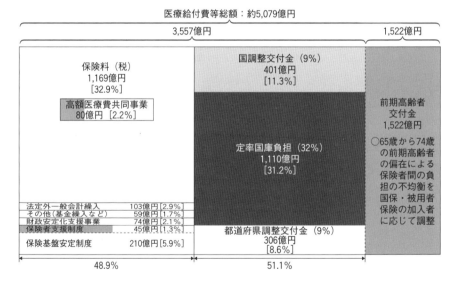

(注１)　[　]％は，医療給付費等総額から前期高齢者交付金を差し引いて算出した率。
(注２)　法定外一般会計繰入については，厚生労働省保険局「2012年度における国民健康保険事業の実施状況報告について」の道集計結果による。
(注３)　それぞれの給付費等の９％，32％，９％の割合を基本とするが，定率国庫負担のうち一定額について，財政調整機能を強化する観点から国の調整交付金に振りかえる等の法律上の措置がある。
〔出所〕　北海道保健福祉部健康安全局国保医療課「北海道の市町村国保の現状等について」2014年10月30日。

306億円（同8.6％）であった。保険料（税）は1,169億円（同32.9％），高額医療費共同事業は80億円（同2.2％），財政安定化支援事業が74億円（同2.1％），保険者支援制度が45億円（同1.3％），保険基盤安定制度が210億円（同5.9％），法定外一般会計繰入が103億円（同2.9％），その他（基金繰入など）が59億円（同1.7％）であった。

国民健康保険改革(2012年4月の国民健康保険法の改正)と市町村国保の構造的な問題への対応枠組み[15]

（1）財政基盤強化策

以上みてきたように，市町村国保は，①年齢構成が高く医療費水準が高い，②所得水準が低く保険料負担が重い，③保険料（税）の収納率が低下している，④法定外繰入が多い，⑤小規模保険者が多く財政運営が不安定になるリスクが高い，⑥医療費，保険料（税），所得（いずれも1人当たり）の市町村間格差が大きいという特徴がある。

これに対して国は，後期高齢者医療制度の創設や，後期高齢者医療制度と前期高齢者医療制度における現役世代からの財政支援により対応してきた。また，2012年の国民健康保険法改正により，財政基盤強化策や，財政運営の都道府県単位化の推進（事業の広域化の推進），財政調整機能の強化等を図ろうとしてきた。

つまり，財政基盤強化については，2010年度から2013年度までの暫定措置になっている市町村国保の財政基盤強化策（公費2,000億円）を恒久化するものとした。その際，この恒久化措置の施行期日は2015年4月としたため，財政基盤強化策の恒久化までの間，2013年度までの暫定措置を1年間（2014年度）延長することとした。

なお，上記以外の財政基盤強化策として，低所得者の保険料（税）に対する財政支援の強化（保険者支援制度）等が行われている。

（2）財政運営の都道府県単位化の推進（事業の広域化の推進）

現在の保険財政共同安定化事業は，レセプト1件当たり30万円を超え80万

円までの医療費を対象にして，保険者からの拠出金をもとに，各都道府県の国民健康保険団体連合会（国保連）が実施主体となって交付金を交付する事業である。このような保険財政共同安定化事業について，国は2015年度から事業対象をすべての医療費に拡大し（すべてのレセプトに拡大し），財政運営の都道府県単位化を推進することとした。

また，レセプト1件当たり80万円を超える高額医療費については，2015年4月1日以降も現状のまま高額医療費共同事業で対応することになっている。高額医療費共同事業は，保険者からの拠出金と，国，都道府県の負担金をもとに，各都道府県の国民健康保険団体連合会が実施主体となって交付金を交付する事業である。

(3) 都道府県の財政調整機能の強化

都道府県調整交付金は，地域の実情に応じて，都道府県内の市町村間の医療費水準や所得水準の不均衡の調整や地域の特別事情への対応のために交付されるものである。国は，都道府県の財政調整機能の強化と市町村国保の共同事業の拡大の円滑な推進のため，2012年4月1日から都道府県調整交付金を給付費等の7％から9％に引き上げ，定率国庫負担を34％から32％に引き下げた。これを反映して，2012年度決算では，前年度に比べて国庫支出金（3兆2,755億円）が4.6％減，都道府県支出金（1兆570億円）が18.0％増となった。

保険財政共同安定化事業と高額医療費共同事業の分析

(1) 保険財政共同安定化事業の分析[16)]

保険財政共同安定化事業と高額医療費共同事業について，さらに詳しくみていこう。

保険財政共同安定化事業は2006年10月に創設された制度で，都道府県内の市町村国保の医療費のうち，30万円を超え80万円以下の医療費について，市町村国保の拠出により負担を共有する事業である。つまり，各市町村は一定のルールにしたがって国民健康保険団体連合会に拠出金（保険財政共同安定

化事業拠出金）を負担する（国保連が各市町村から保険財政共同安定化事業拠出金を徴収する）。そして，各市町村の医療費については，国保連から市町村に対し，保険財政共同安定化事業交付金が支出されるのである。

大分県を例にとると[17]，保険財政共同安定化事業，高額医療費共同事業ともに，交付金については国保連合会で金額を決定し，市町村に通知後申請を受けた後に交付する。毎年度12期に分けて交付し，交付時期は5月から翌年4月までとする。拠出金については，国保連合会で金額を決定し，市町村に通知し納入してもらう。第1期から9期までは概算拠出とし，第10期から12期は確定拠出とする。拠出時期は5月から翌年4月までとし，納期限は毎月21日を基準日とする。

1月1日から同年12月31日までに支出負担行為をしたレセプト1件当たり30万円を超える医療費（一般被保険者が同一の月にそれぞれの病院等で受けた療養にかかわるもの）のうち超過した金額が8万円から80万円までの部分の100分の59相当額を基準拠出対象額としている。例えば，レセプト1件当たりの医療費が100万円の場合，80万円から8万円を差し引いた額に100分の59を乗じた金額（42万4,800円）が，交付金額（保険財政共同安定化事業交付対象額＝保険財政共同安定化事業基準拠出対象額）となるのである。

そして，市町村が負担する拠出金の算定式は次のようになる。

つまり，大分県を例にとってみよう。2010年度の国民健康保険法の改正により，拠出金の拠出方法に所得割が利用できるようになったが，大分県では所得割を利用せず，医療費実績割と被保険者数割を50対50としている。

①県内全市町村の保険財政共同安定化事業基準拠出対象額の合計額 × $\frac{1}{2}$ × $\frac{\text{②当該市町村の保険財政共同安定化事業基準拠出対象額（前々年度およびその直前の2ケ年度の合算額）}}{\text{③県内全市町村の保険財政共同安定化事業基準拠出対象額（同上）}}$ ＋

①県内全市町村の保険財政共同安定化事業基準拠出対象額の合計額 × $\frac{1}{2}$ × $\frac{\text{④当該市町村の一般被保険者数（前々年度）}}{\text{⑤県内全市町村の一般被保険者数（同上）}}$

となるのである。

拠出金（1人当たり）は医療給付費の実績（3年平均）と被保険者数に応じて拠出されるが（医療費実績割と被保険者数割），交付は単年度実績で交付されるので，突発的な医療費の増加に対処できることになるし，とりわけ

小規模市町村の財政運営安定化にも対応できる。また，被保険者数割により，医療費の差による保険料（税）の相違の緩和が図られる。保険財政共同安定化事業の実施により，医療費の高い市町村は，医療給付費の実績が少ない市町村の拠出金で調整されるのである。

では，北海道を事例に，具体的に保険財政共同安定化事業交付金と拠出金の関係をみてみよう。図表6－11は，北海道における2011年度の保険財政共同安定化事業交付金・拠出金の関係を示したものである。拠出金と交付金は同額の625億円である。このうち都市部がほぼ4分の3を占めている。北海道全体では拠出金が交付金を上回っている保険者（拠出超過保険者）が

図表6－11　北海道における保険財政共同安定化事業交付金・拠出金実績（2011年度）

(単位：千円)

支部	確定拠出金	交付金	保険者確定拠出金との比較			
			拠出金＞交付金	保険者数	拠出金＜交付金	保険者数
都市	47,475,167	48,248,518	1,002,955	17	1,776,306	17
空知	1,252,586	1,230,757	101,113	5	79,284	5
石狩	279,431	299,468	10,549	1	30,585	1
後志	1,428,302	1,474,052	0	0	45,750	4
胆振	897,077	841,752	62,790	5	7,465	2
日高	1,057,257	974,731	100,772	5	18,246	2
渡島	1,522,931	1,537,610	70,732	6	85,412	3
檜山	636,396	631,171	45,034	5	39,808	2
上川	1,312,712	1,180,147	161,554	14	28,989	3
留萌	420,791	444,014	24,973	3	48,197	4
宗谷	499,597	474,777	31,629	7	6,809	2
オホーツク	1,734,189	1,616,256	168,042	10	50,109	5
十勝	2,346,389	2,027,220	321,857	17	2,687	1
釧路	928,093	869,106	78,001	5	19,015	2
根室	775,540	716,879	62,945	2	4,284	2
計	62,566,458	62,566,458	2,242,946	102	2,242,946	55

(注1)　北海道国民健康保険団体連合会資料による。
(注2)　同連合会の都市支部は市のみで構成され，地方支部（14支部）は各（総合）振興局管内の町村および広域連合のみで構成されているため，上記の表は各（総合）振興局別の合計を表すものではない。
〔出所〕　北海道「北海道国民健康保険広域化等支援方針（第2期）」2013年3月。

102，その反対に交付金が拠出金を上回っている保険者は55であった。都市部では，交付金が拠出金を上回る保険者が17あり，総額は18億円にのぼっている。都市部以外では，拠出金が交付金を上回る保険者が85保険者，その反対に交付金が拠出金を上回る保険者は38保険者となっている。そして，拠出金が交付金を上回る85保険者の中には拠出金が国保財政を圧迫する要因の1つとなっている保険者も散見されるのである[18]。

（2）高額医療費共同事業の分析[19]

　高額医療費共同事業は，80万円を超える高額医療費の発生による国保財政の急激な影響の緩和（保険者の負担が急激に増加するリスクの分散）を図るために，各市町村国保からの拠出金を財源として，国保連合会が実施主体となって交付金を交付する事業である。そして，そのことを通じて，都道府県単位で費用負担が調整されるのである。交付金の財源については，国と都道府県が市町村の拠出金に対して4分の1ずつ負担する。公費の総額は3,410億円である。1月1日から同年12月31日までに支出負担行為をしたレセプト1件当たり80万円を超過した医療費の100分の59相当額を基準拠出対象額としている。例えば，レセプト1件当りの医療費が100万円の場合，100万円から80万円を減じた金額に100分の59を乗じた金額（11万8,000円）が交付金額（高額医療費共同事業交付金＝高額医療費共同事業基準拠出対象額）となるのである。そして，拠出金の算定式は次のようになる。

　つまり，大分県を例にとると，

①県内全市町村の高額医療費共同事業基準拠出対象額総額 × ②当該市町村の高額医療費共同事業基準拠出対象額（前々年度および直前の2ケ年度の合算額） / ③県内全市町村の高額医療費共同事業基準拠出対象額（同上）

　さらに，北海道の事例をみてみよう（**図表6－12**）。国・都道府県の負担金と市町村国保の拠出金を合計した国保連合会拠出金の総額は142億円（このうち71億円が保険者実拠出金），交付金の総額も同額の142億円であった。高額医療費共同事業は，保険者の拠出金のほかに，国や都道府県からの負担金があるために，2011年度においては，交付金が保険者実拠出金を上回る保険者数が，交付金よりも保険者実拠出金の方が多い保険者数を圧倒的に上回

**図表6－12　北海道における高額医療費共同事業交付金・拠出金実績
（2011年度，市町村分）**　　　　　　　　　　　　　　　　（単位：千円）

支部	確定拠出金		交付金	保険者確定拠出金との比較			
	連合会拠出金	保険者実拠出金		拠出金＞交付金	保険者数	拠出金＜交付金	保険者数
都市	10,620,487	5,310,244	10,776,660	12,163	1	5,478,578	33
空知	312,041	156,020	278,631	1,959	1	124,570	9
石狩	64,891	32,446	78,458	342	1	46,354	1
後志	352,471	176,235	301,202	0	0	124,967	4
胆振	205,506	102,753	171,212	0	0	68,460	7
日高	235,640	117,820	221,469	0	0	103,649	7
渡島	391,582	195,791	317,540	136	1	121,884	8
檜山	168,134	84,067	163,699	3,635	1	83,267	6
上川	319,736	159,868	310,199	2,538	1	152,869	16
留萌	101,999	51,000	127,408	0	0	76,408	7
宗谷	123,425	61,713	124,242	0	0	62,529	9
オホーツク	412,689	206,344	387,799	1,006	1	182,461	14
十勝	576,411	288,205	564,519	12,815	5	289,129	13
釧路	224,675	112,338	219,908	0	0	107,571	7
根室	160,089	80,044	226,830	0	0	146,786	4
計	14,269,776	7,134,888	14,269,776	34,594	12	7,169,482	145

（注1）　北海道国民健康保険団体連合会資料による。
（注2）　保険者実拠出金とは，保険者の拠出金から国・道の負担金（連合会拠出金の各1/4相当額）を除いた実質的な拠出金額である。
〔出所〕　図表6－11に同じ。

り，前者が145，後者が12となっている。都市部では交付金が保険者実拠出金を上回る保険者が33保険者で，その総額は約55億円となっている。

（3）保険財政共同安定化事業における対象医療費拡大のもたらす影響と財源問題

　図表6－13により，市町村国保における1件当たり医療費階層別の医療費総額をみてみよう。2009年度の市町村国保の医療費総額は9兆7,700億円であった。このうち高額医療費共同事業と保険財政安定化事業の対象となるレセプト1件当たりが30万円以上の医療費階層の医療費総額は3兆8,900億円となっており，全体の約4割を占めていた。

図表6−13　市町村国保における1件当たり医療費階層別の医療費総額

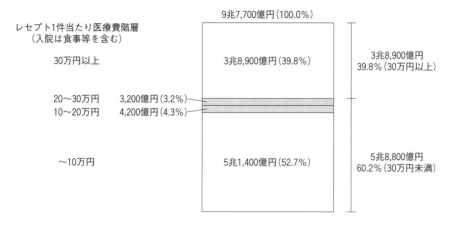

(注)　市町村国保（退職を除く）における，入院，食事・生活療養，入院外，歯科，調剤に係る医療費の総額（2009年度実績ベース）。
〔出所〕　厚生労働省「2009年度医療給付実態調査」。

　すでに述べたように，2015年4月1日からは，保険財政安定化事業は，30万円未満の医療費も対象となる。**図表6−13**からレセプト1件当たりが30万円未満の医療費階層の医療費総額は5兆8,800億円にのぼっていることが把握できる。とくに，10万円未満のレセプト1件当たりの医療費階層の医療費総額は5兆1,400億円となっており，医療費総額の52.7％を占めている。このことから保険財政共同安定化事業が拡大されることによる影響は非常に大きなものがある。2015年4月1日から保険財政共同安定化事業に約6億円近い医療費の金額が新たに加わることになるので，拠出金だけでまかなうことに限界があることは自明である。新たな公費による財源措置が求められているといえよう。

7　都道府県調整交付金の分析[20]

　都道府県調整交付金は，税源配分の三位一体改革により，市町村の財政の安定化に向けて都道府県の役割と権限強化を図るために，給付費等の7％を対象として2005年度に導入された（2005年度は経過措置として5％）。都道

府県調整交付金は，都道府県普通調整交付金（1号交付金）と都道府県特別調整交付金（2号交付金）の2種類がある。2012年の国民健康保険法の改正により，2012年度から都道府県調整交付金の割合が9％に引き上げられた。

　国の普通調整交付金は，全国レベルで市町村間の所得水準と医療費水準の不均衡の調整を行っている。都道府県調整交付金は地域の実情に応じて，都道府県内の市町村間の医療費水準や所得水準の不均衡の調整や地域の特別事情に対応するために交付されている。都道府県調整交付金の交付方法については，各都道府県が条例（「都道府県調整交付金の交付に関する条例」）で自主的に決めることができるが，国は一定のガイドラインを示している。つまり，ガイドラインでは，9％のうち6％が給付費等に応じて交付する方法や財政調整型で交付する方法がとられる普通調整交付金（1号交付金），3％が地域実情に配慮して細かな調整を行うために交付される特別調整交付金（2号交付金），という目安になっている。普通調整交付金が9割を超えている都県が15，80～90％が9県存在する一方で，福島県と三重県では6割に満たない状況になっている。

図表6-14　都道府県普通調整交付金(1号交付金)の交付状況(2012年度)

定率（財政調整無し）	定率・財政調整型併用	財政調整型
33/47	6/47	8/47

1	北海道	財政調整型	17	石川県	定率	33	岡山県	定率
2	青森県	財政調整型	18	福井県	定率	34	広島県	定率
3	岩手県	定率	19	山梨県	定率	35	山口県	定率
4	宮城県	定率	20	長野県	定率	36	徳島県	定率
5	秋田県	財政調整型	21	岐阜県	財政調整型	37	香川県	定率・財政調整型併用
6	山形県	定率	22	静岡県	定率	38	愛媛県	定率
7	福島県	定率	23	愛知県	定率	39	高知県	財政調整型
8	茨城県	定率	24	三重県	定率	40	福岡県	定率
9	栃木県	定率	25	滋賀県	財政調整型	41	佐賀県	定率・財政調整型併用
10	群馬県	定率	26	京都府	定率	42	長崎県	定率
11	埼玉県	定率	27	大阪府	財政調整型	43	熊本県	定率・財政調整型併用
12	千葉県	定率	28	兵庫県	財政調整型	44	大分県	定率
13	東京都	定率・財政調整型併用	29	奈良県	定率	45	宮崎県	定率
14	神奈川県	定率	30	和歌山県	定率	46	鹿児島県	定率
15	新潟県	定率	31	鳥取県	定率・財政調整型併用	47	沖縄県	定率
16	富山県	定率	32	島根県	定率・財政調整型併用			

〔出所〕　図表6-1に同じ。

都道府県普通調整交付金のうち，財政調整を行わない定率型を採用しているのが33府県，財政調整型を採用しているのが8道府県，定率・財政調整の併用型が6都県であった（図表6－14）。

　都道府県調整交付金の総額は6,619億円で，このうち普通調整交付金（1号交付金）の総額は5,157億円（都道府県調整交付金に占める割合は77.9%），特別調整交付金（2号交付金）の総額は1,462億円（同22.1%）であった。普通調整交付金のうち77.5%（3,997億円）が定率交付，22.5%（1,159億円）が定率交付以外（財政調整）であった。また，特別調整交付金は，災害等で増大した給付費への対応，共同事業の拠出超過額に対する激変緩和措置，医療費の適正化や収納率向上，各種保健事業などに充当されている（図表6－15）。

図表6－15　都道府県調整交付金（1号交付金と2号交付金）の交付状況（2012年度）

都道府県調整交付金（総額）			（百万円）	1号交付金に占める割合	2号交付金に占める割合	総額に占める1号・2号の割合
			661,998			100%
(1)	1号交付金		515,728	100%		77.9%
	Ⅰ	定率交付	399,783	77.5%		
	Ⅱ	定率交付以外（財政調整）	115,945	22.5%		
(2)	2号交付金		146,270		100%	22.1%
	Ⅰ	災害等による給付費増	7,166		4.9%	
	Ⅱ	共同事業の拠出超過額に対する激変緩和措置	4,327		3.0%	
	Ⅲ	国保運営の広域化に際し保険料平準化を支援	53		0.0%	
	Ⅳ	医療費適正化・収納率向上等の取組に係る事業費支援	13,187		9.0%	
		医療費適正化に係る取組	5,594		3.8%	
		収納率向上に係る取組	3,533		2.4%	
		各種保健事業	4,061		2.8%	
	Ⅴ	医療費適正化・収納率向上等の成績評価	36,704		28.1%	
		医療費の適正化に係るもの	6,383		4.4%	
		収納率の向上に係るもの	17,155		11.7%	
		上記以外に係るもの	8,589		8.9%	
	Ⅵ	その他	84,831		58.0%	

（注1）「都道府県調整交付金配分ガイドライン（2005年6月17日保険局長通知）」の改正（2012年7月12日付）により，1号交付金と2号交付金割合を6：1（85.7%：14.3%）から6：3（66.7%：33.3%）に改正している（2014年度までは，8：1で交付することも可能としている）。
（注2）　1号交付金と2号交付金は相互流用が可能である。
〔出所〕　図表6－1に同じ。

図表6-16　保険財政共同安定化事業の見直しの状況（2013年7月31日現在）

	対象医療費	拠出割合		実施時期	都道府県調整交付金による対応	見直し規定
埼玉県	10万円超に引下げ	実績割 被保険者割 所得割	40% 30% 30%	2012年度	拠出超過の負担軽減措置として補填	
静岡県	10万円超に引下げ	変更なし		2013年度	拠出超過の状況を勘案して，県調整交付金を交付し，激変緩和を図る	
三重県	20万円超に引下げ （2013年度から） 2万円超に引下げ （2014年度から）	実績割 被保険者割 所得割	25% 50% 25%	2012年度	激変緩和策として，適切な支援措置を導入	
滋賀県	20万円超に引下げ	実績割 被保険者割 所得割	50% 30% 20%	2011年度	激変緩和策として必要な対応	
奈良県	20万円超に引下げ	実績割 被保険者割	40% 60%	2012年度	現行条件で拠出超過保険者のうち，事業拡充で拠出負担増となる保険者に補填	数年の期間における事業拡充の影響を評価し，見直しを行う
佐賀県	20万円超に引下げ	実績割 被保険者割 所得割	50% 25% 25%	2011年度	拠出額超過分が一定以上の市町に対して支援	
青森県	変更なし	実績割 被保険者割 所得割	40% 55% 5%	2011年度	拠出超過額が一定率以上にならないよう交付金で調整	対象医療費の拡大と実績割の減少の方向で見直しを検討
福井県	変更なし	実績割 被保険者割 所得割	45% 45% 10%	2012年度	拠出超過保険者に対して負担軽減措置	
京都府	変更なし	実績割 被保険者割 所得割	40% 40% 20%	2011年度	府調整交付金と新たな無利子貸付金制度により，2012年度までの激変緩和措置 2012年度：拠出増加額の1/2無利子貸付	対象医療費の引き下げ，所得割の増加の方向で引き続き検討
大阪府	変更なし	実績割 被保険者割 所得割	25% 50% 25%	2011年度	府調整交付金を活用して激変緩和措置	必要に応じて見直し

〔出所〕図表6-1に同じ。

　そして，政府は，保険財政共同安定化事業の拠出金の持ち出し額（拠出金マイナス交付金）が，交付金の1％を超過した場合は，当該超過額を都道府県調整交付金により財政支援するよう，ガイドラインの見直しを行った。つまり，これまでは共同事業による拠出超過額が交付額の3％を超過した部分を財政支援していたが，2012年度から支援対象となる拠出超過額が，交付金の1％を超過した場合とするように，ガイドラインの見直しを行ったのである。

　さらに，一部の都道府県は独自に保険財政共同安定化事業の見直しを行った。**図表6-16**は，その見直しの状況である（2013年7月31日現在）。対象医

療費を30万円超から10万円超や20万円超に引き下げた県が6県，拠出割合についても，医療費実績割50，被保険者数割50が原則とされている中で，8府県が所得割を導入した。対象医療費の拡大を図る一方で所得割を採用した県の中で，医療費実績割の比重を低くした県（三重県，埼玉県）と被保険者数割の比重を低くした県（滋賀県，佐賀県，埼玉県）が存在している。埼玉県は最も所得割の比重が高く，拠出額のうち30％を所得割にしている。さらに，都道府県調整交付金による拠出超過への対応をみると，ほとんどの府県において負担軽減や激変緩和のために財政支援措置がとられている。

では，**図表6－17**により，北海道の調整交付金の交付状況についてみてみよう。

北海道普通調整交付金は，道内市町村保険者間の国保財政の不均衡を解消するために，医療費水準や所得水準の実績にもとづいた調整が行われている。2009年度は約198億円，2010年度と2011年度は約203億円が交付されている。また，北海道特別調整交付金は，地域の特別な事情に応じたきめ細かい調整のために活用される。2009年度には33億円，2010年度は29億円，2011年度は33億円が交付されている。国では交付要件に該当しないものや交付対象外となる部分に対する交付（災害等による保険料（税）の減免，結核・精神医療費多額，療養担当手当），保険運営の広域化を推進するための交付，医療費適正化等に向けた事業の実施実績による交付，医療費適正化に資した結果に対する成績評価による交付などが行われているのである。

図表6－18は国普通調整交付金，**図表6－19**は北海道普通調整交付金の北海道内市町村への配分額である。国普通調整交付金，北海道普通調整交付金ともに，被保険者1人当たりの医療費水準が高く，所得が低い保険者に多く配分されていることがわかる。また，北海道普通調整交付金は占冠村のように被保険者1人当たりの所得が低く，医療費も低い保険者に対しても厚く配分されているのである。

図表6-17 北海道調整交付金(普通調整交付金と特別調整交付金)の交付状況

(単位:千円)

		2009		2010		2011	
		保険者数	交付額	保険者数	交付額	保険者数	交付額
普通調整交付金		158	19,752,910	157	20,347,387	157	20,349,047
特別調整交付金	災害等による保険料(税)減免	12	25,098	18	24,141	15	25,982
	結核・精神医療費多額	7	13,856	9	13,765	7	10,433
	療養担当手当	158	26,485	157	24,275	157	23,928
	広域的な事業運営の推進	50	40,741	8	6,145	9	7,502
	医療費適正化等の事業実績	158	1,350,568	157	1,398,549	157	1,487,528
	医療費適正化等の成績評価	123	331,058	143	636,540	148	943,395
	その他特別の事情	83	1,504,345	48	831,511	62	766,847
	計	158	3,292,152	157	2,934,926	157	3,265,615
合計		158	23,045,062	157	23,282,313	157	23,614,662

〔出所〕 図表6-11に同じ。

図表6-18 国普通調整交付金の北海道内市町村への配分額(1人当たり)と療養諸費(1人当たり),所得(1人当たり)(2012年度)

(円)

保険者名	被保険者数	国普通調整交付金1人当たり額	療養諸費1人当たり額	所得1人当たり額
初山別村	420人	61,469(1位)	543,834(1位)	808,401(54位)
三笠市	2,970人	42,631(2位)	479,843(2位)	325,318(156位)
砂川市	4,886人	36,448(3位)	440,681(7位)	372,083(152位)
松前町	3,265人	36,303(4位)	392,853(37位)	360,114(153位)
森町	6,703人	36,102(5位)	352,318(68位)	512,558(114位)
夕張市	3,417人	35,478(6位)	422,066(15位)	411,952(144位)
赤平市	3,456人	35,387(7位)	444,019(6位)	316,946(157位)
壮瞥町	941人	34,810(8位)	422,061(16位)	484,929(120位)
豊浦町	1,524人	34,147(9位)	424,378(13位)	424,605(137位)
滝上町	834人	33,384(10位)	429,965(10位)	517,907(113位)
すべての保険者の合計または平均	148万3,178人	23,556	353,697	555,099

(注1) 1人当たり額は被保険者1人当たり額である。
(注2) 各欄の( )書きは,北海道内の順位を表わしている。
(注3) 保険者数は157(154市町村,3広域連合)である。
〔出所〕 北海道資料。

図表6－19　北海道普通調整交付金の北海道内市町村への配分額（1人当たり）と療養諸費（1人当たり），所得（1人当たり）（2012年度）

(円)

保険者名	被保険者数	道普通調整交付金 1人当たり額	療養諸費 1人当たり額	所得1人当たり額
初山別村	420人	33,333（1位）	543,834（1位）	808,401（54位）
壮瞥町	941人	20,948（2位）	422,061（16位）	484,929（120位）
せたな町	3,326人	20,144（3位）	420,287（20位）	567,365（101位）
占冠村	320人	19,094（4位）	272,737（149位）	415,991（141位）
弟子屈町	2,815人	18,920（5位）	353,559（67位）	568,730（100位）
滝上町	834人	18,709（6位）	429,965（10位）	517,907（113位）
八雲町	6,200人	18,692（7位）	381,058（41位）	553,684（104位）
森町	6,703人	18,614（8位）	352,318（68位）	512,558（114位）
三笠市	2,970人	18,451（9位）	479,843（2位）	325,318（156位）
由仁町	2,340人	18,032（10位）	417,753（22位）	735,534（67位）
すべての保険者の合計または平均	148万3,178人	14,224	353,697	555,099

(注1)　1人当たり額は被保険者1人当たり額である。
(注2)　各欄の（）書きは，北海道内の順位を表わしている。
(注3)　保険者数は157（154市町村，3広域連合）である。
〔出所〕　図表6－18に同じ。

8　国保基盤強化協議会「中間整理」での国民健康保険運営における都道府県・市町村の財源面での役割分担の方向性

　では次に，今回の医療保険制度改革に大きな影響を与えた国民健康保険制度の基盤強化に関する国と地方の協議の場である，国保基盤強化協議会の「中間整理」（「国民健康保険の見直しについて（中間整理）」2014年8月8日）を検討してみよう[21]。

　2014年1月以降，厚生労働省と地方との協議が開催され，国民健康保険の財政上の構造問題の分析とその解決に向けた方策，ならびに国民健康保険の運営に関する都道府県と市町村の役割分担のありかたについて，主に議論が行われてきた。市町村国保の都道府県移管については，おおよそ次のような観点にたった方向性が示された。

　まず，国民健康保険の財政運営は都道府県とし，都道府県は市町村が集めるべき保険料（税）の総額を分賦金として割り当てる。そして，市町村は都

道府県が割り当てた分賦金を納付する。その際，都道府県は都道府県内の国民健康保険の医療給付費等の見込みを立て，それに見合う「保険料収納必要額」を算出のうえ，都道府県内の各市町村が都道府県に納付する分賦金の額を定めるのである。そして，市町村は，都道府県に分賦金を収めるために必要となる保険料率を定め，保険料を被保険者に賦課し，徴収したうえで，都道府県に分賦金を納付するのである。

次に，市町村の保険料（税）率の平準化のいっそうの推進に向け，都道府県は市町村規模別の収納率目標，都道府県内統一の標準的な保険料（税）算定方式等，市町村が保険料（税）率を定める際に必要となる事項についての目安（標準）を示す。市町村は都道府県が定めた目安を参考にしながら，市町村として分賦金を賄うために必要と考える保険料（税）算定方式や保険料（税）率等を定め，保険料（税）を賦課・徴収するのである。

そして，都道府県が分賦金を定める際には，市町村ごとの医療費水準，所得水準，保険料（税）の収納率を考慮するものとした。つまり，市町村ごとの医療費水準を考慮することにより，医療費が少なければ保険料（税）が安くなる仕組みの導入など，市町村における医療費適正化の効果が当該市町村の保険料（税）水準に反映される仕組みとなるようにする。ただし，その場合，年齢構成が高い場合に医療費が高くなることへの配慮がなされなければならない。そこで，例えば，市町村ごとの年齢構成の差による医療費水準の差異を調整する仕組みを導入することも考えられるが，その具体的な仕組みについては引き続き検討が必要であるとした。

さらに，市町村間の所得水準の差異については，負担能力に応じた負担とする観点から，各市町村の分賦金は市町村ごとの所得水準を斟酌するものとした。また，収納率については，例えば都道府県が立てた目標よりも納付率が高ければ保険料（税）が安くなる仕組みの導入など，国民健康保険料（税）の収納対策に市町村が積極的に取り組むことのできる仕組みが必要であるとした。例えば，都道府県が立てた目標よりも納付率が高ければ保険料（税）が安くなる仕組みなどが考えられるのである。ただし，とくに若年層が多く，収納率が低い市町村については自助努力だけでは対応が難しいので配慮が必要との意見もあり，このような場合の収納率の低さに対する配慮については

引き続き検討することが必要であるとした。

現在，国民健康保険料として賦課・徴収している市町村と，国民健康保険税として賦課・徴収している市町村が併存している実態があるが，これについては現状を認めていくこととした。

また，国の普通調整交付金については，現在全国レベルで市町村間の所得水準を調整しているが，市町村国保の都道府県移管により，都道府県間の所得水準を調整する役割を担う。都道府県調整交付金については，例えば，市町村国保の都道府県移管により，被保険者の保険料（税）水準が急激に変化することのないように，保険料（税）の設定方法の見直しを円滑に進めるための調整を行うなど，地域の実情に応じて活用することが考えられるとした。

なお，都道府県内の市町村間の医療費水準等の差異が比較的小さく，市町村の合意が得られる都道府県にあっては，都道府県内を均一の保険料（税）率に設定することも可能であるとの指摘がなされ，分賦金の仕組みのもとであっても，都道府県内における均一保険料（税）の設定が可能なのか否かという点についても，引き続き検討が行われることになった。

さらに，市町村国保の都道府県移管では，改革により，保険料（税）の設定方法のありかたや現行の公費支援の役割の見直しの影響により，被保険者の保険料（税）水準が急激に変化することのないように，必要な経過措置を相当程度の期間設けることが必要であるとした。

保険給付の決定，資格管理の具体的な仕組みについては，都道府県，市町村のどちらが担うのかについては引き続き検討されるものとした。ただし，窓口業務（申請・届け出の受け付け）は被保険者の利便性の観点等から市町村が行う。

国民健康保険の財政基盤強化については，後期高齢者支援金への全面総報酬割を導入することによって浮いた国費が生ずるため，これを活用するとしている。しかし，地方の側からは，国保の財政基盤強化策では，あくまで国費の投入によって抜本的・恒久的な財政基盤強化策を図るべきとの強い意見が出された[22]。

9 北海道の市町村の対応——国保基盤強化協議会の「中間整理」についての道内市町村アンケート結果から

　国保基盤強化協議会の「中間整理」が出された後，北海道庁では道内のすべての保険者を対象とするアンケートを行った。アンケートは「中間整理」のうち，国民健康保険の運営に関する都道府県と市町村の役割分担のありかたはもちろんのこと，「中間整理」で示された財政上の構造問題や，保険給付，資格管理についても広く意見を聞くものとなっている。アンケートにおいては，質問に対し，市町村が「評価する」，「どちらかというと評価する」「どちらかというと評価しない」「評価しない」の4つの選択肢の中から回答することになっている。また，評価において特段の理由がある場合，市町村が自由に記述することができるようになっている。

　調査日は「中間整理」が出されてほぼ1ヵ月後の2014年9月5日で，回収率は100％である。このアンケートから，道内市町村が市町村国保の都道府県移管についてどのように考えているのか，その課題についてどのように認識しているのかが把握できるので，アンケートについて詳しくみていくことにしよう。本章では，アンケート内容のうち，主に市町村国保の都道府県移管にかかわる質問と回答について検討する。

　まず，「都道府県は保険料収納必要額を算出し，都道府県内の市町村ごとに都道府県に収める額（分賦金）を定め，市町村は分賦金を賄うために必要と考える保険料（税）算定方式，保険料（税）率等を定め，保険料（税）を賦課，徴収する」という分賦金方式に関する質問に対しては，「評価する」「どちらかというと評価する」が105保険者，「評価しない」「どちらかというと評価しない」が52保険者であった。評価しないが3分の1を占めた。自由記述では「保険料（税）率の最終決定が市町村となれば，今となんら変わらない」「一定期間の分賦金方式は当面やむを得ないが，将来的に統一保険料（税）率をめざすべき」「直接賦課方式とした仕組みを検討・実施すべき」「後期高齢者医療広域連合を参考とした仕組みづくりを望む」といった意見がみられた。都道府県移管をするのならば，後期高齢者医療制度のような統一保険料（税）率や都道府県による直接賦課方式を望む意見が少なくなかったの

である。

　「都道府県が分賦金を定める場合，都道府県内の市町村における1人当たりの保険料（税）負担が均一となるように保険料（税）を設定する」ことに関する質問には，「評価する」「どちらかというと評価する」が102保険者，「評価しない」「どちらかというと評価しない」が51保険者であった。「評価しない」「どちらかというと評価しない」が3分の1を占める結果となっている。自由記述では「所得水準の格差に対する配慮が必要」「保険者間の格差解消が課題」「医療費水準や所得水準等が異なるため，被保険者の理解が得られない」等の意見が出された。市町村間の所得水準や医療費水準の相異に着目した意見が多数出ているのである。

　「都道府県が分賦金を定める場合，市町村ごとの医療費水準を考慮し，医療費適正化の効果を保険料（税）水準に反映させ，医療費適正化へのインセンティブを損なうことのない分権的な仕組みとする」ことに関する質問には，「評価する」「どちらかというと評価する」が112保険者，「評価しない」「どちらかというと評価しない」が44保険者となっていて，前の2つの質問よりも肯定的な評価が高かった。ただし，自由記述では「医療費適正化だけでは予防できない疾病がある」「1人当たりの医療費など高額と判定される原因は，必ずしも市町村の責務ではない」「高齢化率が高い市町村に負担感が強まるのではないか」「医療費水準の反映は相互扶助の観点から適当ではない」などの意見が出され，市町村ごとの医療費水準を考慮して医療費適正化を迫ることに疑義を呈する市町村もあった。

　「都道府県内の市町村間の所得水準の差異について，負担能力に応じ，各市町村の分賦金は市町村ごとの所得水準を考慮したものとする」ことに関する質問には，「評価する」「どちらかというと評価する」が116保険者，「評価しない」「どちらかというと評価しない」が39保険者となっていて，財政調整に肯定的な意見が多かった。ただし，自由記述では，財政調整に用いられている普通調整交付金のような画一的な算定方式を批判する意見や，「所得水準は同一であっても，偏在度合いは異なると考えられ，どの程度の違いが出るか不明であり判断できない」という意見もあった。

　「都道府県が分賦金を定めるにあたっては，モラルハザードを防ぐための

一定のルールを設けたうえで，市町村による自助努力だけで対応することが難しい収納率の低さに配慮する」ことに関する質問には，「評価する」「どちらかというと評価する」が117保険者，「評価しない」「どちらかというと評価しない」が39保険者であった。前の質問同様，肯定的評価が多かった。自由記述では「収納率の低さは若年層が多い，低所得者が多いなどといった構造的な要因によるところが大きく，不可避的な収納率の低さに配慮することは必要である」と評価する意見がある一方，「徴収努力しない市町村が得をするような制度は不公平」であるとし，収納率の低さに配慮することに必ずしも肯定的でない意見もみられた。

「保険料（税）の設定方法のありかたや現行の公費支援の割合の見直しの影響により，被保険者の保険料（税）水準が急激に変化することのないよう，必要な経過措置を相当程度の期間設けることを含めた制度設計を行う」ことに関する質問には，「評価する」「どちらかというと評価する」が150保険者と圧倒的に多かった。一定期間の激変緩和は必要であるというのが，ほとんどすべての市町村の意見であった。

「都道府県内の市町村間の医療費水準等の差異が比較的小さく，また，市町村の合意が得られる場合，都道府県内で統一した保険料（税）を設定する」ことに関する質問には，「評価する」「どちらかといえば評価する」が138保険者，「評価しない」「どちらかといえば評価しない」が18保険者で，肯定的な保険者が圧倒的に多かった。北海道の場合は医療費水準の差異が大きいのが特徴であるが，医療費水準等の差異が比較的小さい，という北海道とは異なる条件の場合には認めてもよいという考え方が多かったのである。さらに，自由記述では医療費水準等の差異があっても積極的に統一した保険料（税）に賛成する意見が少なくなかった。「北海道は差異が大きいが，広域化をする以上，保険料（税）が上下するのは仕方がないというくらいのスタンスが必要」「差異が大きくても原則統一保険料（税）を設定し，医療費水準や収納率などにより調整すべき」「経過措置期間を設け最終的に統一すべき」「分賦金の段階を踏んで将来統一した保険料（税）率を検討すべき」という意見がみられたのである。

なお，「後期高齢者支援金への全面総報酬割を導入した場合に不要となる

協会けんぽに対する国費2,400億円を活用する」ことに関する質問には,「評価する」「どちらかというと評価する」が148保険者,「評価しない」「どちらかというと評価しない」が8保険者となった。圧倒的に肯定的な意見が多かったが,自由記述では,恒久的な財源になるとは限らないとし,抜本的な策を講ずることを求める意見もあった。「国保会計の財源確保は必要だが,国の責任転嫁は否めず,恒久的に確保・措置されるか疑問」「保険料(税)負担率を考慮した場合,このような考えもないわけではないが,国保の抜本的改革に向けた国の覚悟を示すときである。被用者保険からの財源の捻出という要素では,今後の持続可能な制度維持ができるのか疑問」という意見が表明されたのである。

むすびにかえて

　ほぼ21世紀に入ってからの10数年間,国は,市町村国保において高齢化が進んで医療費が増える状況に対し,国保の広域化(共同事業の拡大),都道府県の役割拡大で対応してきた。このことにより,医療費負担の多い市町村の負担軽減や小規模市町村のリスク回避がある程度図られてきた。さらに,2012年度に国民健康保険法改正が行われ,保険財政共同安定化事業の拡大,都道府県財政調整交付金の拡大等が行われたのである。

　保険財政安定化事業は2015年度からその対象がすべての医療費に拡大されることになった。このため,2015年度の各市町村の国民健康保険事業特別会計予算における共同事業拠出金は大幅に増加した。例えば,神奈川県川崎市では2013年度予算での共同事業拠出金額は141億円であったが,2015年度予算では342億円になっているのである[23)]。

　高額医療費共同事業拠出金は医療費実績割100%,保険財政共同安定化事業拠出金は医療費実績割50,被保険者数割50を原則として各市町村が拠出することを原則とするが,保険財政共同安定化事業の拠出金の負担割合は都道府県の判断で変更できる。医療費実績割と被保険者数割に加え,所得割を導入している都道府県も存在しているのである。医療費実績割は,毎年の医療費変動による財政への影響緩和や小規模保険者への配慮に,被保険者数割は

医療費の市町村間の差による保険料の相違の緩和や1人当たり保険料（税）の平準化に寄与する。

そして，市町村へは交付金（高額医療費共同事業交付金，保険財政共同安定化事業交付金）が交付される。2015年度からは，すべての医療費が都道府県単位で調整（医療費の多い市町村への交付金による支援）されることになる。このような保険財政共同安定化事業の拡大により，市町村間の格差が縮小することになるだろう。とくに医療費の多い小規模市町村にはメリットが多いといえるだろう。

しかし，重要なことは，拠出金における医療費実績割や被保険者数割では，都道府県内の市町村の所得格差が反映されないし，所得調整はできない。被保険者数割では，なるほど市町村間の1人当たり保険料（税）の平準化に寄与するけれども，市町村ごとに賦課・徴収方法が異なるので，各保険者にとっての不公平感は解消されないのである。

さらに，被保険者数割では，所得の低い市町村に重い負担がかかることになる。そこで，今後，所得割の導入は1つの方策である。また，都道府県普通調整交付金による所得調整も重要である。共同事業に所得割を導入すれば，保険者は所得に応じた拠出金を負担することになり，被保険者は所得に応じた保険料（税）負担をすることになる。当面はどの程度所得割を導入するのか，あるいは都道府県普通調整交付金による所得調整がどの程度効果があるのかが，都道府県内の市町村間の医療費水準や所得水準の差異の調整の鍵になるといえるのである。

そして，本章の冒頭でも述べたように，2018年4月に国民健康保険の運営が都道府県に移管されることになった。移管に向けた財政措置として，2015年度予算で国費1,700億円を投入し低所得者が多い市町村に対する保険者支援制度として消費税増税分が活用される。さらに，2015年4月から現役世代の医療保険が拠出する後期高齢者医療制度への支援金の分担方法が変わる。つまり，2017年度に全面総報酬割を採用して加入者の平均収入が高い健保組合や共済組合の分担額を増やす一方で，中小企業が入る協会けんぽの分担額を減らすことにより，協会けんぽへの国庫支出金を減らすことができるようになる。そして，そのことを通じて浮いた国庫支出金（2400億円）のうち

1700億円程度を国保支援に回そうと，政府は考えているのである。現在，総報酬割は3分の1について実施されている。2015年度が2分の1，2016年度が3分の2へと総報酬割の段階的引き上げが行われ，2017年度に100％総報酬割になる計画となっているのである[24]。

　今後の市町村国保の都道府県移管の課題としては，次の3点が重要である。
　まず，統一した保険料（税）の設定の問題である。都道府県への移管が行われるのであるから，一定期間の分賦金方式はやむを得ないと思われるが，将来的には都道府県内で統一した保険料（税）率が実現される方向での検討がなされるべきである。この点では，均等割と所得割による統一した保険料が実現した後期高齢者医療制度が参考になるだろう。ただし，後期高齢者医療制度のスタート当初には，負担面の激変から混乱が生じたことを忘れてはならない。さらに，統一した保険料（税）が実施される場合，市町村の医療費水準や保険料（税）収納率について一定の考慮が必要であり，調整が加味されなければならない。医療費水準では年齢構成への配慮（高齢者の多い市町村への配慮），保険料（税）収納率では地域実情への配慮（収納率が低くなる地域的実情への配慮）が必要となるだろう。なお，分賦金方式においても，都道府県が算定した分賦金にもとづく保険料（税）と現行の保険料（税）との間にかなりのかい離が生じた場合は，国による財源措置が必要となることは，いうまでもないことである。

　次に，国保支援の財源として，後期高齢者支援金への全面総報酬割の導入によって生じる財源が充当されることになっているが，このような措置は恒久的措置とはいえない。そこで，国の財政責任と財政支援のありかたをどのように考えるのかが重要である。都道府県への移管という市町村国保の抜本改革を行う以上，国の新たな財政支援が不可欠であり，あらためて国の財政責任が大きいことが認識されなければならないのである。

　さらに，現行の市町村国保の構造問題を直視すれば，市町村国保の都道府県への移管には賛成できる。重要なことは，市町村国保の構造問題を是正することは，国民皆保険制度の維持と，高齢化に伴う地域医療の充実を図ることと密接に関連していることである。医療費の抑制のための努力を継続的に行いつつも，市町村国保の都道府県への移管とともに，医師不足の解消や，

医師と看護師の地域的偏在の是正，医師と看護師の確保策の充実，地域包括ケアの推進がいっそう図られなければならないし，厳しい財政状況下にある自治体立病院や国保直営診療所への財政支援のいっそうの強化がなされなければならないのである。

注

1) 社会保障制度改革推進本部「医療保険制度改革骨子」2015年1月13日。このほかに，「朝日新聞」2015年1月6日朝刊，「北海道新聞」2015年1月9日朝刊，「朝日新聞」2015年1月14日朝刊を参照。
2) 厚生労働省「医療保険制度の加入者等（平成24年3月末現在）」2014年。
3) 厚生労働省「我が国の医療制度の概要」2014年。ただし，共済組合の加入者数は2011年3月末。
4) 後期高齢者医療制度については，横山純一『地方自治体と高齢者福祉・教育福祉の政策課題――日本とフィンランド』第4章，同文舘出版，2012年3月を参照。
5) 市町村国保の構造と特徴については，図表1のほか，厚生労働省保険局国民健康保険課「全国高齢者医療・国民健康保険主管課（部）長及び後期高齢者医療広域連合事務局長会議，厚生労働省保険局国民健康保険課説明資料」2014年2月17日を参照。
6) 厚生労働省が2015年1月28日に発表した。「北海道新聞」2015年1月29日朝刊を参照。
7) 北海道保健福祉部健康安全局国保医療課「北海道の市町村国保の現状について」（2014年10月30日の北海道国保連主催の国保運営協議会研修会資料），2014年10月。なお，現在北海道の市町村数は179だが，保険者数は157である。これは保険者の中に3つの広域連合（空知中部広域連合，後志広域連合，大雪地区広域連合）があるためである。このうち最も構成市町村数が多いのが後志広域連合で，16町村で構成されている。本章では，とくに必要な場合を除き，国保運営の責任主体を，保険者もしくは市町村と表現する。広域連合は市町村の中に含まれるという扱いにしている。
8) 厚生労働省保険局国民健康保険課「平成24年度国民健康保険（市町村）の財政状況」2014年1月を参照。
9) 埼玉県鴻巣市「国民健康保険料と国民健康保険税の違いは？」2014年。
10) 山口県宇部市「宇部市国民健康保険料の減免に関する要綱」2004年3月26日。
11) 厚生労働省が2015年1月28日に発表。注6）の「北海道新聞」を参照。
12) 注5）の厚生労働省資料を参照。1人当たり保険料（税）と1人当たり医療費については2011年度，1人当たり所得については2010年度の数値。
13) 注5）の厚生労働省資料を参照。
14) 現状投影シナリオ，改革シナリオ等については，注4）の横山純一前掲書第2章

を参照。
15) 財政基盤強化策，財政運営の都道府県単位化の推進，財政調整機能の強化については注5）の厚生労働省資料を参照。
16) 保険財政共同安定化事業については，注5）の厚生労働省資料，北海道「北海道国民健康保険広域化等支援方針（第2期）」2013年3月，ならびに大分県国民健康保険団体連合会「高額医療費共同事業・保険財政共同安定化事業について」2009年12月9日を参照。交付金と拠出金の算定は，大分県国民健康保険団体連合会「高額医療費共同事業・保険財政共同安定化事業について」を主に参照した。
17) 注16）の大分県国民健康保険団体連合会の資料を参照。
18) 拠出金が国保財政圧迫の要因の1つとなっている保険者があることについては，注16）の北海道の資料を参照。
19) 注16）の北海道の資料ならびに注16）の大分県国民健康保険団体連合会の資料を参照。
20) 注5）の厚生労働省資料，ならびに注16）の北海道の資料を参照。
21) 国保基盤強化協議会「国民健康保険の見直しについて（中間整理）」2014年8月8日。
22) 国保基盤強化協議会の「中間整理」については，2014年7月7日開催の第78回社会保障審議会医療保険部会に，国保基盤強化協議会の事務レベルWGにおいて協議中の暫定版として「中間整理案」が示されている。これと8月8日の「中間整理」との違いは，後者において，「上記の（追加公費等の――横山）財政基盤強化の具体策について，あくまで国費の投入によって抜本的な財政基盤の強化を図るべきであり，新たな地方負担を前提とすべきではないとの強い意見があった」という文言が加わったことである。地方団体は国費による財政支援を強く求めていることがうかがえるのである。
23) 2013年度ならびに2015年度の神奈川県川崎市国民健康保険事業特別会計予算を参照。
24) 注1）の社会保障制度改革推進本部「医療保険制度改革骨子」を参照。また，後期高齢者医療制度ならびに後期高齢者医療制度への支援金については注4）の横山純一前掲書第4章を参照。

第7章 「平成の大合併」と合併市町村の保健・医療・福祉
―函館市と新ひだか町の事例をとおして―

 問題の所在

　総務省は，2014年度地方財政対策で，「平成の大合併」により合併した市町村において，市町村面積が拡大して消防や保健・福祉サービスに要する経費の増加が見込まれることや，災害時の拠点として支所の重要性が増すなど新たな財政需要が生じているとし，これらを地方交付税の算定に反映させることになった[1]。これは合併を行った市町村（以下，合併市町村と略す）において，2014年度以降，地方交付税（普通交付税）の算定替が縮小することが予想されるため，合併市町村の間で地方交付税が減少することに対する懸念が広がっていたことを受けての措置であった[2]。

　地方交付税の算定替の縮小・廃止については，合併市町村が合併を決断した際に織り込み済みのことであったはずである。したがって，「いまさらこのような措置はおかしい」という批判があるし，このような措置を行うこと自体，市町村合併という規模拡大の手法に負の側面があることを示しており，市町村の規模拡大のマイナスの側面を合併市町村は率直に認めるべきであるとの意見も強い[3]。

　筆者も，このような意見に反対はしないが，合併市町村が市町村運営を行う際には，住民の不満を最小限にとどめるとともに旧市町村間の住民の融和を図ることが，現実的には何よりも重要であった事情を考慮に入れる必要がある。なるほど行財政改革は必要不可欠なものであったけれども，ドラスティックな形での行財政改革は容易なことではなく，行財政改革を行いつつも住民サービス面での配慮や旧市町村に配慮した政策展開が，合併市町村に求められていたのである。したがって，合併市町村では旧役場単位で支所がお

かれ，維持・運営されているケースが少なくない。また，消防，福祉・保健サービスなどでは，合併後も施設の維持・充実や人員配置の充実が必要なケースが多いため効率化が容易ではなく，むしろ合併による面積の拡大で経費支出が増加するケースがみられた。合併市町村は，行財政改革や財政健全化の実行，住民サービスの維持・拡充，旧市町村に配慮した政策展開などを，自らの市町村のおかれた状況を踏まえながらバランスよく行うことが求められていたのである。

　本章は，合併市町村が合併後にどのような施策展開を行ってきたのかに焦点を当てながら，市町村合併について検証していきたい。このような検証作業を行うには，どうしても個別市町村の運営の内実に立ち入った分析が欠かせない。そこで，合併後のまちづくりや市町村の行財政運営が比較的順調に行われてきたと判断できる北海道内の2つの自治体（函館市，新ひだか町）を事例として取り上げることにしたい。

2 「平成の大合併」の経過と現状

　「平成の大合併」は，1999年に旧市町村合併特例法の一部改正による市町村合併の推進と，合併特例債と地方交付税（普通交付税）の算定替を主柱とする市町村合併にかかわる財政優遇措置（1999年7月）により開始された。「平成の大合併」は，1888年の市制・町村制の施行との強い連関のもとで行われた「明治の大合併」（市町村数は1883年が7万1,497，1889年が1万5,861），1953年の町村合併促進法と1956年の新市町村建設促進法により進められた「昭和の大合併」（市町村数は1953年10月が9,868，1960年4月が3,526）と並ぶ大規模な市町村合併だった[4]。「平成の大合併」が開始される直前の1999年3月31日現在の市町村数は3,232（670市，1,994町，568村）であったが，2014年4月5日現在の市町村数は1,718（790市，745町，183村）になり，市町村数はほぼ半分に減少したのである（**図表7-1**）。

図表7-1　市町村数の変化

年　月　日	市町村数
1999年3月31日 (「平成の大合併」前)	3232 (670市，1994町，568村)
2005年3月31日 (旧市町村合併特例法の失効)　／2005年4月1日 　　　　　　　　　　　　　　　合併新法施行	2521 (732市，1423町，366村)
2006年3月31日 (財政優遇に関する経過措置終了)	1821 (777市，846町，198村)
2010年3月31日 (合併新法の大幅改正)	1727 (786市，757町，184村)
2014年4月5日	1718 (790市，745町，183村)

〔出所〕　総務省資料，2014年より作成。

　この間の経過をトレースしてみると，旧市町村合併特例法は2005年3月31日に期限をむかえたが，政府は財政優遇措置の1年延長を決定した。つまり，旧市町村合併特例法の期限（2005年3月31日）までに市町村が合併することを議会で可決し，都道府県知事に市町村合併の申請をすれば，2006年3月31日までに実際に合併したケースにかぎり，合併特例債と地方交付税の算定替等の財政優遇措置が受けられることとしたのである。このような経過措置が終了した2006年3月31日までに全国の市町村数は1,821（777市，846町，198村）に再編された。さらに，政府は，2005年4月1日に新たな市町村合併特例法（合併新法）を施行して合併を推し進めたが，市町村の動きは鈍く，合併新法が大幅に改正されて事実上「平成の大合併」が幕を下ろすことになった2010年3月31日までの市町村の減少数は94にとどまり，1,727（786市，757町，184村）になった。

　「平成の大合併」では，基礎自治体である市町村が地方分権の受け皿になるために，市町村が合併して体力をつけることが必要だという主張が盛んに展開された。しかし，このような地方分権の受け皿を理由に市町村合併を行った市町村は決して多くはなかった。つまり，バブル経済期と1990年代後半の景気対策で発行した多額の地方債の残高を抱える中で，小泉政権のもとで税源配分の三位一体改革と地方交付税の大幅な削減が進められたために地方財政の改善展望が見いだせず，やむを得ず市町村合併を選択した市町村が多

かったのである。合併すれば合併特例債の発行や地方交付税の算定替，合併補助金などの財政上の優遇措置が受けられるために，合併選択の機会と捉えた市町村が少なくなかったのである。

このことは，旧市町村合併特例法が2005年3月31日に期限を迎えたにもかかわらず，総務省が財政優遇措置を1年延長したことによって，市町村合併が大きく進んだことからも明らかだろう。**図表7－1**で示されるとおり，2005年3月31日時点での市町村数が2,521だったから，このような措置は大きな意味をもったのである。財政優遇措置の1年延長は，真摯に合併後の新自治体の姿やまちづくりを議論し，結果として旧市町村合併特例法の期限に間に合わなかった地域には朗報だったが，新自治体のありかたの議論がほとんど進まず，まちづくりの核心部分の結論を先延ばしした地域も，財政優遇措置のあるうちに合併しようと「駆け込み」的な合併を選択した。後者の市町村は決して少なくなかったのであり，したがって，「平成の大合併」では地域全体の発展展望を描く「ロマンある合併」は少なかったといわざるを得ないのである。

3 合併特例債と地方交付税の算定替[5]

合併特例法の財政優遇措置の中軸は合併特例債と地方交付税の算定替であった。合併特例債は，起債充当率が95％で元利償還金の70％が地方交付税の基準財政需要額に算入される地方債で，2005年3月31日までに都道府県知事に合併を申請した市町村のみが合併建設計画に盛り込んだ事業に活用できる。合併後10年間（合併した年度の翌年度から10年間）発行でき，返済は最初の3年間は利子のみで4年目から元金償還が始まる。**図表7－2**は，6町村での市町村合併を検討していた（実際には合併は実現しなかった）埼玉県のある町の合併特例債活用による元利償還のシミュレーションである。合併特例債を限度額いっぱい発行すれば，他の地方債の発行とも相まって多額の建設・土木事業が行われることになるので，合併特例債は慎重に活用されなければならないのである。

地方交付税の算定替は，合併に伴って地方交付税の算定上の不利益を被る

図表7-2 埼玉県内の6町村が合併したときの合併特例債償還予想

条件：2005年度借入額81.57億円（事業分43.57億円＋基金分38億円），2006～2014年度は毎年度借入額43.57億円，総借入額（10年間）473.7億円で試算
借入条件は，据置期間3年の20年元利均等半年賦償還で，固定金利を選択，利率1.0％，繰越資金を想定

起債年度 償還年度	2005	2006	2007	2008	2009	2010	2011	2012	2013	2014	償還総額	交付税算入額	新負担額
2006	74,753,876										74,753,876	52,327,713	22,426,163
2007	81,570,000	39,929,219									121,499,219	85,049,453	36,449,766
2008	81,570,000	43,570,000	39,929,219								165,069,219	115,548,453	49,520,766
2009	522,959,234	43,570,000	43,570,000	39,929,219							650,028,453	455,019,917	195,008,536
2010	522,959,234	43,570,000	43,570,000	43,570,000	39,929,219						929,363,183	650,554,228	278,808,955
2011	522,959,234	279,334,730	43,570,000	43,570,000	43,570,000	39,929,219					1,208,697,913	846,088,539	362,609,374
2012	522,959,234	279,334,730	279,334,730	43,570,000	43,570,000	43,570,000	39,929,219				1,488,032,643	1,041,622,850	446,409,793
2013	522,959,234	279,334,730	279,334,730	279,334,730	43,570,000	43,570,000	43,570,000	39,929,219			1,767,367,373	1,237,157,161	530,210,212
2014	522,959,234	279,334,730	279,334,730	279,334,730	279,334,730	43,570,000	43,570,000	43,570,000	39,929,219		2,046,702,103	1,432,691,472	614,010,631
2015	522,959,234	279,334,730	279,334,730	279,334,730	279,334,730	279,334,730	43,570,000	43,570,000	43,570,000	39,929,219	2,326,036,833	1,628,225,783	697,811,050
2016	522,959,234	279,334,730	279,334,730	279,334,730	279,334,730	279,334,730	279,334,730	43,570,000	43,570,000	43,570,000	2,565,442,344	1,795,809,640	769,632,704
2017	522,959,234	279,334,730	279,334,730	279,334,730	279,334,730	279,334,730	279,334,730	279,334,730	43,570,000	43,570,000	2,801,207,074	1,960,844,951	840,362,123
2018	522,959,234	279,334,730	279,334,730	279,334,730	279,334,730	279,334,730	279,334,730	279,334,730	279,334,730	43,570,000	3,036,971,804	2,125,880,262	911,091,542
2019	522,959,234	279,334,730	279,334,730	279,334,730	279,334,730	279,334,730	279,334,730	279,334,730	279,334,730	279,334,730	3,036,971,804	2,125,880,262	911,091,542
2020	522,959,234	279,334,730	279,334,730	279,334,730	279,334,730	279,334,730	279,334,730	279,334,730	279,334,730	279,334,730	3,036,971,804	2,125,880,262	911,091,542
2021	522,959,234	279,334,730	279,334,730	279,334,730	279,334,730	279,334,730	279,334,730	279,334,730	279,334,730	279,334,730	3,036,971,804	2,125,880,262	911,091,542
2022	522,959,234	279,334,730	279,334,730	279,334,730	279,334,730	279,334,730	279,334,730	279,334,730	279,334,730	279,334,730	3,036,971,804	2,125,880,262	911,091,542
2023	522,959,234	279,334,730	279,334,730	279,334,730	279,334,730	279,334,730	279,334,730	279,334,730	279,334,730	279,334,730	3,036,971,804	2,125,880,262	911,091,542
2024	522,959,234	279,334,730	279,334,730	279,334,730	279,334,730	279,334,730	279,334,730	279,334,730	279,334,730	279,334,730	3,036,971,804	2,125,880,262	911,091,542
2025	522,959,234	279,334,730	279,334,730	279,334,730	279,334,730	279,334,730	279,334,730	279,334,730	279,334,730	279,334,730	3,036,971,804	2,125,880,262	911,091,542
2026		279,334,730	279,334,730	279,334,730	279,334,730	279,334,730	279,334,730	279,334,730	279,334,730	279,334,730	2,514,012,570	1,759,808,799	754,203,771
2027			279,334,730	279,334,730	279,334,730	279,334,730	279,334,730	279,334,730	279,334,730	279,334,730	2,234,677,840	1,564,274,488	670,403,352
2028				279,334,730	279,334,730	279,334,730	279,334,730	279,334,730	279,334,730	279,334,730	1,955,343,110	1,368,740,177	586,602,933
2029					279,334,730	279,334,730	279,334,730	279,334,730	279,334,730	279,334,730	1,676,008,380	1,173,205,866	502,802,514
2030						279,334,730	279,334,730	279,334,730	279,334,730	279,334,730	1,396,673,650	977,671,555	419,002,095
2031							279,334,730	279,334,730	279,334,730	279,334,730	1,117,338,920	782,137,244	335,201,676
2032								279,334,730	279,334,730	279,334,730	838,004,190	586,602,933	251,401,257
2033									279,334,730	279,334,730	558,669,460	391,068,622	167,600,838
2034										279,334,730	279,334,730	195,534,311	83,800,419
2035													
計	9,128,200,854	4,875,759,629	4,875,759,629	4,875,759,629	4,875,759,629	4,875,759,629	4,875,759,629	4,875,759,629	4,875,759,629	4,875,759,629	53,010,037,515	37,107,026,260	15,903,011,255
									内訳	元金	47,370,000,000	33,159,000,000	14,211,000,000
										利子	5,640,037,515	3,948,026,260	1,692,011,255

（注）6町村合併後の面積は約210平方キロメートル，人口数は約88,000人。
［出所］埼玉県A町資料。

第7章 「平成の大合併」と合併市町村の保健・医療・福祉 | 201

ことのないように配慮したもので，合併後15年間（合併した年度の翌年度から15年間）行われる。合併後10年間は合併した新自治体で算定された地方交付税額（1本算定による額）ではなく，旧市町村ごとに算定された地方交付税の合算額（算定替適用額）が新自治体に交付される。その後5年間は激変緩和措置によって算定替は段階的に圧縮され，16年目から1本算定の金額に減額される（**図表7－3**）。町村同士の合併で市になり福祉事務所をもつケースなど一部を除けば，一般に算定替の方が1本算定よりも地方交付税額が大きくなる。例えば，石巻市（2005年4月1日に石巻市，河北町，河南町，雄勝町，桃生町，北上町，牡鹿町が合併）についてみてみると，2012年度の合併算定替適用額は193億3,496万円であったのに対し，1本算定の金額はその78％の152億3,384万円であり，合併算定替の金額と1本算定の金額の差額は41億112万円であった（**図表7－4**）。

　一般に民間企業では企業合併の直前，直後からリストラが始まるが，市町村職員は地方公務員法で守られて簡単にリストラができないため，合併が行われても直ちに職員数を削減できない。そこで，地方交付税の算定替で激変緩和が行われるのである。そして，新自治体には，職員数の削減や職員給与カットなどの行財政改革がやや長いスパンで求められることになるのである。地方交付税の算定替が終了すれば，合併しなかった市町村よりも合併市町村の方が地方交付税額の減少が予想される。したがって，合併市町村では，算定替終了後の財政運営を考えながら，まちづくりを行う必要があるのである。

　合併新法では合併市町村に合併特例債の発行は認められず，算定替の期間も短縮された。合併新法中に合併が進まなかったのは，多くの市町村において合併を選択するか否かの議論がほぼ終了していたことのほかに，このような財政優遇措置の縮小の影響もあったと思われる。

　なお，最近になって，これらの2つの優遇措置について変更が行われた。つまり，合併特例債は市町村合併を行った年度の翌年度から10年間発行できるものとされていたが，2013年に政府は5年間の延長を行って15年間発行できるものとした。また，東日本大震災の被災自治体の場合は，さらに5年間延長されて20年間発行できるようになったのである。

図表7-3 地方交付税の合併算定替イメージ

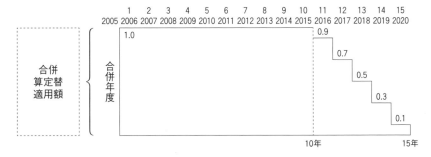

(注) 現在の石巻市は，2005年4月1日に1市6町（石巻市，河北町，河南町，雄勝町，桃生町，北上町，牡鹿町）が合併して成立した。
〔出所〕 石巻市資料，2013年。

図表7-4 宮城県石巻市における普通交付税・合併算定替の状況

(単位：千円)

	合併算定替								一本算定	合併算定替適用額 (差引)
	旧石巻市	旧河北町	旧雄勝町	旧河南町	旧桃生町	旧北上町	旧牡鹿町	合計	新石巻市	
2005年度	8,438,541	2,379,179	1,465,162	2,377,181	1,343,316	1,200,525	1,548,655	18,752,559	15,971,790	2,780,769
2006年度	7,905,839	2,305,436	1,442,992	2,433,774	1,359,284	1,193,229	1,535,956	18,176,510	15,229,193	2,947,317
2007年度	7,099,609	2,292,605	1,430,185	2,428,214	1,380,013	1,221,378	1,507,425	17,359,429	14,346,509	3,012,920
2008年度	7,126,108	2,426,197	1,473,388	2,647,257	1,439,826	1,287,619	1,561,139	17,961,534	14,748,589	3,212,945
2009年度	7,604,400	2,562,563	1,540,037	2,764,210	1,490,492	1,314,600	1,660,051	18,936,353	15,722,354	3,213,999
2010年度	8,090,726	2,636,190	1,547,672	2,805,622	1,540,084	1,342,310	1,698,578	19,661,182	16,244,474	3,416,708
2011年度	7,875,596	2,755,857	1,654,720	2,922,975	1,646,568	1,433,336	1,794,502	20,083,554	16,091,033	3,992,521
2012年度	7,328,737	2,727,069	1,623,428	2,833,923	1,601,179	1,429,608	1,791,020	19,334,964	15,233,843	4,101,121

(注) 調整率反映前の数値を使用しているため，他の資料の数値と異なる年度がある。
〔出所〕 石巻市資料，2013年。

　また，本章の冒頭で述べたように，2014年度から算定替が段階的縮小期間に入る合併市町村が多くなるために，2014年度の地方財政対策において地方交付税の算定見直しがなされることとなった。つまり，政府は，合併市町村の支所が住民サービスの維持やコミュニティの維持管理，災害対応等に大きな役割を果たしているとして，地方交付税の算定に反映させることとした（地域振興費，支所に要する経費を加算，2014〜2016年度）。さらに，2015年度からは，合併市町村の面積が拡大したことにより消防，保健・福祉サービス等の経費の増加が見込まれるので，人口密度等による需要の割り増しを行うこととし，これに加えて標準団体の面積を拡大する方向で見直すことにより，

標準団体の施設数（消防の出張所等）を見直して単位費用に反映させることとしたのである[6]。

 「平成の大合併」の地域における展開状況

では，全国的に市町村合併はどのように展開されたのであろうか。**図表7－5**をみてみよう。

まず，合併の進み具合は西高東低の傾向がみられた。つまり，市町村の減少率（1999年3月31日と2014年4月5日の比較）が70％以上の都道府県は，広島県，愛媛県，長崎県，新潟県であった。市町村の減少率が60％以上70％未満の都道府県は7県（秋田県，滋賀県，島根県，岡山県，山口県，香川県，大分県）だったが，東日本地域では秋田県だけであった。また，町と村の合計が1ケタになった都道府県が10存在したが（富山県，石川県，福井県，滋賀県，広島県，山口県，香川県，愛媛県，長崎県，大分県），東日本地域は皆無であった。さらに，市町村数が10台へと縮小した都道府県が9つ（富山県，石川県，福井県，滋賀県，鳥取県，島根県，山口県，香川県，大分県）存在したが，東日本地域は1つもなかった。

次に，人口密集地域の都道府県では市町村合併が進まなかった。東京都が1つ（2001年1月21日に保谷市と田無市の合併で西東京市が成立），大阪府が1つ（2005年2月1日に堺市と美原町が編入合併），神奈川県が2つ（2006年3月2日に相模原市と相模湖町，津久井町が編入合併，2007年3月11日に相模原市と城山町，藤野町が編入合併）のみであった。人口密集地域以外の都道府県では，北海道の減少率が低かった。北海道の場合は212市町村が179市町村に減少したが，減少率は15％にとどまったのである。

図表7-5　都道府県別合併の進捗状況

	都道府県名	1999.3.31の市町村数	内訳 市	内訳 町	内訳 村	2014.4.5の市町村数	内訳 市	内訳 町	内訳 村	減少率
1	北海道	212	34	154	24	179	35	129	15	15.6%
2	青森県	67	8	34	25	40	10	22	8	40.3%
3	岩手県	59	13	30	16	33	14	15	4	44.1%
4	宮城県	71	10	59	2	35	13	21	1	50.7%
5	秋田県	69	9	50	10	25	13	9	3	63.8%
6	山形県	44	13	27	4	35	13	19	3	20.5%
7	福島県	90	10	52	28	59	13	31	15	34.4%
8	茨城県	85	20	48	17	44	32	10	2	48.2%
9	栃木県	49	12	35	2	25	14	11	0	49.0%
10	群馬県	70	11	33	26	35	12	15	8	50.0%
11	埼玉県	92	43	38	11	63	40	22	1	31.5%
12	千葉県	80	31	44	5	54	37	16	1	32.5%
13	東京都	40	27	5	8	39	26	5	8	2.5%
14	神奈川県	37	19	17	1	33	19	13	1	10.8%
15	新潟県	112	20	57	35	30	20	6	4	73.2%
16	富山県	35	9	18	8	15	10	4	1	57.1%
17	石川県	41	8	27	6	19	11	8	0	53.7%
18	福井県	35	7	22	6	17	9	8	0	51.4%
19	山梨県	64	7	37	20	27	13	8	6	57.8%
20	長野県	120	17	36	67	77	19	23	35	35.8%
21	岐阜県	99	14	55	30	42	21	19	2	57.6%
22	静岡県	74	21	49	4	35	23	12	0	52.7%
23	愛知県	88	31	47	10	54	38	14	2	38.6%
24	三重県	69	13	47	9	29	14	15	0	58.0%
25	滋賀県	50	7	42	1	19	13	6	0	62.0%
26	京都府	44	12	31	1	26	15	10	1	40.9%
27	大阪府	44	33	10	1	43	33	9	1	2.3%
28	兵庫県	91	21	70	0	41	29	12	0	54.9%
29	奈良県	47	10	20	17	39	12	15	12	17.0%
30	和歌山県	50	7	36	7	30	9	20	1	40.0%
31	鳥取県	39	4	31	4	19	4	14	1	51.3%
32	島根県	59	8	41	10	19	8	10	1	67.8%
33	岡山県	78	10	56	12	27	15	10	2	65.4%
34	広島県	86	13	67	6	23	14	9	0	73.3%
35	山口県	56	14	37	5	19	13	6	0	66.1%
36	徳島県	50	4	38	8	24	8	15	1	52.0%
37	香川県	43	5	38	0	17	8	9	0	60.5%
38	愛媛県	70	12	44	14	20	11	9	0	71.4%
39	高知県	53	9	25	19	34	11	17	6	35.8%
40	福岡県	97	24	65	8	60	28	30	2	38.1%
41	佐賀県	49	7	37	5	20	10	10	0	59.2%
42	長崎県	79	8	70	1	21	13	8	0	73.4%
43	熊本県	94	11	62	21	45	14	23	8	52.1%
44	大分県	58	11	36	11	18	14	3	1	69.0%
45	宮崎県	44	9	28	7	26	9	14	3	40.9%
46	鹿児島県	96	14	73	9	43	19	20	4	55.2%
47	沖縄県	53	10	16	27	41	11	11	19	22.6%
		3,232	670	1,994	568	1,718	790	745	183	46.8%

(注) みよし市、野々市市、長久手市、白岡市、大網白里市、滝沢市の単独市制施行を含む。
〔出所〕総務省資料、2014年。

5 「平成の大合併」で浮き彫りになった課題[7]

　まず，合併して新自治体になったけれども，住民や役場職員の一体感がなかなか生まれてこないケースが少なくなかった。「こんなはずではなかった」と不満を述べる住民は多かったし，旧市町村の職員の多くが旧役場である総合支所にそのまま勤務し，職員の人事交流がほとんど進まないケースもみられた。市町村合併後5年以上が経過してからは，少しずつ改善されてはきているものの，スピード感をもって改善されてきているとはいい難い。法定合併協議会で新自治体のグランドデザインがなかなか描けないまま課題を先送りして合併したところほどその傾向は強いが，このような新自治体の場合，一体感を得るまでには今後もまだ相当な時間が必要だろう。

　第2に，次のような財政状況の市町村同士の合併では，行財政基盤の強化や財政力の強化につながることが難しく，結果，住民サービス面の充実や，旧市町村に配慮する政策展開に制約が生じた。つまり，財政力の脆弱な市町村同士，過疎地域の町村同士，借金が多い市と町村の合併などでは行財政基盤の強化や財政力の強化にはつながらなかったのである。とくに，合併の中軸となる市もしくは規模の大きな町村の財政が悪化している場合には合併効果が薄くならざるを得なかった。施策の充実が望めないばかりか，これまで行われてきた旧市町村の福祉や教育などの独自施策が，合併後の早い時期に廃止される場合が少なくなかったのである。

　第3に，合併で面積が広大になれば，例えば学校の統廃合が進んでもスクールバスを多数必要とするなど，行政効率化があまり進まないまま住民サービスが低下することが生じる。さらに，学校の統廃合が進んだり，これまでの役場が支所や出張所に変わって規模が大きく縮小されれば，地域の商業に打撃となる。とくに，通勤時間がかかる等の理由から旧市町村から若い職員中心に引っ越すケースが続出すれば，当該地域全体が寂れてしまう。このようなケースがみられた。

　第4に，市町村合併の目的の1つである行財政改革が進んでいない合併市町村が少なくない。財政が悪化している合併市町村の場合，使用料の引上げ

など受益者負担をいくら強めても抜本的な改善には決してなりえない。地方交付税の合併算定替の縮小・廃止を見すえれば，そして財政健全化法が施行されている現在の状況を考えれば，本庁職場を中心に総人件費の抑制の視点が必要となるのである。高齢化への対応や少子化対策の充実，旧市町村への配慮が求められているため，財政が良好ではない中で職員数の削減がなかなか進まなければ，一定期間は職員給与のカットに取り組む必要も出てくるだろう。

第5に，合併した新自治体が小規模な旧市町村に配慮した政策展開をあまり行ってこなかったケースも少なくない。このような場合，旧小規模市町村の住民の不満は高かった。住民の一体感の醸成には時間がかかるのであり，旧市町村，とくに小規模な旧市町村に公共事業費を傾斜配分することや，旧市町村の住民に配慮した福祉政策を行うことなどが，合併後の一定期間行われなければならないだろう。

以上の5つの課題，問題点を踏まえれば，比較的合併が成功している市町村は，これらの課題や問題点のいくつかに対処している場合であるということができよう。つまり，比較的良好な財政をもつ財政規模の大きい市町村と小規模市町村の合併の場合，財政規模の大きな市町村（新自治体の中心となる市町村）が小規模市町村に配慮した政策展開を行っている場合，法定合併協議会等で新自治体のグランドデザインをしっかり議論して作り上げる努力をしてきた場合，行財政改革に意欲的に取り組んできた場合，合併を行ってもあまり面積が大きくならない場合などである。これらのうちのいくつかを満たしていることが，市町村合併のある程度の成功につながっているように思われるのである。

❻ 函館市と新ひだか町の事例研究

以下，北海道内で市町村合併後のまちづくりが比較的スムーズに展開してきた部類に入る函館市と新ひだか町のケースを事例に検討してみたい。この2つのケースは，次の点で共通している。まず，合併でできた新しい函館市は，大規模な自治体である旧函館市と小規模な旧自治体（恵山町，戸井町，

椴法華村，南茅部町）の合併であり，新ひだか町は町としては規模が大きい旧静内町と小規模自治体である旧三石町の合併であった。次に，中心となる規模の大きい自治体（旧函館市，旧静内町）の財政状況が比較的良好であった。3つ目は，どちらも合併後行財政改革に積極的に取り組んできた。4つ目は，どちらも公共事業や福祉政策等で小規模自治体に配慮した政策展開を行ってきた。とくに新ひだか町では，旧三石町役場を総合支所・分庁舎方式で活用してきた。つまり，旧三石町役場の主に住民サービスにかかわる業務を残す一方で，新ひだか町の農政部を集約して旧三石町役場（総合支所）におくなどの工夫をした。そして，そのことをとおして，できるかぎり総合支所の職員数の削減率を緩和しようと努めたのである。

筆者は，函館市については合併後ほぼ4年9ヵ月が経過した2009年9月7日に調査を行った。新ひだか町については合併後7年半が経過した2013年9月30日に調査した[8]。函館市について合併して4年9ヵ月後に調査したのは，市町村合併を行った市町村においては旧市町村のさまざまな施策のいくつかを旧市町村に配慮して残す期間が5年という市町村が多かったからで，実際，函館市の福祉政策等もそうであった。また，新ひだか町の調査については，合併後10年で地方交付税の算定替が縮小するため，新ひだか町としてどのようにこれに対処しようとしているのかを探ろうと考えたからである。

 函館市の事例[9]

（1）函館市の人口，面積，産業など

新しい函館市は，2004年12月に函館市，戸井町，恵山町，椴法華村，南茅部町が合併して誕生した。編入合併方式によるもので，旧函館市の市役所がそのまま新市の市役所になり，旧4町村の役場はそれぞれ支所となった。合併に至る経過を簡潔に述べると，2003年9月に法定合併協議会が設立された。半年間の協議を経て2004年3月にすべての協議が終了し，2004年4月に合併の調印式が行われて，2004年12月1日に新しい函館市が誕生した。北海道内では最も早く行われた市町村合併であった。

人口は29万4,264人（2005年国勢調査）で，このうちの95％は旧函館市の人口であった（旧函館市が27万8,584人，旧戸井町が3,496人，旧恵山町が4,112人，旧椴法華村が1,318人，旧南茅部町が6,754人）。面積は677平方キロメートルで，このうち旧函館市分が約半分の347.08平方キロメートルであった。旧4町村はいずれも旧函館市よりも東部に位置し，漁業が基幹産業である。中でも旧南茅部町は昆布の漁獲高が多く，2007年度の新函館市の漁業漁獲高の約半分を占めていたのである。

2005年3月に，旧函館市にあったJT函館工場が閉鎖となり，新しい函館市の2006年度の工業出荷額は約1,000億円減少した。同市の2006年度工業出荷額が1,805億円であったので，JT函館工場の閉鎖が与えた同市の経済への影響は計り知れないほど大きかったのである。

旧4町村の住民は，医療（通院等），買物，通勤・通学等日常生活面において旧函館市に依存する割合が高かった。

（2）合併特例債，普通建設事業

合併特例債（起債可能額308億7,000万円）は2009年度末までに84億円（整備事業に46億円，地域振興基金の造成に38億円）が活用されることになっている。整備事業には，地域交流まちづくりセンター整備事業（合併特例債活用額4億6,000万円），恵山コミュニティセンター整備事業（同3億円），消防庁舎（東消防署）整備事業（同15億円），学校給食共同調理場総合整備事業（同3億8,000万円），し尿処理施設整備事業（同6,000万円）などがある。2010年度以降，合併特例債が充当される予定になっている事業には，函館水産・海洋総合研究センター，消防庁舎，縄文文化交流センター，地域コミュニティセンターなどの整備事業がある。

合併に伴い旧4町村で構成される消防の一部事務組合が解散したために市全体の消防力の再編が必要となり，消防庁舎の移転新築が課題となった。そこで，まず旧函館市の東消防署を東部に移転新築することが行われた。さらに，縄文文化交流センターが2009～2010年度に整備される予定であるが，この整備事業については縄文遺跡群のある旧南茅部町の要望が強かった。地域コミュニティセンターについては旧4町村のいずれからも要望があったが，

図表7－6　函館市の普通建設事業費の推移（概数）

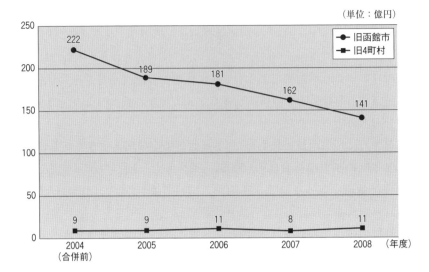

〔出所〕　函館市企画部計画推進室地域振興課資料，2009年。

　縄文文化交流センターの要望が強い旧南茅部町や総合学習センターのある旧椴法華村では，他の旧2町に比べればそれほど地域コミュニティセンターについての要望が強かったわけではない。地域コミュニティセンターの整備は，旧4町村の漁港や消防署などの整備とのバランスの中で，政策の優先順位が模索されることになるのであろう。

　注目すべきは，函館市の普通建設事業が旧4町村に配慮した支出構造になっていることである。**図表7－6**によって普通建設事業費の推移をみると，旧4町村（合計）がほぼ横ばいもしくは若干の増加となっているのに対し，旧函館市の落ち込みが目立っているのである。

（3）合併に伴う教育サービスの状況

　合併に伴う各種サービスは，基本的に旧函館市の制度や水準にあわせることとなったが，一部のサービスは旧4町村の状況を配慮したり，住民への影響を考慮して激変緩和措置がとられた。

図表7-7 市町村合併前の学校給食事業

区	函館市		戸井町		恵山町		椴法華村		南茅部町	
施設の名称	学校給食調理場		学校給食センター		学校給食センター		恵山町給食センターに委託		学校給食センター	
施設数	単独調理場15校 共同調理場21校		1箇所		1箇所				1箇所	
給食形態	完全給食		完全給食		完全給食		完全給食		完全給食	
給食費（年額） 小学校	2～5年	40,550円	1～6年	42,600円	1～6年	43,200円	1～6年	43,200円	1～6年	40,200円
	1, 6年	39,890円								
中学校	1, 2年	50,440円	1～3年	52,800円	1～3年	52,800円	1～3年	52,800円	1～3年	49,200円
	3年	48,210円								
幼稚園				32,200円						
高校				60,000円						
給食回数（年） 小学校	2～5年	185回	1～6年	193回	1～6年	190回	1～6年	190回	1～6年	190回
	1, 6年	182回								
中学校	1, 2年	181回	1～3年	193回	1～3年	190回	1～3年	190回	1～3年	190回
	3年	173回								
幼稚園				175回						
高校				175回						
調理食数（日） 小学校	40校	14,555食	2校	196食	4校	241食	1校	101食	4校	457食
中学校	22校	7,900食	2校	135食	2校	159食	1校	67食	2校	278食
幼稚園			1園	97食						
高校			1校	61食						
計		22,455食		489食		400食		168食		735食

〔出所〕函館市企画部計画推進室地域振興課資料，2009年。

　まず，教育サービスであるが，幼稚園の入園料と保育料については，旧戸井町が旧函館市に比べて安かったために合併年度は現行通りとし，2005年度から段階的に調整し5年間で統一することとなった（2010年度から統一）。修学旅行については，旧函館市の制度に直ちに統一するものとされたが，遠距離修学旅行を実施して旅行費用の半分を町が負担していた旧戸井町の場合は，2006年度まで現行通りとし2007年度から統一するものとした。遠距離通学児童・生徒については，旧函館市と旧戸井町が通学バスを運行し，旧南茅部町が民間の路線バス（函館バス）の定期券相当額を小・中学生に支給していたが，いずれも継続となった。

　図表7-7のように，学校給食については，給食費，給食回数，調理食数ともに旧市町村ごとに異なっていたため，それぞれの地域の実情を考慮し，給食費は5年間を目途に統一することとしたが，給食回数が旧函館市よりも多い旧4町村に配慮し，給食回数についてはさらなる激変緩和措置が講じられ

ることになった。

　生涯学習では，町民文化祭や各種講座など旧市町村事業の大部分が維持されたが，これは急いで再編すると地域の活動力が低下すると判断されたからである。

　義務教育については，合併する以前に学校の統廃合が行われていたが，合併に伴う学校の統廃合や通学区域の変更は行われていない。ただし，2008年度かぎりで市立恵山高校（旧恵山町立恵山高校）が閉校となった。

（4）合併に伴う福祉サービスの状況

　保育所の保育料については，3歳児未満は旧4町村に比べて旧函館市が安く，3歳児以上は保育所が皆無の旧戸井町を除いた旧3町村の方が安かったが，2005年度から旧函館市の徴収基準額に統一することになった。ただし，保育料の軽減措置が行われていた旧恵山町と旧椴法華村については，激変緩和の観点から2005年度から5年間で段階的に調整し統一するものとした。また，保育時間や特別保育（障がい児保育，一時保育，延長保育，休日保育等，そのほとんどが旧函館市でのみ実施）については，地域実情を考慮して現行のままとした。

　高齢者福祉については多様な対応がなされた。つまり，

① 　制度内容が旧市町村間で異なっていたが（旧町村の中に制度がなかった場合も含む），旧函館市の制度に統一した事業（敬老祝金・長寿記念品，配食サービス，除排雪サービス，生きがい活動通所サービス，寝具洗濯乾燥消毒サービス，訪問安否確認サービス，ショートステイ，高齢者日常生活用具給付，ひとり暮らし高齢者等緊急通報システム設置，介護予防事業，家族介護者交流など）。

② 　旧函館市の独自の制度を新しい函館市全体に広げて実施した事業（ねたきり高齢者自助具給付，いきいき住まいリフォーム助成）。

③ 　これまで旧町村の独自制度だったが廃止した事業（旧戸井町と旧南茅部町の高齢者生きがい・健康づくり推進事業，旧恵山町で実施されていた一人暮らしお年寄りふれあい弁当事業と訪問理美容サービス，旧戸井町で実施されていた高齢者食生活改善事業）。

④ 旧市町村の独自事業もしくは旧市町村間で制度内容が異なっていた事業で，当分の間現行区域で継続されることになった事業（高齢者入浴等優待事業，福祉バスの運行，シルバーハウジング生活援助員派遣，高齢者デイセンター事業など）。

　以上のように4つに分類された対応がとられた。旧4町村の住民は合併前に行われていた独自サービスの廃止や，制度が充実していた敬老祝金等が旧函館市の制度に統一されたことにより不利益が生じる一方で，配食サービスや寝具洗濯乾燥消毒サービスなどは旧函館市が充実していたので，これらのサービスを享受できることとなった。また，ねたきり高齢者自助具給付やいきいき住まいリフォーム助成などの旧函館市の制度が，合併によって旧4町村にも広げられて実施されたことによりメリットを受けた。なお，旧4町村で行われていた高齢者入浴等優待事業（温泉入浴券の発行），旧函館市で行われていたシルバーハウジング生活援助員派遣（市営住宅に生活援助員を配置）などは，激変緩和の観点から，当分の間現行区域で継続となった。

　障がい者福祉と児童・母子寡婦福祉も，高齢者福祉と同様に多様な対応がとられた。つまり，障がい者福祉では，旧函館市だけで実施している事業（車椅子貸与，重度身体障がい者等タクシー料金助成，身体障がい者訪問入浴サービス，重度身体障がい者自助具給付，心身障がい者地域共同作業所運営費補助金など），もしくは旧函館市と旧戸井町のみが実施していた事業（障がい者地域活動緊急介護人派遣，障がい者社会参加促進事業，障がい者生活支援センターなど）が多かったため，旧函館市の制度に統一して旧4町村の障がい者福祉が充実した。ただし，廃止を予定していた旧4町村実施の腎臓機能障がい者通院交通費助成サービスは，対象者の負担を考慮してこれまでサービスを受けていた者にかぎり認めることになった。児童・母子寡婦福祉では，旧函館市独自の制度として実施していた事業（ひとり親家庭支援事業，トワイライトステイ事業，子育て支援短期利用事業など）が多かったために，旧4町村住民にはサービス向上となった。

(5) 施設の統廃合（公立病院，保育所，学校給食共同調理場，消防，出張所など）

　合併前に存在していた3つの公立病院（旧函館市立函館病院，旧恵山町立恵山病院，旧南茅部町立国民健康保険病院）はいずれも新市に引き継がれたが，どちらの旧町立病院にも2つあった病棟（一般病棟と医療療養病棟）を1病棟化し，恵山病院は医療療養病棟のみ，南茅部病院は一般病棟のみとし，病床数を削減するとともに両病院の一元的な運営を図ることになった。

　保育所（認可保育所）については，旧市町村の市町村立保育所（旧函館市44，旧恵山町1，旧椴法華村1，旧南茅部町2，旧戸井町なし）は新市に引き継がれたが，このうち恵山地区にある市立保育所と椴法華村地区にある市立保育所を恵山地域に統合整備し，認定こども園とすることとなった。学校給食共同調理場（給食センター）は，旧戸井町，旧恵山町，旧南茅部町にそれぞれあったものを新市で引き継いだが，老朽化しているため椴法華地域に統合し新築されることになった。消防出張所については，合併で市立となった旧戸井町の戸井出張所と旧函館市の古川出張所を戸井地域に統合整備することになった。市の水道営業所は合併後も旧町村に1つずつあったが，椴法華地域1か所に集約した。また，旧4町村単位で行われていた保健業務を集約化し，椴法華支所内に東部保健事務所を設置した。生活保護業務については，4地域の生活保護業務を南茅部支所に集約した。

(6) 国民健康保険料（税），水道料金

　国民健康保険料（税）については，合併年度は現行通り（旧市町村の制度のまま）とし，2005年度から旧函館市に統一された。ただし，激変緩和措置がとられた。**図表7－8**のように，賦課方法（医療分）が旧市町村で異なっていた。旧函館市は資産割の賦課がないのに対し，旧4町村は資産割を賦課していた。また，旧南茅部町は均等割と平等割の比重が高く，所得割と資産割が低いのに対し，旧戸井町と旧椴法華村は均等割と平等割が低くて資産割と所得割が高かった。保険料率が統一されると，旧恵山町と旧椴法華村は減額となる世帯が増額となる世帯を上回ることになり，その反対に，旧南茅部町

図表7-8　市町村合併前の国民健康保険料（税）

(単位：円，％)

区分		函館市	戸井町	恵山町	椴法華村	南茅部町
医療	所得割	10.99%	10.50%	10.00%	14.00%	8.00%
	資産割	—	60.00%	40.00%	70.00%	30.00%
	均等割	28,010円	23,000円	30,000円	25,000円	35,000円
	平等割	31,410円	28,000円	35,000円	30,000円	38,000円
	賦課限度額	520,000円	530,000円	530,000円	520,000円	510,000円
介護	所得割	1.72%	0.80%	0.90%	0.90%	0.50%
	資産割	—	—	—	—	7.00%
	均等割	5,520円	9,000円	10,000円	10,000円	6,000円
	平等割	4,750円	—	—	—	4,000円
	賦課限度額	80,000円	80,000円	80,000円	65,000円	80,000円

（注）2003年度賦課の料（税率）である。
〔出所〕函館市企画部計画推進室地域振興課資料，2009年。

図表7-9　函館市の国民健康保険料率統一に伴う影響額

○旧函館市の料率を適用した場合の影響（介護分含む）　　　　　　　　（単位：世帯）

区分		戸井町	恵山町	椴法華村	南茅部町	合計
総世帯数		828	843	252	1,646	3,569
減額となる世帯		403	559	201	513	1,676
	1万円以下	80	79		35	194
	1〜3万円	94	480	5	475	1,054
	3〜5万円	229		106	3	338
	5〜7万円			55		55
	7〜9万円			34		34
	9〜11万円			1		1
	11〜12万円					
増額となる世帯		425	284	51	1,133	1,893
	1万円以下	165	157	8	98	428
	1〜3万円	215	117	43	179	554
	3〜5万円	45	10		436	491
	5〜7万円				242	242
	7〜9万円				124	124
	9〜11万円				34	34
	11〜12万円				20	20

（注1）旧函館市の料率を適用した場合の影響（介護分含む）である。
（注2）世帯数は，2003年度確定賦課時。
〔出所〕函館市企画部計画推進室地域振興課資料，2009年。

では減額となる世帯を増額となる世帯が大きく上回ることになる（**図表7－9**）。そこで，旧南茅部町の保険料率にかぎり，2005年度から段階的に5か年で調整し統一することとしたのである。なお，旧函館市は国民健康保険料，旧4町村は国民健康保険税であったが，国民健康保険料に統一された。

　水道料金についても，合併後5年間の激変緩和後，2010年度から統一された。旧函館市は旧4町村よりも一般家庭用が安く，旧4町村は旧函館市よりも業務用が安かった。漁業者や水産加工業者等との調整により，旧函館市の水道料金に統一されたのである。

（7）行財政改革の進行

　旧函館市では，2000年度から「第3次行政改革」（2000～2004年度が前期計画，2005～2009年度が後期計画）に取り組んでいたが，2004年12月に市町村合併で新しい函館市ができたため市職員数が大幅に増加した。**図表7－10**から判断できるように，行政改革前の1999年5月1日現在に4,097人だった総職員数は，2004年5月1日には401人減少して3,696人になったが，市町村合併後の2005年5月1日現在には391人増加の4,087人になったのである。そこで，後期計画では職員数の削減と組織機構の見直しを加速させることになった。

　「第3次行政改革」の職員削減実績をみると，前期では公営企業の合理化が目立ち，市営バス事業の廃止で交通局職員が大幅に削減された。また，水道局も大幅な削減となった。これに対し，後期では，一般部局の職員数削減が中心であった。2005年5月1日現在と比べて2009年5月1日現在では，一般部局職員数が377人，教育委員会職員数が111人減少しているのである（**図表7－10**）。4支所の一般部局職員数も合併後毎年度減少し，2009年5月1日現在の職員数は，2005年5月1日現在の約半分になっているのである（**図表7－11**）。

　教育委員会の機構改革（2007年度），東京事務所の廃止，商工観光部の再編（2008年度），4支所の課の統合（2010年度）などの組織機構の見直しが行われた。さらに，保育所の民営化が行われ，2005年度からの6年間で6つの保育所が民間委託化された。学校給食調理（調理，配膳，食器器具類等の

図表7-10　函館市部局別職員数推移（各年度担当者配置後）

	1999年5月1日	2004年5月1日	2005年5月1日	2009年5月1日
議会事務局	19	18	22	16
一般部局	1,815	1,706	1,906	1,529
教育委員会	537	464	518	407
選挙管理委員会	10	8	9	9
監査事務局	8	9	9	9
農業委員会	10	6	6	7
臨時部局（定数外）	28	16	3	0
消防	368	361	433	413
病院	676	682	763	830
（函館病院）	(676)	(682)	(692)	(762)
（函館恵山病院）	(—)	(—)	(38)	(38)
（函館南茅部病院）	(—)	(—)	(33)	(30)
水道局	337	274	272	246
交通局	195	72	74	71
定数外派遣等	94	80	72	62
総職員数	4,097	3,696	4,087	3,599

（注1）　合併前の総職員数は旧函館市の総職員数である。
（注2）　合併後の一般部局には支所職員数が含まれる。
〔出所〕　函館市総務部行政改革課資料，2009年より作成。

図表7-11　函館市の4支所の一般部局職員数の推移

支所名	2005年5月1日	2006年5月1日	2007年5月1日	2008年5月1日	2009年5月1日
戸井支所	44	42	34	30	25
恵山支所	63	57	39	33	25
椴法華支所	29	28	26	24	21
南茅部支所	64	61	49	37	30
計	200	188	148	124	101

（注）　教員・病院を除いた4支所の職員数は，2009年5月1日現在，戸井支所が33人，恵山支所が36人，椴法華支所が29人，南茅部支所が53人である。
〔出所〕　函館市総務部行政改革課資料，2009年より作成。

図表7−12 函館市の第3次行財政対策の効果額

(単位：百万円)

区分	2000年度	2001年度	2002年度	2003年度	2004年度	2005年度	2006年度	2007年度	2008年度	2009年度	累積効果額
職員数の見直し、経常経費の節減など(行政の内部努力) A	437	363	526	642	784	618	1,173	1,189	1,533	1,364	36,595
1) 組織機構・職員数の見直し	237	263	270	403	456	368	513	904	852	912	21,674
① 職員数の見直し	(△20人)198	(△28人)262	(△31人)281	(△50人)418	(△73人)598	(△79人)653	(△94人)760	(△157人)1,254	(△133人)1,061	(△150人)1,197	(△815人)26,486
② 委託化・嘱託化等	39	1	△11	△15	△142	△285	△247	△350	△209	△285	△4,812
2) 収入役の廃止							16				64
3) 給与制度の見直し	0	0	56	139	228	150	312	84	52	73	4,989
4) 経常経費の節減	200	100	200	100	100	100	332	201	629	379	9,868
使用料・手数料の見直しなど(市民の協力) B	340	14	345	10	88	334	177	97	117	115	9,902
1) 受益者負担の適正化	317	3	358	0	0	0	36	49	55	31	6,493
2) 施策の見直し	23	11	△13	10	88	334	141	48	62	84	3,409
実施年度効果額 A + B	777	377	871	652	872	952	1,350	1,286	1,650	1,479	46,497
累積効果額	777	1,931	3,956	6,633	10,182	14,683	20,515	27,610	36,340	46,497	

(注1) 組織機構・職員数の見直しによる効果額は、企業会計、競輪事業、交通災害共済事業など一般会計による人件費負担のないものを除き、職員給与費のほか職員派遣に係る委託料等の増減などを含む。

(注2) 効果額は、実施年度の当初予算を前年度の当初予算と比較したものである。

[出所] 函館市総務部行政改革課資料、2009年。

洗浄・消毒, 残滓の処理施設・設備の清掃・点検などの業務）の民間委託化も2004年度から進み, 調理施設のある学校（単独調理場もしくは親子共同調理場のある学校）35校のうち, 2009年度までに40％の14校が民間委託化された[10]。さらに, 公用車運転業務の民間委託化が支所福祉バス, 通学バスなどで実施されるとともに, 2005年度からごみ収集業務の委託化が実施された。また, 公の施設の指定管理者制度が2006年度から本格導入された。

　また, 受益者負担の強化（家庭ごみ処理の有料化, 医療助成制度の見直しなど）や生活保護世帯優遇制度の見直し（2006年度実施, 生活保護受給世帯に対する下水道使用料減免の廃止, 交通機関乗車料金半額助成の廃止, 公営住宅家賃減免の廃止, 高校授業料減免の廃止など）, 公債費の繰上償還, 広告収入の導入などが行われた。

　10年間の行財政改革の中で, 職員数の削減と組織機構の見直し, 経常経費の節減, 使用料・手数料の見直しなどによる累積効果額は約465億円となった（**図表7－12**）。このうち60％は職員数（普通会計）の削減によるものであった（264億8,600万円）。人件費（普通会計決算）は1999年度の263億4,300万円から2008年度の237億2,000万円に, このうち職員給は1999年度の187億6,300万円から2008年度の156億900万円に減少した。なお, **図表7－10**から把握できるように, このような大幅な職員数の削減が行われている中で, 市立函館病院の職員数が増加している。これは7対1の看護を見すえて看護師の増員が行われたからである。

（8）函館市の合併が比較的順調にいっている理由

　函館市の場合, 次の点から, 比較的合併が順調にいっているといえるだろう。つまり, 旧4町村の住民が通勤・通学や買物, 通院などで旧函館市に頻繁にくるなど合併前から交流が盛んなうえ, 編入合併で基本的に旧函館市の制度にあわせたために, 一部のサービスを除けば旧市町村間の住民の利害調整に時間をあまりさくことなく新自治体の方向性を定めることができた。また, 旧函館市の方が福祉施策の多くが充実していたため, 旧4町村の住民はその面でメリットを享受できたし, 福祉や教育, 国民健康保険料などで, 住民生活に大きな影響が出る部分には激変緩和措置がとられた。さらに, 次の

(9)で詳しく述べるように，合併前の4町村の財政状況が悪化していたため，4町村は普通建設事業を抑制しなければならない状況にあった。しかし，合併後の函館市が投資的経費を抑制する方針であったにもかかわらず，旧4町村には投資的経費の支出面での配慮がなされたのである。

(9) 函館市の展望

　財政（普通会計）についてみてみよう[11]。合併前の旧市町村の財政規模（歳入）は次のとおりであった（2003年度決算）。旧函館市が1,207億559万円，旧戸井町が24億3,129万円，旧恵山町が29億2,048万円，旧椴法華村が16億9,285万円，旧南茅部町が50億2,370万円であった。旧4町村をあわせた普通会計の財政規模は旧函館市の10分の1にすぎなかったのである。

　さらに，合併前の4町村の財政は悪化していた。地方債現在高は旧戸井町が32億4,449万円，旧恵山町が28億6,512万円，旧椴法華村が33億6,390万円，旧南茅部町が68億3,678万円であった。公債費負担比率は，旧戸井町が19.7％，旧恵山町が19.3％，旧椴法華村が34.2％，旧南茅部町が30.2％であった。また，経常収支比率は旧戸井町が90.9％，旧恵山町が95.1％，旧椴法華村が97.8％，旧南茅部町が89.6％であった。財政調整基金現在高は旧戸井町が2億6,000万円，旧恵山町が2,200万円，旧椴法華村が2億3,400万円，旧南茅部町が4億1,000万円だった。歳出総額に占める公債費の割合は，旧戸井町が17.4％，旧恵山町が16.6％，旧椴法華村が28.8％，旧南茅部町が21.0％だった。

　旧4町村は程度の差こそあるものの多額の地方債残高を抱える一方で，財政調整基金などの貯金を費消し，公債費が財政を圧迫していた点で共通していた。このため，とりわけ普通建設事業を抑制しなければならない状況にあった。旧函館市の財政も良好とはいえなかったが，旧函館市の財政規模が圧倒的に大きかったために，旧4町村に配慮した公共事業費（普通建設事業費）の傾斜配分を行っても，新市の財政を揺るがすほどのものにはならなかったのである。

　全体的にみれば順調にきた合併といえるが，今後の課題も多い。まず，福祉や教育，国民健康保険料などで激変緩和措置がとられてきたが，2009年度で終了するものや，2009年度に終了しないものについても今後旧函館市の制

度に統一する方向性が出ている。旧4町村の住民との協議・調整が行われてきたとはいうものの，住民サービスに変動が出るため旧4町村の住民の反応が注目される。また，3つの市立病院の財政健全化と見直しも大きな課題である。見直し方法によっては旧町村の住民サービスに影響する。さらに，これまで普通建設事業費は旧函館市で落ち込む一方，旧4町村には配慮がなされてきた。この扱いが今後どうなるかが課題である。旧市町村間のバランスは無視できないが，事業実施そのものの必要性，優先度，事業効果など総合的に判断することが今後求められるだろう。このため市には住民との情報共有の推進と説明責任が求められる。2011年4月1日施行の自治基本条例は，この面で多少なりとも貢献することになるだろう[12]。

また，行政改革が10年間の計画で進められてきたが，2009年度が最終年度である。本庁職場にいっそう食い込んだ行政改革を求める市民の声が確実にあるだけに[13]，2010年度からのさらなる行政改革をどのように進めるのかが課題である。その一方，指定管理者制度の弊害も指摘され始めた。コストメリットはあるにしても，非正規雇用の拡大につながっていることや住民サービスの観点から問題があるケースもみられる。指定管理者制度になじまないと思われるものについては，市直営に戻すなどの見直しが必要であろう。

さらに，旧函館市は北海道内で生活保護受給率が釧路市に次いで高く，失業率も高い。その意味では，市町村合併をしようとしまいと，雇用対策や産業政策が大変重要である。合併を契機に，旧4町村のもつ物的資源，人的資源をどのように函館市全体で活用していくのか，地域振興や産業の活性化に今後どのようにつなげていくことができるのか，創意・工夫が求められているといえるだろう。

8 新ひだか町の事例[14]

(1) 面積，人口

新ひだか町の面積は1147.74平方キロメートル（旧静内町が801.5平方キロメートル，旧三石町が346.23平方キロメートル）と広く，新函館市の面積の

約1.7倍に及ぶ。人口は，旧静内町が2万2,467人，旧三石町が4,798人（2005年国勢調査）であったが，2010年国勢調査にもとづく新ひだか町の人口は2万5,419人となっており，5年間で1,800人程度減少した。高齢者比率は27.4％である。

（2）新ひだか町誕生に至る経緯

　新ひだか町の市町村合併に至った経緯を述べよう。当初は，静内町，三石町，新冠町の3町で法定合併協議会が設立されて合併協議が行われていたが，2004年12月に新冠町が合併協議からの離脱を表明した。ただし，この時点でかなりの程度新自治体のグランドデザインができあがっていたことや，旧市町村合併特例法の失効が迫っていたため，2005年3月20日に静内町と三石町の各々において，市町村合併（2町合併）の是非を問う住民投票が行われた。静内町では有効投票数の約7割が賛成であった。三石町では賛成が1,751，反対が1,388とわずかの差で賛成が反対を上回った。この結果を受け，市町村合併の実施が決定し，2005年3月22日に合併の調印式が行われた。そして，2006年3月に合併して新自治体である新ひだか町が誕生したのである。

（3）合併協議

　市町村合併を行う際に合併協議を積み重ねてきたのか否か，合併協議の中でまちづくりや新自治体のグランドデザインを描くことができたのか否か，このことによって合併の成否が大きく変わるといってよいだろう。良くないのは，課題を先送りして行う合併である。「まず，先に合併ありきでいこう。面倒な問題は合併をした後で決めればよいから」，「課題や問題点を示せば住民の反対の声が強まるおそれがあるので，合併後に課題や問題点を整理すればよい」等々である。このような方法をとれば，合併協議の途中で離脱するような市町村は生まれないのかもしれない。しかし，合併後に課題が山積することになる。

　新ひだか町の場合は，総じて合併協議を真摯に行ってきたといえる。つまり，合併協議において，両町の事業（新冠町離脱前は3町の事業）について，同一の事業はもとより，両町が単独で行っていた事業を含め全部で1,900項

目余りをすべて洗い出した。そして，新自治体が誕生した際には，これらの事務事業をどのように扱っていくのかが協議されたのである。事務事業項目の洗い出し自体はオーソドックスなやり方であり，多かれ少なかれ市町村の合併協議で行われた手法である。ただ，新ひだか町の場合，すべての事務事業項目を洗い出してシート化した点に特徴があった。すべての事務事業項目を洗い出せば，間違いなく，それぞれの市町村の良い点だけではなく欠点もみえてくることになる。しかし，このような洗い出し作業は将来のまちづくりのためには欠かせないものと思われるのである。

（4）厳しい行財政改革の作業と行財政改革の進行，町民参加の行財政改革の取り組み

　新ひだか町は合併直後からドラスティックに行財政改革に取り組んだ。いわゆる小泉改革に代表される，地方財政に関する国の路線転換は地方交付税の大幅な削減を招来した。実際，市町村合併に伴う財政優遇措置があったにもかかわらず，新ひだか町の地方交付税収入は減少した。さらに，起債制限比率をはじめとして新ひだか町の各種財政指標は軒並み悪化した。そこで，新ひだか町では，行財政改革を進めることが何よりも優先して重要なものになったのである。2006年に役場内に行政改革推進課が設置されるとともに，同年7月には新ひだか町行財政改革推進本部が発足し活動を開始した。町長を本部長に各部長級職員および関係各課長を本部員として全庁的な取り組みの体制が構築されたのである。さらに，町の各界を代表する者（関係団体の推薦を受けた者）たちを中軸にしつつも広く町民参加を進める形で，2006年9月に町民主体の新ひだか町行財政改革推進委員会（委員長は筆者）が発足した。この行財政改革推進委員会は2006年9月から2008年7月までの約2年間，全19回開催されたが，旧町に配慮して開催場所は旧静内町と旧三石町とで交互とし，また，構成メンバーについても旧静内町の町民と旧三石町の町民の割合をほぼ半々とした。

　行財政改革にあたっては，すでに合併協議の際に1,900項目あまりの事務事業項目の洗い出し作業が行われ，全事務事業のシートという財産を保有していたため，役場では通常行われるスクラップアンドビルドという手法を1

歩進め,「オールアンドスクラップ」を断行することになった。つまり,すべての事務事業について,根本的にスクラップアンドビルドをかけたのであるが,当然のことながらスクラップの方に力点が置かれたのである。そして,行財政改革推進本部の方から行財政改革推進委員会に個々の事務事業ごとに,廃止や縮小,現状維持,拡充,民間委託化等の提案がなされ,行財政改革推進委員会が意見を述べた。行財政改革推進本部の提案と行財政改革推進委員会の意見とが一致しないものも少なくなかった。例えば,役場から「この事業はやめたい」という提案がなされた場合があったけれども,行財政改革推進委員会は「この事業は必要である」という意見になった場合があるし,その反対のケースもあったのである。そして,基本的に行財政改革推進委員会の意見を町は尊重した。経費削減の目的で,公園等での草刈り事業の一部については民間委託をやめて町職員が自ら草刈り事業を行うこと(草刈り事業の直営化)が実施に移されたが(**図表7-13**),これは行財政改革推進委員

図表7-13 新ひだか町の行政改革の実施結果

〔2006年度実施〕
ア 行政評価件数 904件
イ 影響額 ▲982,064千円
ウ 主な取組み事例 (単位:千円)

	項目	金額
歳入	上下水道使用料の改定	87,326
	火葬場使用料の改定	1,448
	各種手数料の改定	5,279
歳出	温泉入浴費の助成	▲2,136
	草刈事業の直営化	▲15,838
	「まなびの翼」を町広報誌に統合	▲1,505
	海浜公園・ふれあい交流施設の開設期間の短縮	▲2,379
	静内温水プールの開設期間の短縮	▲10,125
	春立・鳧舞地域保育所の閉所	▲7,174
	敬老祝い金の廃止	▲1,800
	静内湖キャンプ場の休止	▲2,247
	町民休養ホームの休止	▲7,977
	交流施設基盤整備事業の休止	▲1,600
	三石スキー場の休止	▲1,292
	屋内ゲートボール場の休止	▲1,924
	人件費臨時的削減	▲190,355

〔2007年度実施〕
ア 行政評価件数 347件
イ 影響額 ▲686,276千円
ウ 主な取組み事例 (単位:千円)

	項目	金額
歳入	法人町民税均等割(制限税率1.2倍へ)の改定	2,292
	公営住宅使用料(積算係数の見直し)の改定	16,774
	各施設使用料の改定	7,258
歳出	デイサービスセンターあざみ・なごみ両施設に指定管理者制度導入	▲18,309
	学校給食センター調理・配送・ボイラー業務を民間委託	▲26,627
	三石幼稚園を廃園(三石図書館として活用)	▲846
	御園・田原地域保育所の閉所(豊畑地域保育所へ統合)	▲3,813
	システム保守業務委託料の削減	▲2,264
	ふれあいセンター御園館の休止	▲5,785
	人件費臨時的削減	▲147,581

(注) 影響額とは,2006年度実施分については2007年度予算要求に対しての行政評価による削減額,2007年度実施分については2008年度予算要求に対しての行政評価による削減額。
〔出所〕 新ひだか町行財政改革推進委員会資料,2008年。

会が求めたものであった。

（5）役場職員の意識改革と徐々に変化してきた住民の意識

　事務事業の「オールアンドスクラップ」を行ったので，多くの職員が程度の差があるにせよ何らかの形で具体的に行財政改革にかかわることになった。さらに，職員が行財政改革推進委員会に出席することを通じて，委員である町民と職員との意見交換が行われることよって，職員の行財政改革への理解が深まっていった。

　さらに，行財政改革推進本部と行財政改革推進委員会における行財政改革の検討とは別に，町長決断として職員給与のカットが行われた。そして，職員数の減少と職員給与カットにより，普通会計における人件費中の職員給（行政職員や保健師等の給与）は2005年度の18億3,141万円（旧静内町と旧三石町の合計）から2012年度の14億2,683万円へと大幅に低下したのである。このような職員給与カットが行われたのは，行財政改革推進本部と行財政改革推進委員会とで検討してきた行財政改革によって産みだされる金額だけでは，新ひだか町の財政改善には程遠かったからである。このような職員給与のカットを通じて，あらためて大変厳しい状況に新ひだか町の財政がおかれていることを職員が認識するとともに，行財政改革の理念や方向が多くの職員に浸透していったように思われるのである。

　また，住民の意識も徐々に変化していった。とくに受益者負担の考え方が高まっていった。もちろん極端な形での自己負担は問題であるが，「必要な受益を受けることができるならば，必要な負担をする」という意識が醸成されていったように思われる。さらに，団体補助についてはほぼ1割の一律カットが実行されたが，町が丁寧な説明を行ってきたこともあり，おおむね理解を得た。そして，「（団体補助が）カットされたのを機に，補助金の使い道を改めて検討してみよう」という機運が，少なからぬ団体において生まれてきたのである。

(6) 行財政改革の具体的な取り組み内容と実施結果

　すでに，新ひだか町の行財政改革の特徴として，すべての事務事業項目の見直しをかけたことを述べたが，具体的には次のような取り組み内容であった。つまり，合併時の調整項目（Aランク，Bランク，Cランク）について行政評価を行い，すべての事業をいったんスクラップしたところから，当該事業の必要性や貢献度，事業規模，事業期間（とくに終期）などを明確にした。また，既得権の排除や非効率的な事業の縮小，廃止を検討した。評価の具体的な手法は，基本的に行政評価と同様としたが，全事業について事前評価（新規事業扱い）を行い，行政改革推進課による2次評価の後，行財政改革推進本部会議，行財政改革推進委員会に報告され，行財改革推進本部と行財政改革推進委員会において審議が行われた。2006年度は全事務事業の評価が実施され，2007年度については，より即効性を高めるために，100万円以上の事業および新規事業を中心として理事者ヒアリングが実施されたのである。

　実施事例と影響額は図表7-13のとおりである。2006年度の評価件数は904件で，影響額（2007年度の予算要求に対して行政評価を実施して削減した額）は9億8,206万円であった。また，2007年度の行政評価件数は347件で，影響額（2008年度の予算要求に対して行政評価を実施して削減した額）は6億8,627万円であった。ただし，削減額として多額であったのは職員給与のカット（人件費臨時的削減）であり，両年度ともに，影響額のほぼ5分の1を占めていたのである。

(7) 必要な事務事業や施設，サービスの維持

　注目すべきは，新ひだか町の場合，厳しい行財政改革が行われたけれども，必要な事務事業，施設，サービスは維持されてきたことである。例えば，旧静内町と旧三石町にそれぞれ1つずつ存在した町立病院は，新ひだか町立静内病院，新ひだか町立三石病院として運営されることになったし，旧静内町にあった町立の特別養護老人ホームと町立の老人保健施設も，町立のまま新ひだか町に引き継がれた。近年，自治体直営の特別養護老人ホームを民間委託するケースが目立っているが，新ひだか町は，そのような対応はしなかっ

たのである。

　やや長期的な観点からすれば，このような町直営の維持は効果があると思われる。町としての独自の高齢者福祉政策が行いやすいし，町直営の施設であるために職員の人事交流もやりやすい。さらに，町が積極的な形で研修を行うことができるからである。

（8）旧三石町への配慮

　市町村合併においては，財政規模が大きな自治体（旧静内町）が小規模自治体（旧三石町）に対して配慮することは，合併後10〜15年間くらいは必要であろう。新ひだか町の場合は，合併後継続して，旧三石町に対して配慮する政策が多様な形で行われてきた。

　まず，役場職員数における配慮がある。役場職員数は，合併前が486人（旧静内町が345人，旧三石町が141人）であったが，合併後の2009年4月1日現在では456人，2013年4月1日現在では438人と職員数は減少した。2013年9月1日現在の新ひだか町の職員数は445名で，静内地区において仕事をしている者が332名，三石地区で仕事を行っている者が113名となっている。効率だけを追求するのであれば，おそらく，静内の本庁舎に集約し旧三石町役場は支所もしくは出張所にして職員数を極力減らすことになるだろう。しかし，それでは住民の融和はなかなか図れないだろうし，職員同士の融和も簡単にはできないと思われる。そこで，新ひだか町では，現実的な方策として，総合支所方式と分庁舎方式の両方を採用したのである。つまり，旧三石町役場は総合支所の機能をもつとともに，農林水産部が配置されたのである（図表7-14）。また，住民サービスにかかわる職員が多い健康生活部職員も多数配置された。将来も，このようなスタイルがよいかは別にしても，少なくとも合併してしばらくの間は，このような方法を採用したことは賢明な選択であったと考える。

　次に，旧三石町への公共事業費の傾斜配分が行われた。旧三石町では，下水道整備が市街地においてほぼ完了していた旧静内町に比べて下水道整備が立ち遅れていた。市町村合併が行われて1つの自治体になったのだから，地域バランスよく下水道事業が行われる必要があった。このために，公共事業

費は旧三石町に厚く配分されることになったのである。すでにみてきたように，函館市においても旧4町村に厚く公共事業費が配分されていた。このような小規模な旧市町村に配慮することは，住民の融和の観点から必要なことである。

　3つ目は，公共事業費以外での旧三石町への配慮である。水道料金は旧三石町が旧静内町に比べて高かったが，合併で統一されたため三石地区が大幅に値下がりになり，静内地区が小幅な値上がりとなった。さらに，三石地区の住民の交通の利便性の確保のために，2011年度から通院，買物，温泉など多目的で利用できるコミュニテイバスの運行が始まった。新ひだか町は，その運行経費として1,002万円を計上している（2013年度）。また，高齢者政策では，合併後も旧町で行われていたサービスを継続しているケースがみられるし，同じサービスを提供する場合でも，旧三石町と旧静内町とでは運用面で違いがみられるケースもある。さらに，1自治体1社会福祉協議会の原則にもとづいて社会福祉協議会の合併が行われたが，合併前の三石社会福祉協議会の独自事業の継続などが図られている。このような旧町ごとの差異は徐々に改善をしていくことが求められるが，だからといって平準化を急げば無理が生じてくる。町民融和を考えながら，平準化に向けた努力を積み重ねていくことが大切であるといえるだろう。

図表7-14　新ひだか町職員の地区別勤務人数

(単位：人)

	静内	三石	計
総務企画部	53	1	54
住民福祉部	41	0	41
健康生活部	144	54	198
経済部	34	12	46
農林水産部	8	23	31
三石総合支所	0	16	16
教育部	37	5	42
その他	15	2	17
合　計	332	113	445

（注1）　2013年9月1日現在の数値である。
（注2）　町立病院，町立特別養護老人ホーム，町立老人保健施設等の正規職員を含む。
（注3）　その他は会計管理者，選管，議会，農業委員会，一部事務組合派遣職員等。
〔出所〕　新ひだか町総務企画部資料，2013年。

なお，児童，障がい者（児）に対する福祉政策は，合併後もほぼ事業的に縮小することなく行われている。また，合併に伴って老人クラブや社会教育団体が統一されて会員数が拡大するとともに交流が進んできている。敬老祝金については合併後に廃止された。

このような中で，学校の統廃合が三石地区でドラスティックに進んだことが注目される。三石地区の小学校5校が廃校となり1校に集約されたのであ

図表7－15　旧2町（旧静内町，旧三石町）の学校数・児童生徒数（小，中，高校）と現在の新ひだか町の学校数，児童生徒数

（単位：人）

2005年度		2013年9月20日現在	
学校名	児童生徒数	学校名	児童生徒数
高 静 小 学 校	562	高 静 小 学 校	535
静 内 小 学 校	281	静 内 小 学 校	196
山 手 小 学 校	241	山 手 小 学 校	157
東 静 内 小 学 校	64	東 静 内 小 学 校	49
春 立 小 学 校	34	桜 丘 小 学 校	80
川 合 小 学 校	21	○三 石 小 学 校	157
桜 丘 小 学 校	117		
○三 石 小 学 校	101		
○延 出 小 学 校	30		
○鳧 舞 小 学 校	29		
○本 桐 小 学 校	49		
○歌 笛 小 学 校	33		
○川 上 小 学 校	6		
小 学 校 計	1,568	小 学 校 計	1,174
静 内 中 学 校	315	静 内 中 学 校	259
静 内 第 二 中 学 校	47	静 内 第 二 中 学 校	33
静 内 第 三 中 学 校	296	静 内 第 三 中 学 校	257
○三 石 中 学 校	147	○三 石 中 学 校	111
中 学 校 計	805	中 学 校 計	660
静 内 高 等 学 校	572	静 内 高 等 学 校	588
静内農業高等学校	199	静内農業高等学校	211
高 等 学 校 計	771	高 等 学 校 計	799
合 計	3,144	合 計	2,633

（注）○印が旧三石町の学校，無印は旧静内町の学校。
〔出所〕　新ひだか町総務企画部資料，2013年。

る。静内地区においても2校が廃校になり，今後，中学校1校（静内第2中学校）が統合予定になっている（図表7-15）。

　保育所については，3つの町立保育所のうち1つが廃止された。

(9) 町立病院等の人事交流が進んだ

　新ひだか町では，旧静内町立病院と旧三石町立病院の2つの病院を新ひだか町立病院としてそのまま引き継いで運営している。町が病院を2つとも町直営で維持運営することは財政負担になり，将来的には再編を検討する必要が出てくるものと思われるが，現時点ではさまざまな工夫を施しながら維持運営されている。現在，相互診療の実施ということで，2012年4月から新ひだか町立静内病院の医者が新ひだか町立三石病院に，三石病院の医者が静内病院に，1ヵ月に2回程度それぞれ出向いている。さらに，2町立病院になったことで合併前には取り組めなかった人事異動が可能になり，2013年から医療職の人事異動を開始した。また，三石病院の看護職員が静内病院で実施している手術の見学・研修を行うなど，看護職の研修，学習機会が増加した。

　さらに，合併前は病院事業会計で一時的な資金不足が生じた場合，銀行借入に依存していた。しかし，合併して2つの病院を町がもつことによって，一方の病院の事業会計に一時的な資金不足が生じた場合，もう一方の病院の内部留保金の活用が可能になったために銀行借入をしないで済ますことができ，一時借入金の利子負担の軽減を図ることができるようになった。さらに，医療機器のうち，移動が可能な医療機器であれば相互利用ができるようになった。

　また，2つの町立の特別養護老人ホームと1つの町立の老人保健施設についても，職員の人事交流が進むとともに研修や学習機会が増加した。

(10) 新冠町との広域連合は存続

　合併協議から離脱した市町村があると，離脱した市町村と合併した市町村がこれまで一緒に形成してきた一部事務組合や広域連合が解消となるケースが，しばしばみられる。当該地域では，旧静内町と旧三石町，新冠町の3町で介護に関する広域連合が形成されていた。新冠町が合併協議から離脱し2

町合併による新ひだか町ができたけれども，広域連合（新ひだか町と新冠町の2町による介護に関する広域連合）はそのまま存続した。

(11) 新ひだか町と合併特例債

図表7－16は，新ひだか町において，これまでに合併特例債を用いた事業，もしくは合併特例債をこれから使おうと計画している事業における合併特例債発行（予定）額を示している。発行（予定）額は87億1,330万円にのぼっている。その内訳は，町道整備事業が22億5,030万円，総合町民センター建設事業が15億3,840万円，図書館・郷土館建設事業が10億3,180万円，消防庁

図表7－16　新ひだか町の合併特例債の充当事業および発行（予定）金額

(単位：千円)

	事業名	金額
1	2町電算一元化整備事業債	615,400
2	地域交流センター整備事業債	233,000
3	地域生活基盤施設整備事業	30,600
4	町道整備事業	2,250,300
5	林道整備事業	110,800
6	公用車購入事業	49,500
7	消防庁舎改築事業	884,900
8	学校施設改修事業	87,400
9	医療事務システム整備事業	10,700
10	児童養育相談センター分室改修事業	19,400
11	コミュニティバス整備事業	17,500
12	図書館・郷土館建設事業	1,031,800
13	山手公園整備事業	185,300
14	野生鳥獣処理場新築事業	53,600
15	街路本町通整備事業	164,300
16	静内ハウス団地整備事業	147,100
17	静内葬苑建設事業	150,000
18	総合町民センター建設事業	1,538,400
19	合併特例債（基金分）	1,133,300
	計	8,713,300

〔出所〕　新ひだか町総務企画部資料，2013年。

舎改築事業が8億8,490万円，2町電算一元化整備事業が6億1,540万円，地域交流センター事業が2億3,300万円となっている。

　合併特例債は計画的に使っていかなければならないし，できるだけ住民ニーズに合った事業に活用する必要があるのはいうまでもない。合併特例債には発行可能額（限度額）があるが，限度額いっぱい使う定めはない。毎年度合併特例債を多額に使用すれば，市町村は合併特例債以外の地方債も使っているため元利償還費（公債費）が増えることになる。合併特例債の場合，地方交付税措置はあるとはいうものの借金であるので節度を持った使用が求められているのである。新ひだか町では，現時点では発行限度額いっぱい使っているわけではない。今後，合併特例債を活用する場合も，将来を見越して慎重かつ重点的な使用が求められているのである。

(12) 新ひだか町と地方交付税の算定替

　新ひだか町の場合は2015年度までは算定替が行われることになるが，2016年度以後は算定替が段階的に縮小され，2021年度に算定替が完全になくなり1本算定となる。2012年度に新ひだか町に交付された普通交付税額は63億918万円であった。これが1本算定であれば55億8,859万円になるので，新ひだか町はこの差額に当たる7億2,059万円が算定替によるプラス分として入ってきているということになる。段階的縮小の最終年度である2020年度には，1本算定と算定替の差額は7,568万円になり，2021年度には1本算定となる予定である。

　本章の冒頭でみたように，2014年度から3年間，地方交付税の算定において，地域振興費で支所に要する経費を加算することが行われる。これは合併市町村には朗報であるが，あくまで一時的な措置である。したがって，地方交付税算定替の完全廃止後を見越した財政運営が，合併市町村には求められているのである。

(13) 新ひだか町の合併前と合併後の各種指標の比較

　まず，人口について。合併前（2005年国勢調査，旧静内町と旧三石町の人口の合計）が2万7,265人，合併後（2010年国勢調査）が2万5,419人で，微

減となっている。産業別就業人口については，建設業人口の著しい減少が目立つが，医療・福祉従事者数は増加している。第1次産業人口はやや減少している（**図表7－17**）。

次に財政について。新ひだか町が誕生した当時の財政状況は厳しかったが，行財政改革が行われ，また，地方交付税の継続的な削減がある程度止まったこともあり，財政状況は改善されてきた。合併前（2005年度）と合併後（2012年度）の各種財政指標をみてみよう（**図表7－18**）。

経常収支比率は，2005年度が98.3％と高く財政の硬直化が進んでいたが，2012年度は85.2％まで改善されている。行財政改革により，職員給与費の削減や職員数の削減が行われたこと，公共事業の抑制などにより地方債発行を抑制したことにより，公債費が抑制基調で推移したことなどが経常収支比率の改善に寄与していると思われるが，とくに職員人件費の削減が大きかった。先に述べたように，普通会計の人件費や人件費中の職員給は，2005年度に比べて2012年度は2割強の減少となっているのである。

実質公債費比率は，2012年度は14.0％となっていて良好である。公共事業の抑制などにより地方債発行を抑えたことなどにより，着実に地方債残高を減少させてきたことが大きい。地方債残高は，2005年度が266億円だったが，2012年度には212億円となっており54億円減少したのである。積立金現在高も5,491万円（2005年度）から36億8,493万円（2012年度）に増加している。そして，普通会計歳出をみると，公債費は2005年度が31億3,930万円だったのに対し，2012年度は25億6,982万円に減少している。歳出総額に占める公債費の割合も2005年度が18.8％であったのに対して，2012年度は15.4％と低下している。

図表7-17　新ひだか町の産業別就業人口の変化

〔合併前〕　（単位：人）

区分		静内町	三石町	計
第1次産業	農業	1,509	804	2,313
	林業	59	29	88
	漁業	281	188	469
	計	1,849	1,021	2,870
第2次産業	鉱業	34	1	35
	建設業	1,446	308	1,754
	製造業	400	121	521
	計	1,880	430	2,310
第3次産業	電気・ガス・熱供給・水道業	107	8	115
	情報通信業	19	5	24
	運輸業	356	39	395
	卸売・小売業	1,949	270	2,219
	金融・保険業	230	28	258
	不動産業	35	2	37
	飲食店・宿泊業	629	76	705
	医療・福祉	1,060	152	1,212
	教育・学習支援業	452	67	519
	複合サービス業	248	78	326
	サービス業（他に分類されないもの）	1,353	239	1,592
	公務（他に分類されないもの）	702	128	830
		7,140	1,092	8,232
分類不能の産業		2	0	2
合計（15歳以上の就業者数）		10,871	2,543	13,414

〔合併後〕　（単位：人）

区分		新ひだか町
第1次産業	農業	2,120
	林業	90
	漁業	424
	計	2,634
第2次産業	鉱業・採石業・砂利採取業	19
	建設業	1,277
	製造業	472
	計	1,768
第3次産業	電気・ガス・熱供給・水道業	112
	情報通信業	27
	運輸業・郵便業	387
	卸売業・小売業	1,851
	金融業・保険業	207
	不動産業・物品賃貸業	108
	学術研究・専門技術サービス業	197
	飲食店・宿泊業	703
	生活関連サービス業・娯楽業	514
	医療・福祉	1,338
	教育・学習支援業	497
	複合サービス業	236
	サービス業（他に分類されないもの）	714
	公務（他に分類されないもの）	776
		7,667
分類不能の産業		3
合計（15歳以上の就業者数）		12,072

（注）国勢調査（2005年，2010年）による。
〔出所〕新ひだか町総務企画部資料，2013年。

図表7-18　新ひだか町の各種財政指標

（単位：千円）

	区分	2005年度			2012年度
		静内町	三石町		新ひだか町
1	財政力指数（3か年平均）	0.348	0.421	0.180	0.309
2	経常収支比率	98.3	97.9	99.2	85.2
3	実質収支比率	2.8	3.0	2.3	3.3
4	公債費負担比率	23.8	23.2	25.2	―
5	実質公債費比率	21.5	21.9	23.1	14.0
6	標準財政規模	8,810,168	6,297,817	2,512,351	10,057,756
7	積立金現在高	54,913	54,913	115,104	3,684,932
8	地方債現在高	26,609,252	17,631,454	8,977,798	21,203,750
9	債務負担行為額	1,621,149	374,885	1,246,264	1,171,581
10	公営事業の状況				
	会計数		7	7	8
	普通会計からの繰入金	1,975,547	1,544,078	431,469	2,257,428
	収支額	74,370	74,370	51,509	18,860

〔出所〕新ひだか町総務企画部資料，2013年。

(14) 新ひだか町の展望

　新ひだか町の場合，この間，行財政改革や財政再建は成果を収めてきたと考えられる。ただし，旧静内町と旧三石町とでは，合併前の自治体運営の方法が異なっていたし，住民間の利害も錯綜していた。例えば，社会福祉協議会についてみれば，旧静内町の社会福祉協議会と旧三石町の社会福祉協議会とでは運営方法が大きく異なっていた。当時，旧静内町の社会福祉協議会は，北海道の中で最も進んだ事業型社会福祉協議会であったのである。市町村合併が行われたことにより，1自治体1社会福祉協議会の原則にもとづいて，新ひだか町でも社会福祉協議会は1つになったが，現在もさまざまな面で旧町当時の運営方法が色濃く出ているのである。地域の実情や旧町への配慮がなされていると評価できる面はもちろんあるが，中長期的には実質的にも一体化が必要となるだろう。

　また，行政の施策についても，旧静内町の住民の中には，「そんなに旧三石町に配慮する必要があるのか」と述べる者もいる。その反対に，「旧静内町が大きな規模の自治体なのだから，小規模な旧三石町に政策的配慮をするのは当然である」という意見もある。実際，市町村合併を成功させるには，住民融和を優先する必要があるということができる。相当に合併協議を行ってきていたところでも，このようなソフトランディングは重要であろう。駆け込み合併，課題先送り合併を行って，そして急に荒療治をすれば，合併はマイナス効果しか出てこない。住民間にしこりが残り，そのことによって新自治体における一体感が醸成されなければ，たとえ行財政の効率化が勢いよく進んだとしても，その合併は失敗であるということができる。新ひだか町の場合は，旧三石町に政策的配慮をするなど住民融和に努めてきた。一部の福祉施策などでは，無理に統一することなく旧町当時の方法を継続しているものもある。このような町のスタンスは現時点では評価できるものである。ただ，10年，15年くらいを目安に，現在よりも一体化を進める必要があるだろう。

　さらに，今後は，これまで以上に地域振興に取り組む必要があるだろう。少子・高齢化が進み，人口減少が進んでいるが，そういう中で，住民の生活

の糧となる産業をどう発展させていくことができるのかが重要なのである。新ひだか町を含む地域は観光資源に恵まれている地域であり，新ひだか町の宿泊施設の中には新しい着想を抱いた事業展開の試みがみられるし，宿泊施設と商店街のコラボレーションも少しずつとはいうものの進んできている。札幌市や苫小牧市などからそう遠くない地域的な利点を活用して，今後フットパス事業の発展可能性もあるだろう。また，三石牛が有名であり，鮭・昆布・シシャモなど豊富な魚介類もある。エゾシカが多い地域であることを逆手にとって，エゾシカ肉の活用を考えることも重要である。これらは工夫次第では6次産業化の発展可能性もある。さらに，町では町立のミニトマト農場の設立を考え，2014年度からミニトマトで売り出そうとしている。

新ひだか町は，人口基盤も財政基盤もあり，商店街もある程度しっかりしている。地域振興へのいっそうの取り組みが期待されているのである。

むすびにかえて

地方分権を進めるには，住民に最も身近な行政主体である市町村の強化が重要である。しかし，全国的にみて一部の地域を除けば，市町村合併と地方分権の受け皿としての市町村の体力強化とは結びついていなかった。さらに，市町村合併後のまちづくりが順調に進んでいない地域が少なくない。

この間の市町村合併や制度改革をめぐる動きの中で，市町村や住民は疲弊してしまった。住民間の対立や，住民の行政への不信が高まった地域も多い。今日，ようやく地域振興に励むことができると安堵している市町村長が少なくないのである。

では，今後，市町村の強化をどのように成し遂げることができるのだろうか。筆者は広域連合制度を活用することが重要であると考える[15]。事業の種類にもよるが，広域連合は事業の効率化やコスト削減，小規模な1自治体では採用が容易でない貴重な人材（理学療法士など）の採用，政策面での市町村間の協力体制の構築などのメリットが存在する。また，広域連合は地方分権の事務・権限移譲の有力な受け皿にもなり得る。北海道では，2003年に北海道町村会が連合自治体制度の構想を打ち出したこともあり[16]，広域連合の

議論が比較的活発に行われてきた。そして，介護保険や国民健康保険，ごみ処理施設の設置，租税滞納対策など多岐にわたる広域連合が設立された（空知中部広域連合，大雪広域連合，後志広域連合など）。また，広域連合の結成には至らなかったけれども，西紋地域（雄武町，興部町，西興部村，滝上町）のように，広域連合について数年間地道な検討を行った地域もある。地域の実情を踏まえながら，市町村は合併とはまったく異なる，市町村連携を強めるこれらの試みを検討し，深化させることが今後重要になるのであろう。

注

1) 総務省自治財政局「平成26年度地方財政対策のポイント」2013年12月24日，同「平成26年度地方財政対策の概要」2013年12月24日，総務省交付税課「普通交付税算定方法等」（全国都道府県財政課長，市町村担当課長合同会議資料），2014年1月24日を参照。なお，2014年度の地方財政対策や，合併市町村の支所に要する経費の算定については飛田博史「2014年度地方財政対策の概要―問われる地方交付税制度の意義―」『自治総研』424号，2014年2月が詳しい。
2) 2013年秋に合併市（241市）により「合併算定替終了に伴う財政対策連絡協議会」が設立され，同年11月27日付で要望書が国に提出された。飛田前掲論文を参照。
3) 例えば，飛田博史氏は，「合併当時，関係自治体はその効果として行財政基盤の強化を喧伝し，小泉改革の中で合併しなければ地方交付税が減るという危機感のもとに合併したはずである。しかも，合併算定替後の交付税の減少は当初から承知の上（のことである―筆者）」「地方自治体は算定替に代わる新たな算定基準の導入の前に，合併という規模拡大の手法が地方自治にもたらした弊害についても率直に認めるべきである」と述べている。飛田前掲論文を参照。
4) 明治と昭和の大合併に関する市町村数は，林健久・金沢史男・今井勝人編『日本財政要覧（第5版）』2001年1月を参照。
5) 合併特例債と地方交付税の算定替については，横山純一『現代地方自治の焦点』第3章，2006年2月，横山純一「石巻市における東日本大震災からの復旧・復興と財政」『自治総研』423号，2014年1月を参照。また，2014年度の地方財政対策については，総務省前掲資料，飛田前掲論文を参照のこと。
6) 総務省自治財政局財政課「平成27年度の地方財政の見通し・その留意事項等について」2015年2月18日。
7) 2001年から2010年にかけて，各道県庁（広島県，長野県，福島県，岩手県，宮城県，青森県，北海道）と各道県内市町村（広島県三次市，同府中町，長野県泰阜村，福島県矢祭町，岩手県大船渡市，同奥州市，宮城県色麻町，青森県つがる市，北海道函館市，同南幌町など）において実施した筆者の調査，ならびに横山前掲書を参照。

8) 函館市，新ひだか町ともにメインとなる調査を行った年月日である。これとは別に，追加的な補足調査を数回行った。
9) 筆者が行った函館市企画部計画推進室地域振興課ならびに総務部行政改革課でのヒアリングならびに両課資料を参照。函館市における調査からは5年間が経過しているため，福祉サービスや教育サービス等の状況に変化が生じている面があるが，本章ではこの点に言及していない。筆者はあらためて2015年度に函館市の調査を予定しており，この調査を通じて福祉サービスや教育サービス等の現段階を明らかにしたいと考えている。
10) 単独調理場方式とは自校で自校分のみを調理する方式，親子共同調理場方式とは学校併設の調理場で近隣の学校の分も調理し輸送する方式，共同調理場方式とは給食センター方式とも呼ばれ，学校に併設していない独立した給食調理施設で調理し各学校へ輸送する方式のことである。函館市では単独調理場方式と親子共同調理場方式を採用している。函館市総務部行政改革課資料，2009年を参照。
11) 北海道市町村振興協会『平成15年度市町村の財政概要』2005年を参照。
12) 2007年9月1日に市民12名と筆者からなる函館市自治基本条例策定検討委員会（委員長は筆者）が設置された。同委員会の開催（40回）と6回の市民ワークショップなどを経て，同委員会は2009年1月21日に提言書を市長に提出した。函館市自治基本条例は，2011年4月1日から施行されている。
13) 函館市自治基本条例策定検討委員会やワークショップでの市民の意見に多かった。函館市では行政改革によって職員数の削減が行われてきたが，職員給与カットは行われてこなかった。住民サービスの民間委託化に批判的な意見がある一方で，本庁の一般部局職員の給与カットなどいっそうの行政改革を求める意見が少なくなかったのである。なお，その後，2011年4月の市長選挙で初当選した現市長のもとで，職員給与カットが2012年1月から実施されることになった。
14) 筆者が行った新ひだか町総務企画部でのヒアリングならびに同部資料を参照。また，筆者が委員長として参加していた新ひだか町行財政改革推進委員会資料，2006年～2008年を参照。
15) 広域連合制度については横山純一「北海道内の自治体の財政再建」『地方自治職員研修』2009年7月号増刊，2009年6月を参照。
16) 北海道町村会『連合自治体設立に関する手引き』2004年1月を参照。

第8章 奥尻町における北海道南西沖地震からの復旧・復興と財政
―東日本大震災からの復興に奥尻町の教訓は活かせるのか―

はじめに

　1993年7月12日午後10時17分に発生した北海道奥尻島北方沖を震源とする北海道南西沖地震は，震源に最も近い自治体である奥尻町（奥尻島全域が奥尻町）にとくに大きな被害をもたらした。地震による被害よりも大きかったのは，地震発生から5分と経過しないうちに押し寄せた津波による被害であった。地震直後のがけ崩れや火災，津波による奥尻町での死亡者・行方不明者数は198名，町の人口の実に約4％に及んだ。そして，これは被害を受けたすべての市町村の死亡者・行方不明者数を合計した数の約9割にあたっていたのである。さらに，住家の全壊・半壊は525棟，漁業被害では漁船の沈没流失・破損が591隻，漁具（漁網）の被害が938件にのぼった[1]。

　本章は，北海道南西沖地震で多大な被害を受けた奥尻町に的を絞り，次の2点について考察する。つまり，1つは財政力が弱く過疎地域の自治体である奥尻町の復旧・復興事業と財政を検証すること，もう1つは北海道南西沖地震から20年間が経過した今日の奥尻町の状況を踏まえながら，復旧・復興事業のありかたとまちづくりについて考察することである。その際には，東日本大震災からの復旧・復興に奥尻町の教訓は活かせるのか，という視点をもって考察したい。

1　激甚災害法の適用と奥尻町の災害復興計画

　奥尻町の被害は大きかった。このため，奥尻町は激甚災害法の指定を受けることになった。激甚災害法は「激甚災害に対処するための特別の財政援助

等に関する法律」のことで,甚大な被害をもたらした災害に対処するために1962年9月に成立し,これまでも幾度となく,この法律が被災自治体に適用されてきた。災害復旧事業の通常の国庫補助負担率に対し,激甚災害の場合は国庫補助負担率のかさ上げがなされる。現在の激甚災害法の対象施設は,道路,港湾,漁港,下水道,公園,河川,海岸,砂防施設,公立学校,公営住宅,養護老人ホーム,特別養護老人ホーム,障がい者支援施設,保育所,災害公営住宅,農地,林道,倉庫,加工施設,養殖施設,種苗生産施設,共同利用小型漁船の建造,沿岸漁場施設(消波施設,堤防等)などである[2]。

奥尻町は地震から2ヵ月半後の1993年10月1日に災害復興対策室を設置し,国や北海道庁の支援を受けながら復興計画を策定した。復興計画は,生活の再建,防災のまちづくり,地域振興の3つの柱を掲げてつくられた。当初,復興計画の達成には10年が必要であると考えられていたが,速い復興を望む住民の要望を受けて,1993年度から1997年度までの5か年計画として定められた。この計画にもとづいて復旧・復興事業が展開されていった。そして,1998年3月に町長が復興宣言を表明するに至ったのである[3]。

2 奥尻町の復旧・復興事業の特徴と内容

(1) 奥尻町の復旧・復興事業の特徴

奥尻町の復旧・復興事業の特徴は,震災による困窮から町民が奥尻島を去ってしまうことがないようにするために,被災者や産業への手厚い施策が展開されたことである。つまり,住宅が全壊,半壊した町民が住宅の取得や家財・家具の購入を行う際に手厚い補助がなされた。さらに,被災した漁業者や農業者,中小企業事業者に対し,手厚い支援が行われた。例えば,奥尻町のリーディング産業というべき漁業においては,被災漁業者の漁具の購入や漁船の整備に助成がなされたのである。また,津波被害が最も大きかった青苗地区(青苗地区では死亡者87人,行方不明者20人)においては,防災集団移転促進事業が行われる一方で,高台移転を望まない町民にはこれまでの居住地区での生活が可能となるような環境整備が行われた。これらの施策が実

を結んで，北海道南西沖地震後，奥尻町では町民のほぼ全員が島にとどまったのである。これらの施策を可能にしたのは，国の財政支援が大きかったことがあげられるが，それだけではなく，約190億円にのぼった義援金の存在が大きかったのである。

（2）奥尻町の復旧・復興事業の内容

① 1993年度は災害救助，被災者支援，災害復旧事業が中心

5年間の復興期間である1993年度から1997年度までの奥尻町の復旧・復興事業の内容について検討しよう。

被災年度である1993年度においては，災害救助事業と被災者支援事業，災害復旧事業が中心であった。町の歳出の中で災害復旧事業費が9億2,000万円で，このうち道路や橋，河川などの公共土木施設災害復旧事業費（3億1,341万円）が最も多額で，次に校舎が全壊した稲穂小学校の建設事業費（1億9,998万円）が続いた。これらの事業では国庫補助負担金の割合が高かった。さらに，事業主体の奥尻漁業協同組合に町が助成する沿岸漁業構造改善事業補助金（1億6,943万円）やコンブ養殖施設などの共同利用施設災害復旧補助金（1億2,810万円）が続いた。この2つの事業の財源は全額が国庫支出金（国庫補助負担金）と道支出金であった。じん芥し尿処理施設災害復旧事業や簡易水道施設の復旧事業も行われた[4]。

② 被害が大きかった3地区（青苗，稲穂，初松前）とくに青苗地区のまちづくり

1994年度には復興事業が本格化した。最も被害が大きかった青苗地区と稲穂地区では水産庁の国庫補助事業である漁業集落環境整備事業が認められ，同じく被害が大きかった初松前地区ではまちづくり集落事業が町の単独事業として実施された[5]。いずれの事業においても，津波高より求められた防潮堤の背後に盛土を行うことによって一定の高さに整備がなされた。さらに，道道奥尻島線の改良，集落道路，生活排水処理施設，避難場所，防災安全施設等の整備が，復興計画にもとづいて行われた。

津波によりすべての住家が流出してしまった青苗岬地区（青苗地区の最も

岬側の地区）では，国土庁の国庫補助事業である防災集団移転促進事業が実施され，住民は全員高台地区へ集団移転することになった。そして，当該地区全体が公園化し（徳洋記念緑地公園），そこに，奥尻島津波館，犠牲者慰霊碑等がつくられた。

　青苗地区のうち，青苗岬地区を除いた地域については，高台へ全員移転するのがよいのか，それとも一部のみ移転するのがよいのかをめぐり，住民間で意見が分かれた。町は，住民とのコミュニケーションを図ることに力を注いだ。そして，住民間の合意形成が容易ではなく，また，そのことが復興を遅らせてしまうことを懸念し，一部のみ高台に移転し，残りの者は住み慣れた地域での生活ができるようにすることを決定した。つまり，防潮堤の背後に盛土を行って一定の高さにし，宅地180区画を整備した（漁業集落環境整備事業）。そして，高台地区には95区画（A団地27区画，望洋台団地28区画，C団地40区画，A団地と望洋台団地は防災集団移転促進事業，C団地は漁業集落環境整備事業）を整備するとともに，道営住宅82戸を建設することにしたのである。**図表8－1**は，青苗地区のまちづくりを示している。災害復旧事業（防潮堤の建設），防災集団移転促進事業，漁業集落環境整備事業が組み合わされて，まちづくりが実施されていることが把握できるのである。

③　産業への支援，とくに漁業者への支援

　町は産業への支援に取り組んだ。とくに奥尻町の基幹産業である漁業への支援が手厚く行われた。漁業への支援では，例えば，1994年度に約4億円の歳出額が計上された水産物流通加工活性化総合整備事業のように，流通加工体制の整備のために国庫補助負担金を主財源とする施設整備事業が行われた。しかし，奥尻町の漁業への支援の最大の特徴は，被災した個々の漁業者への支援が手厚く行われたことにあった。しかも，このような事業は，迅速な復興をめざして1994年度に集中して行われたのである。

　図表8－2は，1994年度に町の歳出に計上された漁業者への主な支援事業を示している。1994年度には，漁具購入助成事業補助金（歳出額1億5,651万円），漁業振興特別対策事業（7億5,110万円），共同利用小型漁船購入助成事業（1億4,225万円），小型漁船船外機購入助成事業（2,645万円），小型漁船共同

図表8-1 青苗地区のまちづくり

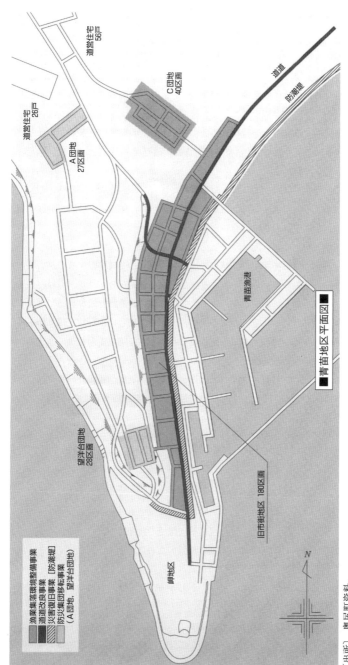

〔出所〕奥尻町資料。

第8章 奥尻町における北海道南西沖地震からの復旧・復興と財政 | 243

巻揚機整備助成事業（2,447万円），鮮度運搬費用助成事業補助金（1,500万円）が行われていることが把握できる。これらの事業は，いずれも奥尻漁業協同組合が事業主体となった事業であるため，町は奥尻漁業協同組合に対して補助金・助成金という形で支出したのである。

　漁具購入助成事業補助金は被災漁業者の漁具の整備に，共同利用小型漁船購入助成事業は被災漁船の整備に，小型漁船船外機購入助成事業は被災した漁船船外機の整備に，小型漁船共同巻揚機整備助成事業は被災漁船巻揚機の整備に，鮮度運搬費用助成事業補助金は被災漁業者の鮮魚運搬費の負担軽減のために，町が奥尻漁業協同組合に対してそれぞれ助成するもので，奥尻町の独自色の強い被災漁業者対策事業であった。

図表8－2　1994年度の漁業者への主な支援事業

（単位：千円）

事業名	金額	事業主体	事業内容
漁具購入助成事業補助金	156,516	奥尻漁業協同組合	被災漁業者の漁具の整備に助成
漁業振興特別対策事業	751,105	奥尻漁業協同組合	老朽化漁船の更新整備への助成
共同利用小型漁船購入助成事業	142,253	奥尻漁業協同組合	被災漁船の整備に助成 被災漁船建造44隻，購入4隻
小型漁船船外機購入助成事業	26,453	奥尻漁業協同組合	被災漁船船外機の整備に助成 被災船外機86基
小型漁船共同巻揚機整備助成事業	24,474	奥尻漁業協同組合	被災漁船巻揚機の整備に助成 被災巻揚機55基
鮮度運搬費用助成事業補助金	15,000	奥尻漁業協同組合	被災漁業者の鮮魚運搬費負担軽減のため助成 魚箱運搬費20万ケース
共同利用倉庫整備助成事業	7,380	奥尻漁業協同組合	被災施設の復旧費を助成 ウニ作業施設1棟
ウニ深浅移植助成事業	27,272	奥尻漁業協同組合	津波被害を受けた浅海域のウニ資源回復のため移植事業を行う経費に助成
漁船漁業近代化施設整備助成事業	339,959	奥尻漁業協同組合	津波被害を受けた各共同施設整備に助成 ウニ作業施設4棟，漁具作業施設4棟
流通等改善施設整備助成事業	37,707	奥尻漁業協同組合	津波被害を受けた施設整備に助成 出荷資材施設2棟

（注）漁業振興特別対策事業は被災した漁業者だけではなく奥尻町の漁業者を広く対象とした事業である。
〔出所〕　奥尻町「各会計歳入歳出による主要施策の成果表」（各年度版）ならびに奥尻町「奥尻町義援金の状況」（1998年9月30日現在）より作成。

共同利用小型漁船購入助成事業は，激甚災害法にもとづく国庫補助事業である共同利用小型漁船建造事業（漁業協同組合が漁船を一括して取得し，漁業者が漁船を共同利用する事業）がベースとなっている。つまり，共同利用小型漁船建造事業は国庫補助負担率が3分の1の事業で，残りを北海道が3分の1，奥尻漁業協同組合が3分の1ずつ負担する事業である。このうち奥尻漁業協同組合の負担分のうちの3分の2を町が共同利用小型漁船購入助成事業として奥尻漁業協同組合に対し助成するのである。このため漁業協同組合の負担は漁船購入費の9分の1で済むことになった。対象となる漁船は5トン以下で，町の支出分については全額災害復興基金（以下，復興基金と略す）が用いられた。このように，漁船を漁業協同組合が購入するのに対して町が助成するものだが，一部の中古漁船の購入を除けばすべてが新造船であり，しかも数年後には漁業協同組合が利用する個々の漁業者に漁船を安く譲渡するケースが少なくなく，その意味では個々の漁業者に対する支援の仕組みに結果的にはなっていたといえるものであった。

　また，漁具・機材（魚網や発電機等）は漁業協同組合の組合員である個々の漁業者が独自で調達しなければならなかったが，漁業者の自己負担を軽減するために町の単独事業として町が漁業者の漁具や船外機の購入に対して助成した。具体的には漁具購入助成事業補助金は，漁業者の漁具購入に対して町が2分の1補助するものであった。同様に小型漁船船外機助成事業は，助成率が6分の5であった。このような町の支出分については全額復興基金が充当されたのである。

　なお，上記の事業の中で漁業振興特別対策事業は老朽化した漁船の更新への助成であり，被災漁業者だけではなく奥尻町の全漁業者を対象とした事業であった。これは漁船建造について，被災した漁業者と被災しなかった漁業者の公平性を重視したもので，被災しなかった漁業者の漁船も，被災漁業者と同様に更新ができるようにしたものである。助成率は3分の2，全額復興基金が用いられた。のちに詳しく述べるように，奥尻町の復旧・復興に果たす復興基金の役割は大きかったが，復興基金の大部分は義援金によって構成されていたのである[6]。

　さらに，ウニ深浅移植助成事業（歳出額2,727万円），漁船漁業近代化施設

整備助成事業（3億3,995万円），流通等改善施設整備助成事業（3,770万円）が行われた。これらの3つの事業は，いずれも奥尻漁業協同組合が事業主体となっている。そして，いずれも国庫補助事業であった。ウニ深浅移植助成事業は，津波被害を受けた浅海域のウニ資源回復のため移植事業を行う経費に助成し，漁船漁業近代化施設整備助成事業は，津波被害を受けた共同施設の整備に助成するもので，1994年度にはウニ作業施設4棟，漁具作業施設4棟が整備された。流通等改善施設整備助成事業は津波被害を受けた施設の整備に助成するもので，1994年度には出荷資材施設2棟が整備された。

　以上のような被災漁業者への支援を中心とする事業は，1994年度だけではなく，1993年度，1995年度，1996年度においても行われている事業が少なくないが，金額でみても，事業数でみても，1994年度が圧倒的に多かったのである。

④　住宅取得費助成事業と家財家具購入費助成事業

　被災地区のまちづくり事業と被災漁業者への支援事業と並んで，被災した住民の住宅取得や家財・家具購入に対して助成する事業もまた町の目玉事業の1つであった（**図表8－3**）。つまり，町は，1994年度から1997年度までの4年間，町の単独事業として住宅取得費助成事業と家財・家具購入費助成事業を行ったのである。住宅取得費助成事業は，住宅を取得する者や土地を購入する者に対して1世帯最大1,400万円を町が助成するものであった。家財・家具購入費助成事業は，住宅を新築した者もしくは公営住宅に入居した者に対し，上限を設けたうえで家財・家具の購入費を助成するものであった。

　住宅取得費助成事業と家財・家具購入費助成事業ともに1995年度と1996年度において多額になっている。住宅取得費助成事業は，1995年度に町の支出額が14億8,160万円の事業として行われ，住宅新築での利用が175件，住宅修繕での利用が71件，土地購入での利用が122件であった。1996年度は11億1,673万円の事業となり，住宅新築での利用が111件，住宅修繕での利用が126件，土地購入での利用が94件であった。家財・家具購入費助成事業は，町の支出額が1995年度に2億2,500万円，1996年度に1億6,500万円の事業として行われた。利用者のほとんどが新築住宅入居者であったが，公営住宅入

図表8-3　奥尻町の住宅取得費助成事業，家具・家財購入費助成事業，中小企業事業再開費助成事業

(単位：千円)

		1994年度	1995年度	1996年度	1997年度	合計
住宅取得費助成事業	金額	554,058	1,481,609	1,116,732	434,554	3,586,953
	件数	不明	住宅新築 175件 住宅修繕 71件 土地購入 122件	住宅新築 111件 住宅修繕 126件 土地購入 94件	住宅新築 34件 住宅修繕 94件 土地購入 25件	
家具・家財購入費助成事業	金額	84,000	225,000	165,000	23,500	497,500
	件数	不明	新築住宅入居 148件 公営住宅入居 6件	新築住宅入居 109件 公営住宅入居 3件	新築住宅入居 15件 公営住宅入居 3件	
中小企業事業再開費助成事業	金額	874,667	507,027	1,026,826	323,157	2,731,667
	件数	54件	28件	53件	31件	

(注) 1994年度の住宅取得費助成事業，家具・家財購入費助成事業の件数は不明である。
〔出所〕奥尻町「各会計歳入歳出による主要施策の成果表」（各年度版）より作成。

居者の利用も若干あった。

住宅取得費助成事業は1994年度から1997年度までの4年間の合計で，町の支出額が35億8,695万円，家財・家具購入費助成事業は4年間の合計で4億9,750万円にのぼった。住宅取得費助成事業により，被災した町民は，自己負担がゼロもしくはゼロに近い状況で住宅取得ができた。住宅取得費助成事業は，町民を奥尻島にとどまらせるのに大きな役割を果たしたということができるのである。この2つの事業の財源には，全額復興基金が用いられた。

⑤　中小企業事業再開費助成事業

さらに，被災した中小事業者（水産加工業など）の事業再開を進めるために，中小企業事業再開費助成事業が行われた。1994年度から1997年度までの4年間の町の支出額は27億3,166万円であった。1996年度が最も多額で，利用事業者は53件，金額は10億2,682万円にのぼっている。この事業の財源にもまた全額復興基金が充当された。

3　奥尻町の復旧・復興事業と財政の状況(1)　――1993年度から1995年度まで

（1）北海道南西沖地震で様変わりした財政規模と財政内容

奥尻町の財政は，北海道南西沖地震の前と後とで大きく様変わりした。図

表8-4をみてみよう。奥尻町の財政規模は，北海道南西沖地震の前は40億円台前半で推移していたが，地震のあった年度である1993年度は4.1倍の176億円，1994年度は4.3倍の185億円に拡大した。1995年度は前年度を下回ったものの126億円となり100億円台を維持した。さらに，1996年度以降も財政規模が大きな状況が続いた。1996年度が94億円，1997年度が83億円，1999年度が76億円，2000年度が70億円となっていたのである。その後，財政規模は縮小に向かい，2004年度には46億円となって，ほぼ震災前の財政規模となった。さらに，2007年度には38億円となり，財政規模は震災前を下回るまでに縮小した。

北海道南西沖地震が発生した1993年度から1995年度までの3年間の財政規模が大きいのは災害復旧事業が集中的に展開されたことと，復興事業が多様に遂行されたからである。災害復旧事業は1994年度末までにほぼ完了したが，復興事業は町長が復興宣言をした1997年度末以降も継続して行われ，ほぼ2000年度まで事業規模が大きかったために，2000年度まで奥尻町の財政規模が大きかったのである。

以下，歳出と歳入の動向を検討するが，復旧・復興事業が集中的に行われた震災後3年間（1993年度から1995年度まで）と復興がかなりの程度進んだ1996年度から2000年度までに分けて考察することにしよう[7]。

図表8-4　奥尻町の普通会計歳出総額（目的別）の推移

(単位：千円)

年度	1990	1991	1992	1993	1994
歳出総額	4,305,260	4,209,527	4,402,605	17,626,172	18,528,235
年度	1995	1996	1997	1998	1999
歳出総額	12,665,473	9,491,582	8,324,267	7,260,363	7,600,122
年度	2000	2001	2002	2003	2004
歳出総額	7,086,845	5,785,066	5,578,490	5,256,965	4,612,062
年度	2005	2006	2007	2008	2009
歳出総額	4,389,351	4,321,172	3,836,635	3,796,268	3,779,143

（注）各年度とも決算の数値。
〔出所〕奥尻町「各会計歳入歳出による主要施策の成果表」（各年度版）。

（2）目的別歳出の動向

　普通会計目的別歳出決算額を示した**図表8－5**をみてみよう。1992年度に比べて1993年度には，総務費，民生費の伸びが著しいことがわかる。1993年度の総務費は1992年度の約10.3倍の105億7,007万円，民生費は約8.5倍の24億4,465万円に伸長しているのである。また，1992年度に計上されていない災害復旧費が1993年度には9億2,127万円となっていて，総務費，民生費に次いで3番目に多い。

　歳出総額に占める割合をみると，総務費が実に60.0％を占め，次に民生費の13.9％，災害復旧費の5.2％が続いている。このような総務費の比重の増加は，190億円にのぼる義援金の多くの部分が復興基金として積み立てられたからである。つまり，奥尻町では，全国から集まった義援金を普通会計で受けたうえで復興基金として積み立てることが行われたのである。1993年度には90億円が積み立てられているために総務費が大きくなったのである（**図表8－6**）。民生費の増加は災害救助関係経費や被災者生活支援経費の伸長によるものである。さらに，2(2)でみたように，道路や河川などの公共土木施設災害復旧事業，津波で全壊した稲穂小学校建設事業，じん芥し尿処理施設災害復旧事業等の災害復旧事業が行われたのに伴い，災害復旧事業費が多くなった。また，衛生費が前年度比1.6倍の6億6,768万円になっているが，これは，災害がれきや廃材などの災害廃棄物処理に伴う経費支出が増大したためである。

　1993年度の特徴の1つは復興基金として義援金が積み立てられたことである。1993年度の歳出総額は前年度の4倍の176億円に達したが，1992年度の町の歳出総額（44億260万円）の2.1倍にもなる義援金の積み立てが行われていることが注目されるのである。1993年度の財政規模が大きくなったのは，災害救助費や災害復旧事業費によるところもあったが，なんといっても町の歳出総額のおよそ51％を占めた義援金の復興基金への積み立てによるところが大きかったのである。

図表8−5　奥尻町の普通会計目的別歳出決算額(1992年度〜1995年度)の状況

(単位：千円，%)

区　分	1995年度 決算額	構成比	1994年度 決算額	構成比	1993年度 決算額	構成比	1992年度 決算額	構成比
議　会　費	84,374	0.7	77,724	0.4	81,031	0.4	68,558	1.6
総　務　費	4,029,541	31.8	8,094,290	43.7	10,570,071	60.0	1,021,446	23.2
民　生　費	899,136	7.1	442,295	2.4	2,444,659	13.9	288,186	6.5
衛　生　費	563,987	4.4	499,284	2.7	667,683	3.8	421,863	9.6
労　働　費	1,174	0.0	792	0.0	1,224	0.0	1,411	0.0
農林水産業費	2,155,413	17.0	4,118,689	22.2	724,620	4.1	628,122	14.3
商　工　費	792,349	6.2	1,068,869	5.8	135,681	0.8	112,438	2.5
土　木　費	1,042,557	8.2	738,012	4.0	681,230	3.8	761,634	17.3
消　防　費	159,622	1.3	149,298	0.8	135,801	0.8	137,198	3.1
教　育　費	2,022,745	16.0	1,574,284	8.5	668,804	3.8	372,963	8.5
災害復旧費	273,230	2.2	1,160,868	6.3	921,276	5.2	―	―
公　債　費	641,345	5.1	603,830	3.2	594,092	3.4	588,786	13.4
合　　計	12,665,473	100.0	18,528,235	100.0	17,626,172	100.0	4,402,605	100.0

〔出所〕　奥尻町「各会計歳入歳出による主要施策の成果表」(各年度版)。

　1994年度においては，公共土木施設災害復旧事業費が前年度を大きく上回る規模（11億1,084万円）で行われる一方で，復興事業が本格化した。住民生活に深くかかわる経費支出（災害公営住宅事業費1億3,788万円，防災集団移転促進事業費1億6,562万円，漁業集落環境整備事業費10億5,401万円など）や漁業関係の復興を目的とした経費支出（水産物流通加工活性化総合整備事業費，漁業振興特別対策事業費，漁具購入助成事業補助金，漁船漁業近代化施設整備助成事業費など），中小企業の再開を目的とした経費支出（中小企業事業再開費助成事業費8億7,466万円）が大きく伸びた。このため，1993年度に比べて災害復旧事業費が伸びるとともに，農林水産業費や商工費が大きく伸長した。また，教育費も，被災を受けた青苗小学校の建設事業（歳出額9億3,992万円）が行われたことにより伸長した。これに対し，民生費は，災害救助や当面の被災者支援が一段落したこともあって減少した。総務費も前年度より減少した。ただ，総務費は80億9,429万円と多額で，歳出総額に占める比重は依然として大きく歳出総額の43.7％を占めた。これは1994年度においても義援金41億9,500万円の復興基金への積み立てが行われたからである（**図表8−6**）。

図表8-6 奥尻町義援金の状況

1998年9月30日現在（単位：円）

区分	義援金額			被災者配分	復興基金積立額		災害復旧・防災対策等		その他
	町分	道分	募集委員会	計		既積立額	今後予定額	既支出額	今後予定額	
利息含み	3,587,399,244	2,174,400,000	13,286,294,399	19,048,093,643	4,017,900,000	13,325,673,844	4,103	597,160,753	7,354,943	1,100,000,000
利息抜き	3,546,624,550	2,174,400,000	13,286,294,399	19,007,318,949	4,017,900,000	13,284,903,253	0	597,160,753	7,354,943	1,100,000,000
						1993年度 9,000,000,000 1994年度 4,195,060,592 1995年度 130,613,252 1996年度 0 1997年度 0 計 13,325,673,844		被災者救援物資等 19,647,539 追悼式典費 20,500,078 チャリティーショー負担 4,000,000 地域防災計画 10,317,489 観音山整備負担金 1,000,000,000 生涯学習センター 19,296,020 公共用地 34,608,000 教 各学校へ 461,749,127 教 各幼稚園へ 26,879,680 計 162,820 計 597,160,753		後継者育成基金 1,000,000,000 育英基金 50,000,000 奨学資金基金 50,000,000

［出所］奥尻町「奥尻町義援金の状況」（1998年9月30日現在）より作成。

第8章 奥尻町における北海道南西沖地震からの復旧・復興と財政

1995年度の歳出総額は126億6,547万円で1994年度（185億2,823万円）の3分の2に縮小したものの，3年連続で100億円を突破した。災害復旧費が前年度の4分の1程度に落ち込んだが，これは災害復旧事業がほぼ1993年度と1994年度の2年間で，かなりの程度進んだことを示している。国は，基本的に災害復旧事業を3年間で終わらせるとしていたが，奥尻町の災害復旧のペースは速かったのである。また，農林水産業費，商工費も1994年度より減少したが，農林水産業費については，漁業において1994年度に集中的に事業展開がなされたことが反映している。これに対し，教育費は1994年度よりも増加した。これは，1994年度の青苗小学校に引き続いて小学校（宮津小学校）の建設工事（歳出額9億8,337万円）が行われたからである。土木費も増加したが，これは青苗地区，稲穂地区の排水施設整備を目的とした集落排水事業（歳出額は1994年度2億2,491万円，1995年度7億2,775万円）や防災集団移転促進事業費（1994年度1億6,562万円，1995年度4億6,371万円）等が1994年度を上回る経費支出額になったからである。

　総務費は1994年度の半分（40億円）に減少したが，歳出総額の3割を占めて依然として1位の座を維持している。ただし，総務費の内容は大きく変化した。1995年度には，義援金の復興基金への積み立てが1億3,061万円と大幅に減少したが（**図表8-6**），復興基金を活用した住宅取得費助成事業費（1994年度5億5,405万円，1995年度14億8,160万円）と家具・家財購入費助成事業費（1994年度8,400万円，1995年度2億2,500万円）等の伸びが大きかった。住宅取得費助成事業は1994年度から行われている事業で，被災した住民が住宅を取得したり土地を購入した場合に，1,400万円を上限に町が助成するものである。2(2)で述べたように，1995年度には，175件の住宅新築，71件の住宅修繕，122件の土地購入に対して助成が行われた。家具・家財購入費助成事業についても，1995年度には148件の新築住宅入居，6件の公営住宅入居に対し，家具・家財購入費の助成が行われた。これらの事業費は総務費に計上され，すべて復興基金でまかなわれたのである。

（3）　性質別歳出の状況

　図表8-7の普通会計性質別歳出決算額をみてみよう。1992年度に比べて

図表8－7　奥尻町の普通会計性質別歳出決算額（1992年度～1995年度）の状況

（単位：千円，％）

区　分	1995年度 決算額	構成比	1994年度 決算額	構成比	1993年度 決算額	構成比	1992年度 決算額	構成比
人件費	1,076,717	8.5	1,062,981	5.7	1,057,088	6.0	965,573	22.4
扶助費	155,896	1.2	163,531	0.9	659,113	3.7	35,623	0.7
公債費	641,327	5.1	603,811	3.3	594,073	3.4	588,767	14.3
（小計）	1,873,940	14.8	1,830,323	9.9	2,310,274	13.1	1,589,963	37.4
物件費	712,496	5.6	691,811	3.7	2,010,073	11.4	513,644	11.9
維持補修費	106,010	0.9	66,170	0.4	55,750	0.3	55,721	1.2
補助費等	3,282,059	25.9	3,770,227	20.3	604,604	3.4	528,988	10.7
積立金	905,763	7.2	5,767,075	31.1	9,296,191	52.7	308,074	6.5
投資・出資金	63,215	0.5	51,258	0.3	51,307	0.3	19,091	1.3
貸付金	17,025	0.1	88,720	0.5	159,670	0.9	51,645	1.1
繰出金	152,843	1.2	140,037	0.8	237,297	1.4	119,246	3.4
投資的経費	5,552,122	43.8	6,122,614	33.0	2,901,006	16.5	1,216,233	26.5
普通建設	5,278,892	41.7	4,961,746	26.8	1,979,730	11.3	1,216,233	24.6
災害復旧	273,230	2.1	1,160,868	6.2	921,276	5.2	－	－
合計	12,665,473	100.0	18,528,235	100.0	17,626,172	100.0	4,402,605	100.0

〔出所〕　奥尻町「各会計歳入歳出による主要施策の成果表」（各年度版）。

　1993年度に大きく伸びているのは，扶助費，物件費，積立金，投資的経費とくに災害復旧事業費である。1993年度の扶助費は6億5,911万円，物件費は20億1,007万円，積立金は92億9,619万円，災害復旧費は9億2,127万円であった。扶助費の伸びは被災者の生活支援にかかわる経費支出の伸び，物件費の伸びは主に災害救助にかかわる経費支出が大きくなったからで，目的別歳出の民生費に対応する部分が多い。積立金の伸びは，目的別歳出の総務費の伸びに対応するもので，義援金の復興基金への積み立てによるものである。投資的経費のうち，災害復旧事業費が大きな割合を占めているのは，1993年度に奥尻町において広範囲にわたって災害復旧事業が行われたことを反映している。

　1994年度には，扶助費と物件費が減少している。扶助費の減少は，震災から1年以上が経過して被災者の生活支援が一段落したことを示し，物件費の減少は災害救助費が減少したことを示すものである。積立金は前年度に比べれば約35億円減少したものの，57億6,707万円という多額が計上されている。

これは，1994年度において義援金の復興基金への積み立てが継続されたからである。
　前年度に比べて1994年度に増加したのは投資的経費とくに普通建設事業費と補助費等であった。普通建設事業費は約30億円，補助費等は約31億円増加しているのである。普通建設事業費の伸びは復興事業が本格化したことを示すもので，実際，災害公営住宅建設事業や防災集団移転促進事業，漁業集落環境整備事業，水産物流通加工活性化総合整備事業等が行われたのである。補助費等の伸びは，**図表8－2**でみたように，奥尻漁業協同組合が事業主体となって行われた漁業者支援の各種事業への町の助成が広範囲に行われたからである。投資的経費のうち災害復旧事業費も前年度に比べて約2億3,900万円増加した。このことは1994年度において災害復旧事業が活発に行われたことを示している。
　1995年度については，義援金の復興基金への積み立てが微少にとどまったことにより積立金が大幅に減少した。また，災害復旧事業がほぼ前年度に完了したために災害復旧事業費が大幅に減少した。これに対し，補助費等と普通建設事業費は前年度並みの高い水準を維持した。これは1994年度から本格展開した復興事業が，1995年度においても継続して行われたからである。ただし，補助費等の内容の変化には注目したい。つまり，奥尻漁業協同組合が事業主体となった漁業者支援の各種事業が完了に向かったため町の助成金が大幅に減少したが，目的別歳出のところで述べたように，住宅や家具・家財を取得しようとする町民に対する町の助成金（住宅取得費助成事業，家具・家財購入費助成事業）が大幅に増大したのである。

（4）歳入の状況

　普通会計歳入決算額を示した**図表8－8**をみてみよう。1992年度に比べ，1993年度の歳入総額は約4倍の176億円となった。特別交付税，国庫支出金，道支出金，諸収入，町債が大きく増大している。このうち，国庫支出金と町債は災害復旧事業の展開に伴うところが大きい。国庫支出金は主に災害復旧事業費国庫補助負担金，町債は災害復旧事業債の比重が高いのである。奥尻町の災害復旧事業では，激甚災害法にもとづく国庫補助負担率のかさ上げが

図表8-8　奥尻町の普通会計歳入決算額（1992年度～1995年度）の状況

(単位：千円，％)

区　分	1995年度 決算額	構成比	1994年度 決算額	構成比	1993年度 決算額	構成比	1992年度 決算額	構成比
町　税	458,082	3.6	352,070	1.9	299,031	1.7	295,575	6.6
地方譲与税	51,956	0.4	50,669	0.3	49,877	0.3	46,580	1.0
利子割交付金	10,361	0.1	11,288	0.1	10,045	0.1	8,825	0.2
自動車取得税交付金	17,197	0.1	19,682	0.1	16,204	0.1	16,318	0.4
地方交付税	2,545,845	20.0	2,744,156	14.8	3,083,832	17.4	2,469,797	55.6
普通交付税	1,877,606	14.8	1,936,874	10.4	2,050,738	11.6	2,174,262	48.9
特別交付税	668,239	5.2	807,282	4.4	1,033,094	5.8	295,535	6.7
交通安全対策特別交付金	―	―	―	―	―	―	539	0.0
分担金及び負担金	10,093	0.1	9,596	0.1	8,270	0.1	―	―
使用料	72,094	0.6	74,073	0.4	67,577	0.4	86,309	1.9
手数料	119,168	0.9	130,720	0.7	109,772	0.6	109,603	2.5
国庫支出金	1,468,683	11.6	2,040,658	11.0	909,670	5.2	278,200	6.3
国有提供施設等所在市町村助成交付金	272	0.0	265	0.0	265	0.0	265	0.0
道支出金	1,090,010	8.6	1,243,204	6.7	2,201,864	12.5	278,991	6.3
財産収入	508,806	4.0	300,991	1.6	95,322	0.5	66,537	1.5
寄附金	17,662	0.1	58,468	0.3	7,585	0.0	9,835	0.2
繰入金	3,592,552	28.3	3,663,162	19.7	570,937	3.2	78,622	1.8
繰越金	28,666	0.2	24,270	0.1	41,462	0.2	15,924	0.4
諸収入	347,516	2.7	6,104,929	32.9	9,264,629	52.5	169,547	3.8
町債	2,370,900	18.7	1,728,700	9.3	914,100	5.2	512,600	11.5
合計	12,709,863	100.0	18,556,901	100.0	17,650,442	100.0	4,444,067	100.0

〔出所〕奥尻町「各会計歳入歳出による主要施策の成果表」（各年度版）。

なされている国庫補助負担金が主財源となり，残りの部分が地方負担となっている。地方負担分については災害復旧事業債で100％充当でき，その元利償還額の95％が地方交付税の基準財政需要額に算入される。図表8-9をみれば，1993年度の借入額において災害復旧事業債が多額にのぼっていることが把握できるのである。

　特別交付税は被災自治体に多く配分されるものである。道支出金は，主に奥尻町が行った災害救助に関する経費支出への道の補助金である。災害救助のための財政負担は被災都道府県の負担だからである（なお，被災都道府県が支出した部分については国庫補助負担金が交付される）。諸収入は義援金収入で，町はいったん義援金を普通会計で受けたうえで，復興基金として積

図表8-9 奥尻町の地方債種類別借入額(1993年度～1997年度)と地方債残高

(単位:千円)

事業区分	1993年度借入額	1994年度借入額	1995年度借入額	1996年度借入額	1997年度借入額	1992年度末残高	1997年度末残高	増加額
一般公共事業債	67,900	342,500	975,900	482,150	554,650	256,362	2,594,095	2,337,733
一般単独事業債	35,800	159,100	224,200	45,200	8,200	668,465	803,884	135,419
公住建設事業債	—	42,600	41,000	14,500	81,000	32,504	185,315	152,811
義務教育施設整備債	39,600	350,500	361,300	6,800	71,700	134,024	914,196	780,172
辺地対策事業債	205,400	76,500	537,800	403,500	218,500	202,459	1,473,164	1,270,705
災害復旧事業債	186,300	25,000	500	—	—	40,440	181,376	140,936
一般廃棄物処理債	30,100	—	9,700	—	—	80,480	76,862	△3,618
厚生福祉施設債	—	27,800	—	—	—	27,078	24,771	△2,307
過疎対策事業債	147,500	591,300	110,800	120,300	18,700	1,003,701	1,460,085	456,384
財源対策債	—	—	81,200	—	—	294,872	231,742	△63,130
臨時財政特例債	23,500	—	—	—	—	706,192	594,841	△111,351
公共等臨時特例債	82,400	—	—	—	—	—	64,350	64,350
その他	95,600	113,400	28,500	44,300	29,100	519,634	566,921	47,287
普通会計合計	914,100	1,728,700	2,370,900	1,116,750	981,850	3,966,211	9,171,602	5,215,391

〔出所〕 奥尻町「各会計歳入歳出による主要施策の成果表」(各年度版)。

み立てたのである。諸収入が歳入総額の52％を占めているのが注目されるが，**図表8-6**で示したように，奥尻町が受け取った義援金がそれだけ莫大であったことを示している。

　1994年度の歳入総額は1993年度を10億円程度上回るにすぎなかったが，復旧・復興が本格化したことを受け，歳入構造に変化が生じている。つまり，国庫支出金（国庫補助負担金）が前年度の2.2倍に増大する反面，道支出金がほぼ半減した。諸収入が前年度（92億円）の約3分の2（61億円）に減少したが，歳入総額の32.9％を占め，依然として歳入のトップの座を維持した。また，町債が17億円となり前年度の1.9倍増加した。さらに，繰入金が36億円となり，前年度（5.7億円）に比べて6.4倍増大したのである。

　諸収入については，義援金が前年度よりも減少こそしたものの多額の金額が集まったことを反映している。道支出金の減少は，災害救助関係の事業が一段落したことを反映している。これに対し，国庫支出金が増大したのは，1994年度に復旧・復興事業が本格的に展開され，災害復旧費国庫支出金や復興関係の国庫支出金が増大したからである。町債の伸びについても，災害復旧・復興事業の本格的展開が関連している。公共土木施設災害復旧事業の展開のために災害復旧事業債が発行されるとともに，過疎対策事業債（1994年

度5億9,130万円）や義務教育施設整備債（1994年度3億5,050万円）等を用いた事業の展開が行われたのである（**図表8－9**）。このような中で注目されるのは繰入金の大幅増加である。これは，復興基金等からの普通会計への繰入金であり，復興事業の展開をする際に復興基金が活用されたことを示している。

　1995年度の歳入総額は127億円となり大幅に減少した。1993年度，1994年度に大きな役割を果たした財源のうち，特別交付税，国庫支出金，道支出金が軒並み減少したことが大きかったのである。しかし，繰入金がほぼ横ばいで，町債が6億4,000万円程度増大している。このことは，奥尻町の災害復旧事業がほぼ終了する一方で，復興事業については，復興基金を活用したり，辺地対策事業債などの起債を活用した事業費（1995年度の辺地対策事業債5億3,780万円）が増えていることがあったからである。

　なお，町税については震災の影響を受けたことにより，1993年度（2億9,903万円）は前年度並みの金額（2億9,557万円）であったが，1995年度は4億5,808万円と大幅に増大している。復旧・復興事業が迅速に行われたことや，それと関連して町民の雇用の場が確保されたこと，建設業従事者を中心に島外から最大で2,000人もの人々が奥尻町に入り込み，「復興特需」のような現象を呈していたことなどが反映されているのである。

奥尻町の復旧・復興事業と財政の状況(2)　——1996年度から2000年度まで

（1）性質別歳出の状況

　1996年度から2000年度までの財政の特徴は，震災後急膨張した財政規模が平時の財政水準に戻っていく途中の過程であると位置づけられる。2001年度以降緊縮基調が本格化し財政規模が縮小した。これに対し，1996年度から2000年度までは，災害復旧事業がほぼ終息する一方で，復興事業が活発に行われた時期であるということができるのである。

　1996年度と1997年度には，住宅取得費助成事業や家具・家財購入費助成事業，中小企業事業再開費助成事業など被災者や被災した産業への支援が積極

的に行われた。また，1996年度に海洋研修センターの建設（歳出額6億1,766万円）が行われた。1998年度には，上記の助成事業は終了したが，アワビ種苗育成センター整備事業（5億3,641万円）や奥尻島の有力な観光資源であるなべつる岩の補修工事（1億8万円），1999年度には継続事業としてアワビ種苗育成センター整備事業（2億7,539万円）や，新規事業として災害の記録を保存・展示して後世に伝えることを目的とした奥尻島津波館の建設事業（4億211万円）が行われた。2000年度には，継続事業として奥尻島津波館建設事業（6億9,308万円）が行われた。アワビ種苗育成センターの整備事業費は2か年で8億1,200万円，奥尻島津波館建設事業費は2か年で10億9,500万円であり，どちらも国庫補助事業として実施された。

1996年度から2000年度までの普通会計性質別歳出決算額を示した**図表8－10**をみてみよう。まず，普通建設事業費がほぼ20億円台で推移していることが把握できる。1994年度や1995年度に比べれば半分に減少しているが，依然として町の歳出総額に占める割合は高く，歳出総額の3割前後を占めている。これは，先に述べた奥尻島津波館建設事業やアワビ種苗育成センター整備事業，漁業集落環境整備事業など各種建設事業が活発に行われたからである。補助費等は1996年度に歳出総額の34.5％を占め，歳出のトップの座についた。これは住宅取得費助成事業や中小企業事業再開費助成事業が展開されたことを反映している。

公債費が1998年度に10億円台に到達し，以後も増大し続けている。公債費は過去の借金の反映であり，この時期に元金償還が始まったものもあった。地方負担分をほぼ全額震災復興特別交付税で対応することができる東日本大震災の復旧・復興事業とは異なり[8]，奥尻町の復旧・復興事業では，国庫補助事業の地方負担分については災害復旧事業債などの地方債を発行する必要があった。また，多くの町単独事業についても地方債の発行が必要であった。奥尻町の場合，地方交付税の基準財政需要額への算入割合が高い辺地対策事業債を積極的に活用しているが（**図表8－9**），地方債の発行額が大きくなれば，公債費は増加することになるのである。1992年度末の地方債残高が39億6,621万円だったのに対し，2000年度末の地方債残高は90億5,597万円となった。復旧・復興事業が行われていく中で，約50億円程度地方債残高が増大し

図表8−10　奥尻町の普通会計性質別歳出決算額(1996年度〜2000年度)の状況

(単位：千円)

区分	2000年度 決算額	構成比	1999年度 決算額	構成比	1998年度 決算額	構成比	1997年度 決算額	構成比	1996年度 決算額	構成比
人件費	1,131,843	16.0	1,159,471	15.2	1,173,912	16.2	1,132,699	13.6	1,096,054	11.5
扶助費	41,508	0.6	168,634	2.2	173,802	2.4	170,690	2.1	159,104	1.7
公債費	1,116,718	15.8	1,073,465	14.1	1,005,709	13.9	814,804	9.8	745,182	7.9
(小計)	2,290,069	32.4	2,401,570	31.5	2,353,423	32.5	2,118,193	25.5	2,000,340	21.1
物件費	708,883	10.0	703,556	9.3	811,805	11.2	769,881	9.2	712,967	7.5
維持補修費	45,509	0.6	51,058	0.7	51,384	0.7	51,126	0.6	84,064	0.9
補助費等	909,077	12.8	1,652,127	21.7	1,161,799	16.0	1,671,464	20.1	3,279,324	34.5
積立金	103,166	1.5	507,946	6.7	210,650	2.9	1,025,709	12.3	558,788	5.9
投資・出資金	23,403	0.3	23,706	0.3	21,415	0.3	23,129	0.3	22,850	0.2
貸付金	15,040	0.2	12,520	0.2	16,200	0.2	15,660	0.2	15,360	0.2
繰出金	292,824	4.1	280,238	3.7	199,847	2.7	203,509	2.4	156,862	1.7
投資的経費	2,698,874	38.1	1,967,401	25.9	2,433,840	33.5	2,445,596	29.4	2,661,027	28.0
普通建設	2,606,849	36.8	1,963,525	25.8	2,396,041	33.0	2,445,596	29.4	2,646,092	27.9
災害復旧	92,025	1.3	3,876	0.1	37,799	0.5	―	―	14,935	0.1
合計	7,086,845	100.0	7,600,122	100.0	7,260,363	100.0	8,324,267	100.0	9,491,582	100.0

〔出所〕　奥尻町「各会計歳入歳出による主要施策の成果表」(各年度版)。

たのである。このような事情から，2001年度以降，奥尻町は緊縮基調の財政を余儀なくされたのである。

(2) 歳入の状況

　図表8−11をみてみよう。まず，町税が1998年度以降3億円台に落ち込み，歳入総額に占める割合も5％台で推移している。震災の翌々年度には4億5,000万円台に回復していたことを考えれば，この落ち込みが注目される。その理由としてあげられるのは，1997年度に北海道拓殖銀行が破たんし，北海道経済の落ち込みが顕著であったため影響を受けたこと，奥尻町特有の問題として，震災直後には災害復旧事業・復興事業に伴う建設工事が盛んに行われて「復興特需」のような現象を呈していたが，ハード事業が次第に規模縮小したこと，ハード事業の規模縮小に伴って町民の雇用状況が厳しくなるとともに，島外からの建設業従事者が島を離れたこと等があげられるだろう。1998年3月に町長が復興宣言をした後の1998年度から町税が減少したのはまことに皮肉なことであったということができるのである。また，国庫支出金

図表8-11　奥尻町の普通会計歳入決算額（1996年度～2000年度）の状況

（単位：千円）

区　分	2000年度 決算額	構成比	1999年度 決算額	構成比	1998年度 決算額	構成比	1997年度 決算額	構成比	1996年度 決算額	構成比
町　　　　　税	385,566	5.4	398,601	5.2	381,851	5.2	418,006	5.0	419,877	4.4
地 方 譲 与 税	34,490	0.5	33,990	0.4	30,119	0.4	37,055	0.4	50,269	0.5
利 子 割 交 付 金	20,757	0.3	4,526	0.1	4,171	0.1	5,014	0.1	5,572	0.1
地方消費税交付金	44,438	0.6	43,090	0.6	45,702	0.6	10,320	0.1	―	―
特別地方消費税交付金	―	―	163	0.0	164	0.0	209	0.0	―	―
自動車取得税交付金	13,989	0.2	14,039	0.2	14,587	0.2	14,471	0.2	19,413	0.2
地 方 特 例 交 付 金	14,924	0.2	12,354	0.2	―	―	―	―	―	―
地 方 交 付 税	2,694,313	37.9	2,701,313	35.4	2,612,415	35.6	2,493,032	29.8	2,486,484	26.1
普 通 交 付 税	2,214,120	31.1	2,213,820	29.0	2,142,147	29.2	1,992,339	23.8	1,925,791	20.2
特 別 交 付 税	480,193	6.8	487,493	6.4	470,268	6.4	500,693	6.0	560,693	5.9
交通安全対策特別交付金	―	―	464	0.0	493	0.0	543	0.0	―	―
分 担 金 及 び 負 担 金	435	0.0	14,246	0.2	31,806	0.4	117,201	1.4	12,211	0.1
使　用　料	70,858	1.0	74,029	1.0	87,203	1.2	69,116	0.8	69,839	0.7
手　数　料	121,539	1.7	117,521	1.5	120,495	1.7	126,078	1.5	124,632	1.3
国 庫 支 出 金	345,516	4.9	467,812	6.1	411,182	5.6	313,198	3.7	288,747	3.0
道　支　出　金	1,092,419	15.4	775,852	10.2	990,995	13.5	867,429	10.4	620,060	6.5
財　産　収　入	95,835	1.3	60,919	0.8	85,326	1.2	91,177	1.1	374,765	4.0
寄　附　金	8,384	0.1	8,789	0.1	16,879	0.2	7,907	0.1	6,658	0.1
繰　入　金	1,019,355	14.3	1,685,388	22.1	1,358,441	18.5	2,560,114	30.7	3,691,455	38.7
繰　越　金	26,064	0.4	72,243	1.0	27,678	0.4	40,590	0.5	44,390	0.5
諸　収　入	529,859	7.4	552,047	7.2	202,699	2.8	198,635	2.4	201,050	2.1
町　　　　債	595,100	8.4	588,800	7.7	910,400	12.4	981,850	11.8	1,116,750	11.7
合　　計	7,113,841	100.0	7,626,186	100.0	7,332,606	100.0	8,351,945	100.0	9,532,172	100.0

〔出所〕　奥尻町「各会計歳入歳出による主要施策の成果表」（各年度版）。

図表8-12　奥尻町の地方債種類別借入額（1996年度～2000年度）と地方債残高

（単位：千円）

事業区分	1996年度 借入額	1997年度 借入額	1998年度 借入額	1999年度 借入額	2000年度 借入額	1995年度末 残高	2000年度末 残高	増加額
一般公共事業債	482,150	554,650	457,900	283,500	240,100	1,598,134	3,321,899	1,723,765
一般単独事業債	45,200	8,200	121,400	50,200	―	890,419	690,985	△199,434
公住建設事業債	14,500	81,000	80,600	88,900	85,900	98,537	425,743	327,206
義務教育施設整備債	6,800	71,700	―	―	―	858,544	793,361	△65,183
辺地対策事業債	403,500	218,500	190,000	153,000	241,600	947,100	1,593,988	646,888
災害復旧事業債	―	―	7,600	1,900	16,200	235,072	117,916	△117,156
一般廃棄物処理債	―	―	19,800	―	―	92,841	69,976	△22,865
厚生福祉施設債	―	―	―	―	―	28,440	14,958	△13,482
過疎対策事業債	120,300	18,700	7,900	5,300	5,300	1,537,978	953,782	△584,196
財源対策債	―	―	―	―	―	291,686	140,894	△150,792
臨時財政特例債	―	―	―	―	―	662,810	476,578	△186,232
公共等臨時特例債	―	―	―	―	―	82,400	34,226	△48,174
そ の 他	44,300	29,100	25,200	6,000	6,000	622,380	421,671	△200,709
普通会計合計	1,116,750	981,850	910,400	588,800	595,100	7,946,341	9,055,977	1,109,636

〔出所〕　奥尻町「各会計歳入歳出による主要施策の成果表」（各年度版）。

が1995年度に比べて大幅に減少した。これは，国庫補助事業として行われる復旧・復興事業が減少したことが影響している。

　町債は，1996年度が11億1,675万円，1997年度と1998年度が9億円台であったが，1999年度と2000年度は5億円台となり，歳入総額に占める割合が一桁台になった。町では，辺地地区の多い奥尻町の特性を活かして，地方交付税措置が厚い辺地対策事業債を有効に活用して事業展開を行ってきた。町は1996年度に4億円台，1997年度と2000年度に2億円台の辺地対策事業債の発行を行っているのである（図表8－12）。また，塩釜団地公営住宅建替事業が継続して行われているために，1997年度から2000年度まで毎年度8,000万円程度公営住宅債が活用されている。先に2001年度以降町は緊縮基調の財政に舵をきったと述べたが，実際は1999年ごろから緊縮基調の方向をもって歩み始めたように思われる。1999年度から町債発行額が大きく減少したことや，1997年度末の地方債残高に比べて2000年度末の地方債残高がわずかながら減少しているからである（図表8－9，図表8－12）。

　繰入金は1996年度が36億9,145万円，1997年度が25億6,011万円となっており，両年度ともに歳入総額の3割以上を占め，歳入のトップに位置していた。しかし，1998年度からは一挙に10億円台に減少し，歳入総額に占める割合も低下した。1996年度と1997年度には，復興基金を活用するための繰入が積極的に行われることによって，住宅取得費助成事業等が展開された。しかし，復興基金をほぼすべて費消してしまった1998年度には，繰入金は必然的に減少せざるを得なかったのである。

5　義援金の活用と奥尻町の復興

　奥尻町の復興について述べる際に，190億円にのぼる多額の義援金について避けて通ることはできない。奥尻町の義援金（利息を含む）は，日赤北海道支部が事務局であった北海道災害義援金募集委員会分，北海道庁分，奥尻町受付分を合計して190億4,809万円であった。このうち，被災者への配分額が約40億円，被災者救援物資や追悼式典，公共用地取得などで支出した額が約6億円，後継者育成基金が10億円，育英基金が5,000万円，奨学資金基金

が5,000万円で、残りの133億円が復興基金積立額であった（**図表8-6**）。

　義援金の復興基金への積み立ては、1993年度が90億円、1994年度が41億9,500万円、1995年度が1億3,000万円で、1996年度と1997年度には積み立ては行われなかった。復興基金は約6億5,000万円の土地売却収入を除けば義援金から成り立っている[9]。

　復興基金は奥尻町の復興事業に大きな役割を果たした。**図表8-13**をみてみよう。奥尻町では、1993年度から1997年度までの5年間に126億5,561万円の復興基金が用いられ、事業が行われていることが把握できる。復興基金は、1993年度が3億5,003万円、1994年度が34億8,934万円、1995年度が33億9,317万円、1996年度が33億8,375万円、1997年度が20億3,930万円使われているのである。

　復興基金が用いられている事業を掲げた**図表8-14**をみてみよう。1993年度には、奥尻漁業協同組合が事業主体となっている事業への助成に主に使われた（共同利用漁船建造費補助及び利子補給事業費1億8,027万円、小型漁船船外機整備費助成事業費3,256万円等）。1994年度は、主に被災者や被災した産業への支援に使われた。つまり、住宅取得費助成事業費5億5,405万円、家具・家財購入費助成事業費8,400万円、漁業復興特別助成事業費7億5,110万円、漁具購入助成及び利子補給事業費（漁具購入助成事業費）1億5,651万円、共同利用倉庫整備助成事業費1億7,555万円、共同利用漁船建造費補助及び利子補給事業費（共同利用小型漁船購入助成事業費）1億4,225万円、中小企業事業再開費助成事業費8億7,466万円であった。1995年度は、被災した漁業への支援が一段落したため、被災者への支援にいっそう多く使われた。つまり、住宅取得費助成事業費が前年度の2.7倍の14億8,810万円、家具・家財購入費助成事業費が前年度の2.7倍の2億2,500万円、中小企業事業再開費助成事業費が6億907万円であった。1996年度も被災者の住宅取得と中小企業への支援が中心であった。つまり、住宅取得費助成事業費が11億1,673万円、家具・家財購入費助成事業費が1億6,500万円、中小企業事業再開費助成事業費が10億4,232万円であった。1997年度は、住宅取得費助成事業費が4億3,455万円、家具・家財購入費助成事業費が2,350万円、中小企業事業再開費助成事業費が3億2,315万円であった。復興基金は1997年度までで126

億5,561万円を費消したため，1998年度以降は，住宅取得費助成事業や中小企業事業再開費助成事業など規模の大きな事業には充当されず，また，充当された事業数も極端に減少した。奥尻島津波資料館の建設等に用いられたにすぎなかった。

1993年度から1997年度までの5年間の各事業ごとの復興基金利用額は，住宅取得費助成事業費が35億9,345万円，家具・家財購入費助成事業費が4億9,750万円，漁業・農業関係の復興のための事業費（漁業復興特別助成事業，農業復興特別助成事業，共同利用漁船建造費補助及び利子補給事業など）が19億6,864万円，中小企業事業再開費助成事業費が28億4,922万円であった。

公共土木施設災害復旧事業に代表される災害復旧事業については，その多くが国庫補助事業で，しかも，奥尻町が激甚災害法の指定を受けたために国庫補助負担金のかさ上げ措置がとられた。また，奥尻町の負担分の多くは地方交付税措置がとられた災害復旧事業債で対応できた。さらに，漁業集落環境整備事業や漁船漁業近代化施設整備助成事業などについても，財源として国庫補助負担金や辺地対策事業債などの有利な起債が用いられた。災害公営住宅整備事業と防災集団促進事業についても，国庫補助負担金の比重は大きかった。これに対し，被災者への直接的な支援となる住宅取得費助成や家具・家財購入費助成，中小企業事業再開費助成については，国庫補助負担金を用いることができなかったために，復興基金が重要な役割を果たしたのである。

図表8－13　復興基金積立額と復興基金執行額

（1998年9月30日現在）（単位：千円）

基金積立額	当初	9,000,000	追加	5,465,965	合計	14,465,965	残額	225,844
基金執行額	1993年度	350,039	1994年度	3,489,341	1995年度	3,393,173		
	1996年度	3,383,752	1997年度	2,039,307				

（注）　復興基金のほとんどは義援金と義援金利子で構成されるが，一部土地売払収入（6億9,287万円）等を含む。
〔出所〕　奥尻町「奥尻町義援金の状況」（1998年9月30日現在）。

図表8-14　復興基金を用いた事業名と各事業における復興基金の額

(単位：千円)

分類	項目	1993年度執行	1994年度執行	1995年度執行	1996年度執行	1997年度執行	執行済額計
1. 住民の自立復興支援	1. 生活福祉資金利子補給事業		45	257	349	6,178	6,829
	2. 災害援護資金利子補給事業				723	2,191	2,914
	3. 冬季暖房用灯油等購入費助成事業		6,326	2,965			9,291
	4. 在宅福祉サービス負担金助成事業		1,428	827			2,255
	5. 通学通勤交通費助成事業		750	272			1,022
	6. 応急仮設住宅転出費用助成事業		39,000	36,600	26,100	2,700	104,400
	7. 住宅解体費助成事業		3,686	2,857	2,384	3,205	12,132
	8. 住宅基礎上げ工事費助成事業		300				300
	9. 住宅取得費助成事業		554,058	1,488,109	1,116,732	434,554	3,593,453
	10. 家具・家財購入費助成事業		84,000	225,000	165,000	23,500	497,500
	小　計　①		689,593	1,756,887	1,311,288	472,328	4,230,096
2. 農林水産業の復興支援	11. 営農施設等再建費助成事業	285	33,086				33,371
	12. 共同利用農業機材整備助成事業	1,112					1,112
	13. 米穀共同利用施設整備助成事業		21,238				21,238
	14. 農業復興特別助成事業		92,297				92,297
	15. 共同利用漁船建造費補助及び利子補給事業	180,277	142,253				322,530
	16. 共同利用中古船購入費助成事業	22,538					22,538
	17. 水産業共同利用施設整備助成事業		19,963	45,093	7,602		72,658
	18. 小型漁船外機整備費助成事業	32,566	26,453				59,019
	19. 共同利用倉庫整備助成事業		175,558	10,478	2,655	2,606	191,297
	20. 小型漁船巻揚施設整備助成事業	7,094	24,474				31,568
	21. 漁具購入助成及び利子補給事業	10,063	156,516	65,596			232,175
	22. ウニ・アワビ・ホタテ深浅移植助成事業	12,147	20,346	26,945	23,284	24,018	106,740
	23. 鮮魚運搬費用助成事業	12,000	15,000	4,000			31,000
	24. 漁業復興特別助成事業		751,105				751,105
	小　計　②	278,082	1,478,289	152,112	33,541	26,624	1,968,648
3. 商工・観光業の復興支援	25. 中小企業事業再開費助成事業		874,667	609,073	1,042,326	323,157	2,849,223
	26. 中小企業振興資金・災害資金利子補給事業		26,687	36,307	51,908	70,218	185,120
	27. 観光案内板整備費助成事業					6,000	6,000
	28. 地域イベント開催費助成事業		900	1,157			2,057
	29. 観光復興大型イベント開催費助成事業		15,216				15,216
	30. 観光復興キャンペーン助成事業		19,202	31,112	48,546	37,597	136,457
	31. 観光案内所設備整備助成事業		1,133				1,133
	32. 賽の河原休憩所整備助成事業		15,600				15,600
	小　計　③		953,405	677,649	1,142,780	436,972	3,210,806
4. その他	33. 防災行政無線戸別受信機購入助成事業		125,757			5,881	131,638
	34. 町内会各地域避難路整備助成事業					51,345	51,345
	35. 水難救難所体制強化支援事業		4,526		10,403		14,929
	36. 青苗地区下水道整備助成事業				82,400	21,600	104,000
	37. 定住促進土地購入・住宅新築助成事業						
	38. 神威脇町内会温泉施設復興支援事業			6,767			6,767
	39. 飲料水供給施設災害復旧助成事業			58,156	1,000		59,156
	40. まちづくり受電柱整備助成事業			720	420	90	1,230
	41. 高齢者スポーツ団体活動資材整備助成事業			3,630			3,630
	42. 奥尻三大祭復興支援事業			10,277			10,277

	項　　目	1993年度執行	1994年度執行	1995年度執行	1996年度執行	1997年度執行	執行済額計
4. その他	43. 地域お祭り復興支援事業						
	44. 被災児童生徒特別教育資金支給事業		60,250				60,250
	45. 郷土芸能保存強化整備事業		3,488	2,766			6,254
	46. 人材育成地域交流助成事業		6,400	18,131	9,574	4,913	39,018
	47. 漁業青色申告会運営費助成事業		1,300	1,000	900		3,200
	48. テレビ共同受信施設復興支援事業			4,625			4,625
	小　　　計　④		201,721	106,072	104,697	83,829	496,319
	基本的支援事業計（①+②+③+④）A	278,082	3,323,008	2,692,720	2,592,306	1,019,753	9,905,869
5. その他の支援事業	49. 製氷貯氷冷凍冷蔵施設整備助成事業		13,049	2,377			15,426
	50. アワビ資源回復支援センター整備事業					500,000	500,000
	51. 避難場所等非常用電源確保及び無線機整備事業			10,689	689		11,378
	52. 災害用保安帽支給事業		8,230				8,230
	53. 防災ハンドブック作成事業		4,965				4,965
	54. 緊急避難用袋配備事業		10,506				10,506
	55. 避難広場照明施設整備事業				13,361		13,361
	56. 災害対策用備蓄飲料水整備事業				1,801		1,801
	57. 集会施設整備事業	70,000	3,605		56,826	41,383	171,814
	58. 防犯街灯等整備事業				17,819		17,819
	59. まちづくりに係る公共用地取得事業		36,208	33,392	27,037	2,575	99,212
	60. まちづくりに係る分譲用地取得事業		84,919	128,388			213,307
	61. まちづくり造成地域ゴミステーション整備事業				26,059	1,722	27,781
	62. 被災地区まちづくり等復興整備事業				87,962	64,287	152,249
	63. 津波資料館建設事業				15,855		15,855
	64. 青苗墓地公園整備事業				9,794		9,794
	65. 被災公園復興整備事業				201,069	7,528	208,597
	66. 復興基金支援施策ガイドブック作成事業	1,957					1,957
	67. 津波犠牲者慰霊碑建立事業				34,944	103,982	138,926
	68. 生涯学習センター（仮称）建設事業		4,851	201,365	302,829		509,045
	69. 高齢者生活福祉センター建設事業			264,127			264,127
	70. 北海道南西沖地震災害記録誌作成事業			27,456		445	27,901
	71. 災害応急仮設住宅整備事業			32,659	21,050	50,562	104,271
	72. 神威脇温泉保養所被災機器改修事業					13,672	13,672
	73. その他特別振興対策支援事業					207,749	207,749
	小　　　計　B	71,957	166,333	700,453	791,446	1,019,554	2,749,743
	合計（A+B）C	350,039	3,489,341	3,393,173	3,383,752	2,039,307	12,655,612

〔出所〕　奥尻町「災害復興基金支援事業・所要額調査表」（1998年9月30日現在）。

6 奥尻町の復旧・復興事業の小括と奥尻町の現況

　現在の奥尻町には，津波対策と密接に関係する施設が多様に存在している。総延長が14キロメートル，高さは最も高いところで11メートルある防潮堤，漁港に設けられ津波発生時の町民の一時避難場所になる人工地盤望海橋，大津波の記憶を後世に伝えるための奥尻島津波館，津波対策のために1階部分

をピロテイ構造にした青苗小学校，津波対策として盛土の上に完成した稲穂小学校，津波で完全流失した青苗岬につくられた徳洋記念緑地公園などである。これらは奥尻町の復旧・復興事業の中で代表的かつ象徴的な施設である。

　奥尻町の復旧・復興事業は，このようなハード事業だけにとどまらなかった。震災に伴う生活難から町民が島を離れることが起こらないようにするために，町は被災者や被災した産業への支援を積極的に行った。つまり，住宅取得費助成事業や家具・家財購入費助成事業，被災漁業者に対する新しい漁船整備のための助成事業や漁具購入費助成事業，中小企業の事業再開のための助成事業が展開されたのである。このような施策により，町民はわずかな自己負担で住宅や家具・家財を購入できたし，漁業者はわずかな負担で新しい漁船に乗ることができた。また，高台への全員移転か一部移転かをめぐる青苗地区の住民間の合意形成の難しさがある中で，町は高台地区における住宅団地造成と，これまで町民が暮らしてきた集落の整備の両方を行った。しかも，施策展開のスピードは速かった。このような町の施策展開は明らかに町民を島にとどめることに成功したのである。そして，このような施策展開を可能にしたのは，国庫補助負担金と復興基金であった。とくに義援金がその大部分の財源となっている復興基金の役割は大きかったのである。

　ただし，復興基金が使われない事業や使うことができない事業も少なくなかった。そして，いうまでもないことだが，国庫補助事業には必ず地方負担が伴った。地方負担分については，多くの場合，地方債が発行されることになった。奥尻町の場合，災害復旧事業債や辺地対策事業債，過疎対策事業債など，地方交付税措置のある「有利な」地方債を活用した。とくに，奥尻町の特性を考慮にいれながら，元利償還費の80％が地方交付税の基準財政需要額に算入される辺地対策事業債が有効に活用された。しかし，多額の地方債が発行される中で，奥尻町の地方債残高は大きくなっていった。1992年度末の地方債残高（39億6,621万円）に比べて2000年度末の地方債残高（90億5,597万円）は約2.3倍増大した。8年間で約50億円程度地方債残高が増大したのである。

　では，現在の奥尻町はどのような状況になっているのだろうか。震災発生前の人口は4,604人（1990年国勢調査）であったが，現在は3,033人（2010年

国勢調査）となり，この20年間の人口減少率は実に34.1％になった。とくに，2005年（3,643人，国勢調査）から2010年にかけての5年間の減少率は16.7％と大きく，北海道の市町村の中で占冠村に次いで第2位の減少率であった。高齢化も著しく進んだ。高齢者比率は32.7％（2010年国勢調査）で，現在，町民の3人に1人が65歳以上となっている。

奥尻町の基幹産業である漁業においても，漁業人口は約3分の1に減少した。つまり，1990年の第1次産業就業人口は518人で就業人口全体の24.0％を占めていたが，2005年には234人に，2010年には191人（就業人口全体の13.1％）に減少している（国勢調査）。第1次産業就業人口は，20年間で3分の2にほぼ相当する人口が減少している。そして，漁業人口は1990年の418人から2010年の155人に減少しているのである。奥尻町は，震災からの復旧・復興事業で，迅速かつ多様に漁業者支援を行ったけれども，現在，後継者がなかなか育たない中，若者の島からの流出が続いているのである。さらに，水産加工業については，1990年から2010年にかけて事業者数，従業員数ともに3分の1に減少した[10]。

商店数も同期間に4分の1程度減少した。また，観光客数は明らかに伸び悩んでいる状況にあるのである。

さらに，現在の奥尻町の財政状況（2010年度普通会計決算）を検討しよう[11]。2010年度の普通会計の財政規模（決算，歳出）は42億円台であった（2009年度は37億円台，2011年度は36億円台）。歳入では，町税が2億9,776万円で歳入総額の6.9％となっている。町税のうち，町民税が1億3,792万円，固定資産税が1億2,052万円であった。町民税では，法人関係の税収の割合が大変低く，町民税法人税割が379万円，町民税法人均等割が956万円にすぎなかった。これに対し，地方交付税が22億8,501万円で，歳入総額の53.1％を占めている。産業が低迷し，町税が1割を下回っている状況のもとで，地方財政調整が奥尻町の自治を支えているということができるのである。地方債の発行は比較的少なく，歳入総額の7.5％の3億2,222万円であるが，このうちの半分以上（1億6,922万円）が臨時財政対策債であった。

町は復興事業がほぼ終了した2001年度以降，財政の緊縮に舵をきった。ただし，復興事業に伴う公債費負担や，離島という特殊条件から，ごみ処理施

設の建設（2001年度）や埋立処分施設の整備（2007〜2009年度）を1町単独で行わなければならなかったことによる起債対応のために，過去の借金の反映である公債費は必ずしも少ない方ではない（2010年度7億7,131万円，歳出総額の18.1％）。しかし，近年は借金返済額（公債費）が借入額（地方債収入）を上回っている。また，投資的経費は年度による違いはみられるものの，抑制基調で推移している。2010年度末の地方債残高は約55億円となっており，2000年度末の地方債残高（90億円）を大きく下回っていることからも，緊縮基調の財政に向けた努力が行われているということができる。

財政の硬直化が進むと高くなる経常収支比率は84.91％（2010年度）で道内町村平均（80.1％）をやや上回り，実質公債費比率も14.8％（2010年度）で道内町村平均（12.9％）をやや上回っているが，現段階では懸念すべき財政状況にはないといってよいだろう。

むすびにかえて

奥尻町は，21世紀に入ってから今日まで，ほぼ緊縮基調の財政を志向して財政の健全性に努めてきた。その間には，小泉政権のもとでの税源配分の三位一体改革，財政健全化法の成立と施行等があり厳しい環境下におかれていた事情もあっただろうが，町が財政の健全性に努めてきた点は評価できる。ただ，震災復興後に進んだ高齢化への対応や落ち込んだ産業の振興に町はもっと意欲的に取り組む必要があったと思われる。そして，これらは今後も町がいっそう取り組まなければならない課題であるといえるだろう。その意味では震災からの復旧・復興時に，町は迅速な復旧・復興に努める一方で，長期的な奥尻町の姿を精緻に描く作業を同時並行的に行う努力と気構えが必要であった。震災からの復旧・復興時に，未来の奥尻町のビジョンが求められていたのである。

当時，高齢化が進むことについて深い認識をもつことが，日本のすべての自治体に要請されていた。日本は1994年に高齢化社会（高齢者比率7％以上14％未満）から高齢社会（高齢者比率14％以上）に転換した。1989年12月にはゴールドプランがつくられ，1997年後半には介護保険制度の議論が花盛り

であった。高齢化対応のまちづくりの視点や高齢者介護の展望を示すことが求められていたのである。

そして，奥尻町では，このような高齢化対応だけではなく，基幹産業である漁業ならびに漁業関連産業（水産加工業など）はもちろんのこと，漁業以外の産業として観光業やそれと関連する産業を長期的に育てる視点も求められていた。さらに，復旧・復興事業として行われる施設建設事業は，ほぼ同時期に集中的に行われるものなので，おおよそ20年以上が経過すれば，ほぼ同時期に施設の大規模な改修・修繕が必要になり，維持管理費がかさんでくる。このような視点がもっと深化・豊富化されていてもよかったように思われる。そして，数年間で復興基金を全額費消するのではなく，少なくとも町の1年間の予算に相当する40億円程度を基金として残しておき，将来の高齢者福祉や産業振興，観光振興，施設の老朽化対策に使う選択肢もあったように思われるのである。

もちろん，当時行われた復旧・復興事業の是非を考察する場合には，当時の雰囲気や状況を十分踏まえたうえで論じなければならない。バブル経済が破たんした直後に北海道南西沖地震が起こった。したがって，まだバブルの余韻が残っていた時期に復旧・復興事業が展開されなければならなかった。さらに，1997年度の北海道拓殖銀行の破たんや山一證券の倒産を受けて，1998年度には国が大型補正予算を組み，積極的に公共事業が行われた。したがって，当時においては，かなり大きな財政投資を行うことへの抵抗感は現在よりもはるかに薄かったといえるであろう。そこで，このような当時の状況を考えれば，奥尻町の施策展開を単純に批判するわけにはいかない。むしろ，住民要望を受けて，迅速な復旧・復興が考えられた点は評価できるのである。

東日本大震災の被災自治体が奥尻町の施策展開から学ぶべき点があるとすれば，次の点であろう。つまり，復旧・復興の施設建設事業はほぼ同時期に集中的に行われるものなので，将来の維持管理費や大規模修繕費のことを考える必要がある。また，将来の自治体人口の見通しを立てながら，住民ニーズを厳しく見積もったうえで施設建設が行われなければならない。例えば，高さがあり，延長距離が長い防潮堤を整備することの是非などは大いに議論されるべきなのである。さらに，それと密接に関連していることだが，ハー

ド・ソフト両面において，将来の人口動向を十分考慮に入れたまちづくりの視点を忘れてはならない。これに加えて，地域の特性を十分考慮に入れたうえで，地域振興と産業振興の視点をもちながら復旧・復興を考えることが必要である。そして，高齢化を踏まえて高齢者福祉・保健医療や高齢化対応のまちづくりを考えることと，地域の物的資源はもちろん人的資源も最大限活用し，とりわけ福祉などにおいて人的資源の連携で充実した施策を実現する展望を打ち出すことが求められていると考えるのである。

注

1） 北海道企画振興部南西沖地震災害復興対策室「北海道南西沖地震災害復興対策の概要」1995年5月。
2） 激甚災害法については，横山純一「石巻市における東日本大震災からの復旧・復興と財政」『自治総研』2014年1月号，2014年1月，地方自治総合研究所を参照。
3） 鷹原徹「災害復興と被災自治体の首長」を参照。この論文は，震災時に総務課長で，のちに助役，町長を務めた鷹原徹氏の論文であるが，現時点では未発表の論文である。鷹原氏によれば，震災後5年間で復興計画のほぼ8割が達成されたとの判断にもとづき，1998年第1回定例町議会で町長による復興宣言が行われた。
4） 奥尻町「各会計歳入歳出による主要施策の成果表」（各年度版）。
5） 奥尻町資料ならびに鷹原前掲論文を参照。
6） 復興基金については，本章の5で詳しく論じた。なお，共同利用小型漁船購入助成事業，漁具購入助成事業，漁業振興特別対策事業については，次の2つの論文を参照した。松田光一「被災世帯家族の生活再建過程」『北海道南西沖地震に伴う家族生活と地域生活の破壊と再組織化に関する研究—激甚被災地奥尻町を中心として—』（平成7年度～平成10年度科学研究費補助金〔基礎研究A2〕研究成果報告書，研究代表者関孝敏），1999年，尾中謙治「北海道奥尻町における水産業の復興—北海道南西沖地震からの教訓—」『農林金融』64巻8号，2011年8月，農林中金総合研究所。
7） 鷹原前掲論文によれば，復興宣言したけれどもまだ8割程度の復興と町は考えていた。そこで，本章では，2000年度までの財政状況について検討している。
8） 震災復興特別交付税については，横山前掲論文を参照。
9） 奥尻町「災害復興基金の設置状況」（1998年9月30日現在）。
10） 漁業人口，水産加工業の事業者数と従業員数，商店数については松田光一「災害復興と地域経済—北海道奥尻町の事例を通してその意味を問う—」『開発論集』92号，2013年9月，北海学園大学開発研究所を参照。
11） 奥尻町「2010年度財政状況資料集」，北海道市町村振興協会『市町村の財政概要』（各年度版）を参照。

第9章 福島県飯舘村にみる狭域自治と自治体内分権
——飯舘村と市町村合併とを関連させて

はじめに──飯舘村を取り上げた理由

　2011年3月11日の東日本大震災で福島県飯舘村は震度6弱を記録した。地震による被害は，宮城県や岩手県の太平洋側の地域に比べれば軽微であったが，地震と津波によって引き起こされた東京電力福島第1原子力発電所事故はきわめて深刻な影響を飯舘村に与えることになった。飯舘村は，福島県内で最も放射線量が多い自治体の1つになり，住民は村外避難を余儀なくされたのである。

　筆者は，拙著『現代地方自治の焦点』(2006年，同文舘出版)の中で飯舘村をとりあつかった。取り上げた理由は，飯舘村が集落自治を重視した独自性のあるまちづくりを行っていたからである。飯舘村は，20ある行政区を単位とした地域づくりを行うとともに，当時大きな問題となっていた市町村合併問題についても，個々の集落の将来の人口シミュレーションや，それをもとにした集落政策を模索しながら対応し，最終的に自立の道を選択した。さらに，飯舘村は，「若妻の翼」事業など農家の女性を支援する取り組みをはじめ，ユニークな事業・政策展開を数多く行っていたのである。

　このような飯舘村が，現在，すぐれたまちづくりができないでいる状況は，誠に残念でならない。

　そこで，本章では，『現代地方自治の焦点』であつかった飯舘村の集落自治に関する部分を抜き出して再掲することにした。ごくわずかな修正を加えているほかは，『現代地方自治の焦点』の文章をそのまま用いている。

271

飯舘村の位置, 人口, 産業, 財政

近年, 住民参加や住民協働を進めるために, 狭域自治や自治体内分権の取り組みが盛んになってきた。このために自治基本条例や行政基本条例を策定する自治体も増えてきた。もちろん, 自治体の中で取り組み方の温度差は大きい。積極的に行ってきた自治体もあるし, ほとんどそのような取り組みをしてこなかった自治体もある。本章では, 自治体内分権を具体的に検討するために, 集落自治や住民参加を積極的に進めてきた福島県飯舘村の事例を検討してみよう。さらに, 飯舘村が市町村合併にどのように望んでいるのかについても考察しよう[1]。

飯舘村は福島県の地域区分では「浜通り地域」に属し, 県の東北部, 阿武隈山系北部の丘陵地帯に広がる標高220〜600メートルに生活基盤をもつ農村である。したがって,「浜通り」地域には属しているが, 海(太平洋)に面してはいず, 海に面している最寄りの自治体(原町市, 合併により現南相馬市)から40キロメートル内陸部に入るところに位置している。1956年に旧大舘村と旧飯曽村が合併して現在の飯舘村になったが, 2002年4月現在の人口は6,963人, 世帯数は1,760世帯である。1955年の合併当時の人口は11,403人で世帯数は1,809であったから, 世帯数はあまり変化がみられないが, 若者の村外への流出が進んで人口数は39%減少している。そして, 1976年以降ずっと, 過疎法にもとづく過疎地域指定を受けている。

基幹産業は農業(水稲, 畜産, 葉たばこ)で, 近年は, 野菜, 花栽培にも力を入れ複合経営がめざされている。また, 飯舘牛のブランド化に村をあげて取り組んでおり, 肥育実証を兼ねた振興公社(飼育センター)を設置している。第2次産業も発達しており, 就業人口数では第1位(第2位は第1次産業)である。地元産の御影石の石材業は主力産業の1つだし, 精密器具製造, 縫製, 弱電, 建設関係の事業所の生産が伸びる傾向がみられる。これに対して商業は, 住民の近隣市町村での購買が年々増加傾向にあり, 今後の対策が必要になっている。

飯舘村の財政をみてみると(2000年度決算), 歳入合計は48億7,800万円で,

地方税の構成比が9.3％，地方交付税の構成比が53.1％である。財政力指数が0.18，公債費負担比率が18.3％，地方債現在高が41億4,800万円（うち政府資金が36億2,000万円），積立金現在高が17億6,000万円（うち財政調整基金が6億8,000万円）である。

2 飯舘村と市町村合併

　市町村合併については，飯舘村は住民の意見を聞く機会を積極的かつ多様に設けてきた。村では，合併を「目的」として捉えるのではなく，住民が村・地域をみつめ直す機会としての「手段」として捉え，住民の意見をできるだけ合併の意思決定に反映させようと，2001年6月から2002年8月までの間に，「市町村合併問題を考える村民集会（村民勉強会）」を9回開催し，さらに，2002年10月から12月にかけては地区懇談会を7地区で実施した。村民集会と地区懇談会出席者数は延べ1,345人にのぼったが，青年層の議論への参加が少ない点が難点になっている。

　飯舘村の市町村合併の動きは，めまぐるしいものがあった。当初，飯舘村は相馬郡内の4町村（小高町，鹿島町，新地町，飯舘村）と2つの市（原町市，相馬市）とで任意合併協議会を形成したが（2003年1月），任意合併協議会は同年7月に解散した。その後，飯舘村は原町市，鹿島町，小高町と南相馬法定合併協議会を形成することになるが（2004年2月），2003年12月に行われた3市町との合併の是非を問う住民投票で反対が約53％を占めたこと（ただし，法定合併協議会に参加した）などの事情などから，村長は合併協議から離脱を表明し（2004年9月7日），合併協議からの離脱に慎重な議会と対立した（議会は協議会離脱案を否決，2004年9月17日）。結局，合併協議存続を求める議会との関係もあり，飯舘村は4市町村での合併協議を継続することになったが，2004年10月17日に行われた村長選挙で単独自立を主張する村長が再選されたことにより，2004年11月15日に飯舘村は合併協議から離脱したのである。

　では，なぜ，飯舘村が市町村合併をめぐって，上記のような複雑な立場をとったのだろうか。市町村合併を躊躇する要因が多数みられる点が注目され

るべきである。

　まず，飯舘村の地理的位置関係の問題である。法定合併協議会を形成した飯舘村以外の３市町が太平洋に面する自治体であり，飯舘村が山間地なのに対して飯舘村以外の３市町は平坦地である。したがって，標高も違うし，気候も風土も異なる。飯舘村以外の３市町は除雪の必要がないし，スクールバスもいらない。冷害対策は飯舘村では必須条件である。さらに，飯舘村以外の３市町にはＪＲ（常磐線）が走っており相互に行き来するのに便利であるが，飯舘村にはＪＲが走っておらず，しかも原町市から40キロメートル離れていて交通条件がよくない。合併した場合，地理的位置との関係で，「飯舘村だけがつまはじきにされるのではないか」という懸念があったのである。

　第２は，第１の理由とも関連するのであるが，飯舘村が合併してできた新市の中では周辺地域に陥ってしまい，そのことによって，大幅な人口の減少が進むことが懸念された点である。実際，「市町村合併問題を考える村民集会」では，住民が，昭和の大合併で合併した相馬市の玉野地区，浪江町の津島地区，合併しなかった葛尾村を引き合いに出しながら，いずれも人口数が減少しているものの，玉野地区や津島地区が合併後急激に人口が減少したのに対し（1965年から2000年にかけての減少率は，玉野地区44.9％，津島地区52.8％），合併しなかった葛尾村の人口減少率（36.9％）が玉野地区や津島地区よりも低かった点を指摘した。合併した場合には飯舘村が新市の周辺地区になってしまい，玉野地区や津島地区と同じ轍を踏むのではないかという懸念の声が，住民から出されたのである。

　第３に，飯舘村は，相馬地方の市町村との付き合いが多かったとはいうものの，飯舘村の八木沢地区が原町市，大倉地区が相馬市，二枚橋地区が福島市との交流が多く，村内のそれぞれの地区で生活圏が異なっていた。このことも，合併を躊躇させることにつながったのである。

　第４に，４市町村の産業構造の相違である（2000年度）。飯舘村以外の３市町では，第１次産業の就業人口数の割合が少なく，原町市が6.6％，原町市以外はいずれも10％台であった。これに対し，飯舘村は第１次産業の就業人口数が多く，その割合は31.8％である。農業を基盤とする自治体は飯舘村だけであり，飯舘村以外の３市町と飯舘村の産業構造は極端に異なっていた

のである。合併が実現したら，農業面の政策がおろそかにされるのではないかという心配があったのである。

　第5は，飯舘村と3市町とでは，財政状況が異なっていた（2000年度決算）。財政力指数は，原町市0.91，鹿島町0.39，小高町0.41，飯舘村0.18となっており，飯舘村のみが地方交付税の歳入総額に占める割合が50％を超えていた。また，公債費負担比率は，飯舘村が18.3％と高かったが，他の3市町は比較的低かった（原町市10.4％，鹿島町8.6％，小高町12.5％）。

　第6は，飯舘村は，村民参加と地区からの積み上げ方式で地域づくりを行ってきた。このような全国的にも注目されるユニークな実践が，合併によって消え失せてしまうおそれがあることが懸念されていた。飯舘村では狭域政策，住民参加，集落自治が進んでいたのであり，合併を選択せずに，これまでのまちづくりの手法を継続させたいという考え方が，住民の間に根強かったのである。

3　飯舘村と集落自治・狭域政策

　飯舘村では，住民参加が進んでいる。つまり，飯舘村は，第3次総合振興計画（1983年策定），第4次総合振興計画（1994年策定）を，村民のあらゆる階層の参画によって策定してきた。また，村の主要問題等についても，いわゆる「役人の机上のプラン」や民間コンサルタントまかせを廃止し，村民の参画や，とくに青壮年や若い女性の参加を重視してきた。また，「いいたて夢想塾」，「若妻の翼」による活動，「いいたて農の大地に生きる会」など，村民の自主的な活動が活発である。こうした活発な住民活動や住民参加は，集落自治と密接に結びついていた。以下，飯舘村の自治体内分権の仕組み，つまり集落自治の中身について検討することにしよう。

　飯舘村には20の行政区がある。そして，行政区を単位とした地域づくり運動（新農村楽園推進事業・地域づくり事業）を1995年度から実施してきた。つまり，地区の主体的な事業に対して1地区当たり1,000万円を限度として村が補助金を交付し，地区住民が地区のニーズを調べながらアイデアを出して事業展開を行っているのである。この地域づくり運動は，2003年の時点で，

約10年が経過して成熟してきた。そこで，この行政区を単位とした地域づくり運動は注目されるので，やや詳しく述べてみよう（**図表9－1**を参照）。

まず，各地区から事業案を提出してもらい，この事業案を審議するために，行政区の代表などで構成する「地区計画協議会」が組織される。次に，「地区計画協議会」では，提出された地区別計画や，同計画に変更，追加がある場合の承認のほか，特定の住民の利益になっていないかの審査も行われる。そして，「地区計画協議会」の承認が得られれば，村から助成金が支出される。助成金額は1行政区当たり1,000万円以内であるが，事業計画策定費100万円（事業費の10％以内），事業実施助成分900万円（事業費の90％以内）が目安とされている。地区別計画の事業完了年度は2004年度であるが，村は，1995年度から2004年度までの10年間で，ふるさと創生事業の1億円と地方交付税の一部を財源に2億円を予算化している。

地区別計画において，地区の産業振興や文化財の保護，環境保全，福祉の充実など各行政区の取り組みは本格化してきている。地区別計画はソフト事業が原則だが，ソフト事業を行うために必要な施設整備についても，「地区計画協議会」の承認を得られれば行うことができる（**図表9－2**）。草野，蕨平の両地区は「ミニデイサービス」を設置する事業費の一部に助成金を充当した。蕨平地区では廃校になった小学校を地区の集会所に改造したが，太陽光システムの浴場を備えた。佐須地区では，創作太鼓「虎捕太鼓」を創設し，地域の子どもたちに太鼓とふれあう場を設けた。学校完全週5日制における子どもたちの受け皿対策としても期待が寄せられているのである。また，前田地区では，交流広域の場として「ふれあい茶屋」（直売施設）をつくった。休憩施設としての利用のほか，竹炭をつくって販売したり，地元でとれた新鮮野菜を直売したりして主に村民の憩いの場として活用されているのである。

さらに注目されるのは，飯舘村が，20の行政区ごとに将来の人口推計をつくり，集落政策をどのように構築するかを模索している点である。2001年11月に出された「飯舘村村民企画会議報告書―集落機能を考える―」は次のように述べている。「市町村合併は手段であり，最終目的は将来の村づくりにあるものと捉え，人口推移と高齢者比率の推移により集落機能のありかたを分析し，日常生活をするうえで望ましい集落環境が経済性だけではなく，過

■図表9-1　地区別計画の進め方について

■実施計画の基本的な考え方
1．実施計画は原則として『第4次総合振興計画・地区別計画』の内容に添って策定してください。
2．実施計画の策定及び計画に基づく具体的事業は複数の行政区が共同で実施することができます。
3．全体計画がなかなかまとまらない場合，当面，決定しているものだけについて計画を取りまとめ，事業に着手することができます。
4．実施計画を策定した後，地区のさまざまな事情により計画を追加，変更する必要が生じた場合は，『地区計画協議会』の承認を受ければ，追加，変更することができます。

■事業実施の基本的な考え方
1．地区別計画はソフト事業を原則としますが，ソフト事業を行うために必要な施設整備（ハード事業という）については「地区計画協議会」の承認を受ければ，行うことができます。
2．事業実施に対する助成金は，各年度ごとに所定の手続きに従ってお支払いします。

■予算措置
1．地区計画助成額1,000万円は，実施計画策定費100万円（事業費の10％以内），事業実施助成分900万円（事業費の90％以内）を目安としています。
2．複数の行政区が共同で実施する事業については，事業費の100％を助成することができます。
3．計画策定にかかる費用のうち会議費（食料費）の割合は20％以内としてください。

■計画の進め方
1．地区別計画の事業完了年度は，2004年度（2005年3月末日まで）です。
2．地区別計画の主体は地区の皆さんですので，地区住民全体の理解と参加の下に実施してください。

■執行上の留意点
1．視察研修費について
　①1泊2日の場合は，宿泊費及び飲食費の合計額は一人当たり17,000円が助成限度額です。
　②日帰りの場合は，昼食等の飲食費は一人当たり2,600円が助成限度額です。
2．実施計画策定にかかる費用のうち，日当（会議に出席した人に対する報酬）に類する費用は助成の対象となりませんので，ご注意ください。
3．神社や参道の整備，葬儀用備品等，宗教に直接関連する事業には助成できません。

〔出所〕　福島県飯舘村資料。

■図表9－2　地区別計画推進状況一覧表

(2002年3月29日現在，単位：円)

行政区	1995～2001 事業費	1995～2001 助成費	主な事業の内容	補助金ベース認定額
草野	7,260,488	6,331,000	会館増改築等	10,000,000
深谷	2,765,835	2,475,000	伝統芸能保存，地区内環境美化	8,100,000
伊丹沢	7,309,662	6,575,000	記念植樹等，公園整備	8,595,000
関沢	2,918,361	2,570,000	伝統芸能保存等	9,248,000
小宮	4,991,021	4,487,000	交流事業，案内板等設置	8,730,000
八木沢芦原	6,349,410	5,713,000	情報機整備等，公園整備	10,000,000
大倉	2,328,014	1,948,000	視察研修等	9,270,000
佐須	4,919,281	4,334,000	創作太鼓等	9,252,000
宮内	8,868,653	7,780,000	ふれあい施設整備等	8,520,000
飯樋町	2,569,049	2,034,000	公園整備，伝統芸能保存	9,766,000
前田八和木	8,296,655	7,114,000	交流事業等	8,460,000
大久保外内	1,272,324	1,139,000	伝統芸能保存	8,901,000
上飯樋	6,828,050	5,911,000	伝統芸能保存，コミュニティー活動促進	8,865,000
比曽	6,982,250	6,274,000	ミニ公園整備等	9,000,000
長泥	10,163,797	8,885,000	伝統芸能保存等	10,000,000
蕨平	11,902,359	10,000,000	デイサービスセンター	9,999,000
関根松塚	7,478,524	6,533,000	地区公園整備，集会所周辺整備	9,673,000
臼石	3,082,232	2,742,700	盆踊り保存	2,430,000
前田	8,730,686	7,852,000	直売施設設置	9,495,000
二枚橋須萱	6,140,173	5,493,000	公園整備等	8,280,000
計	121,156,824	106,190,700		176,584,000

〔出所〕　福島県飯舘村資料。

疎問題の本質にまで議論が及ぶことを期待して（いる……筆者）」とするのである。行政区ごとに将来の人口を推計した自治体は全国的にも希有であり，それだけ集落政策の重要性を飯舘村が強く認識していることを示している。単純に行政区の人口の減少→集落移転政策→市町村合併とはいかないことを，飯舘村はメッセージとして発しているといえるだろう。

注

1) 飯舘村での調査は，2003年3月に行った。菅野町長からは，市町村合併への対応や，狭域政策や集落自治の重要性についてお話をうかがった。

《著者紹介》

横山　純一（よこやま　じゅんいち）

東北大学経済学部卒業，東北大学大学院経済学研究科博士課程修了。

尚絅女学院短期大学講師などを経て，1986年4月札幌学院大学商学部助教授，1995年4月北星学園大学文学部社会福祉学科教授，2000年4月北海学園大学法学部政治学科教授（現在に至る）。

経済学博士（1988年2月，東北大学）。専攻は財政学，地方財政論。

単著書に『地方自治体と高齢者福祉・教育福祉の政策課題─日本とフィンランド─』（同文舘出版），『高齢者福祉と地方自治体』（同文舘出版），『現代地方自治の焦点』（同文舘出版），共著書に『福祉政府への提言』（神野直彦・金子勝編，岩波書店）などがある。

1985年に論文「プロイセン地方財政調整の展開（1893 - 1913）─地方税負担の地域的不均衡とその解決策─」にて第11回東京市政調査会藤田賞を受賞。

平成27年8月25日　初版発行

《検印省略》

略称：介護医療

介護・医療の施策と財源
─自治体からの再構築─

著　者　　横　山　純　一
発行者　　中　島　治　久

発行所　　同文舘出版株式会社

東京都千代田区神田神保町1-41　〒101-0051
電話　営業(03)3294-1801　　編集(03)3294-1803
振替 00100-8-42935　　http://www.dobunkan.co.jp

©J.YOKOYAMA
Printed in Japan 2015

製版：一企画
印刷・製本：萩原印刷

ISBN978-4-495-86671-6

JCOPY〈出版者著作権管理機構 委託出版物〉
本書の無断複製は著作権法上での例外を除き禁じられています。複製される場合は，そのつど事前に，出版者著作権管理機構（電話 03-3513-6969，FAX 03-3513-6979，e-mail: info@jcopy.or.jp）の許諾を得てください。